AF557334

*Joachim-Ernst Berendt*

# Ich höre – also bin ich

## Hör-Übungen

## Hör-Inspirationen

Traumzeit
Verlag der Neuen Klangkultur

*Joachim-Ernst Berendt*

# Ich höre – also bin ich

## Hör-Übungen

## Hör-Inspirationen

**Traumzeit**
**Verlag der Neuen Klangkultur**

**ICH HÖRE – ALSO BIN ICH**
***ISBN 978-3-933825-63-6***

***Traumzeit – Verlag der Neuen Klangkultur 2009-02-23***
*Komplett überarbeitete und erweiterte Neuauflage der Taschenbuch-Ausgabe aus dem Goldmann-Verlag (ISBN 3-442-12481-6).*



*Überarbeitung: Jadranka Marijan-Berendt und David Lindner*
*Coverentwurf und Motiv: David Lindner*
*Layout, Satz und Coverrealisierung: Ansgar-Manuel Stein, Wien*
*Korrektorat: Petra Zwerenz, Reutlingen*

*Bildverzeichnis: Alle Fotografien Cover und Buch von David Lindner*
*Illustrationen: Ansgar-Manuel Stein*

*Besuchen Sie uns auch im Internet*
**WWW.TRAUMZEIT-VERLAG.DE**

**Bibliographische Information**
**der Deutschen Bibliothek:**
Die Deutsche Bibliothek verzeichnet diese Publikation in der
Deutschen Nationalbibliografie; detaillierte bibliografische
Daten sind im Internet über http://dnb.ddb.de abrufbar.

# Über den Autor

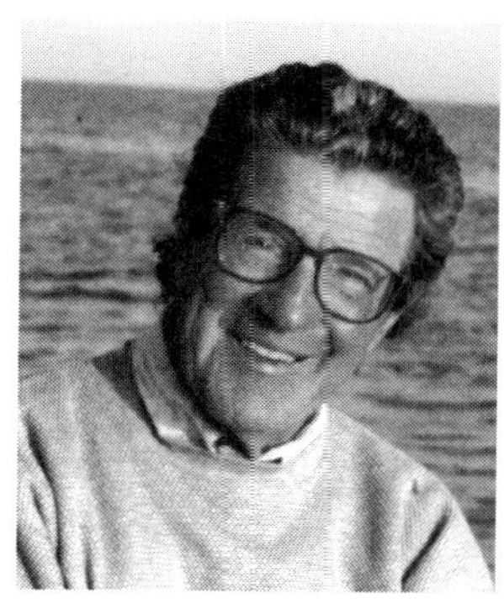

***Joachim-Ernst Berendt,*** *1922 in Berlin-Weißensee als Sohn eines Pfarrers geboren, der zu den führenden Männern des Widerstandes der evangelischen Kirche gegen Hitler gehörte und im KZ Dachau ums Leben kam, war 1945 Mitbegründer des Südwestfunks (heute SWR). Er schrieb 33 Bücher, die in 21 Sprachen übersetzt wurden. Sein berühmtes »Jazzbuch« ist das meistverkaufte Musikbuch der Welt. Viele von Berendts Plattenproduktionen – circa 250 – wurden international ausgezeichnet. Seine »Nada Brahma«-Sendungen waren die erfolgreichsten, die der Südwestfunk je gesendet hat. Berendt ist Gründer des heutigen »Jazzfest Berlin«, war Leiter des ersten World Music Festivals (1967), des Olympia Jazz Festivals München 1972, des World Jazz Festivals auf der Weltausstellung Osaka 1970 und von »Jazz and World Music« im Lincoln Center New York 1984. Die heutige Weltmusikbewegung verdankt ihm wesentliche Impulse seit dem Beginn der Sechzigerjahre. Seit der zweiten Hälfte der Siebziger ist Berendt durch seine Arbeiten über den Klangcharakter der Welt und das Wunder des Hörens hervorgetreten. Mit seinen Radiosendungen zum Wunder des Hörens erschloß er den Gedanken von der kreativen und spirituellen Bedeutung des Hörens für viele Menschen aus westlicher und östlicher Sicht. Aus der Beschäftigung mit diesem Gedankengut und dem Kontakt mit zahlreichen therapeutischen und spirituellen Disziplinen entstand seine Seminararbeit. 1997 gab er diese an seine Frau Jadranka Marijan-Berendt weiter. Jadranka führte die Konzepte Joachims mit dem Erfahrbaren Atem zusammen und hat aus beiden eine Symbiose ganzheitlicher Atem- und Klangarbeit entwickelt, die sie seitdem in eigenen Seminaren weitergibt. Joachim-Ernst Berendt kam am 4. Februar 2000 bei einem Verkehrunfall ums Leben.*

*Da Berendts Bücher nicht mehr von den großen Verlagen aufgelegt wurden, hat der Traumzeit-Verlag begonnen, das literarische Erbe Berendts der Welt weiterhin in hochwertig verarbeiteten Neuauflagen zur Verfügung zu stellen. Bisher sind bei Traumzeit erschienen:*

***Das Leben – Ein Klang. Die Autobiographie***
***Das Dritte Ohr – Vom Hören der Welt***
***Geschichten wie Edelsteine***
***Es gibt keinen Weg. Nur Gehen***
***Ich höre – also bin ich. Hör-Übungen. Hör-Inspirationen***

# Inhalt



## Hör-Inspirationen I



## Hör-Übungen I



## Hör-Inspirationen II



## Hör-Inspirationen III

## Hör-Übungen II



## Hör-Inspirationen IV



## Anhang

## Vorwort zur überarbeiteten Neuauflage

Im Sommer 2006 besuchte ich eine Klangausbildung in der Schweiz und traf dort unerwartet Jadranka Marijan-Berendt, die ebenfalls an dem Seminar teilnahm. Wir hatten gleich einen guten Draht zueinander, und so fragte ich sie, ob es unveröffentlichte Skripte von Joachim gäbe, die vielleicht noch publiziert werden sollten. Nein, so ihre Antwort. Doch es gäbe ein Buch, das gar nicht mehr verlegt werde, nämlich »Ich höre, also bin ich.«

Ich war sofort Feuer und Flamme. »Ich höre, also bin ich« ist meiner Meinung nach eines der wichtigsten Bücher Joachims, denn es setzt die Theorie all seiner anderen Hör-Bücher in ganz konkrete Hör-Übungen um, macht also all die Theorie seines Werkes unmittelbar erfahrbar. Jadranka bestand darauf, das Buch grundlegend zu überarbeiten. Sie hatte schon zu Joachims Lebzeiten die Seminararbeit von ihm übernommen und die Hör-Übungen mit dem Wissen und der Erfahrung aus ihrer Atemarbeit als Therapeutin nach Ilse Middendorf verbunden. Es sollte im Grunde ein fast neues Buch ergeben. Auch mich lud Jadranka ein, »Ich höre, also bin ich« gründlich zu überarbeiten und alles zu streichen, was mir nicht zeitgemäß erschiene.

Nach einigen Monaten, in der sich Jadranka sehr um die Konzeption eines neuen Buches bemühte und durch tiefgreifende persönliche Prozesse ging, fühlte sie sich von der Aufgabe überfordert, das ausdrucksstarke Werk ihres Mannes so massiv zu verändern. Gemeinsam wurde uns klar, daß Joachims Werk für sich geschlossen war und allenfalls komplett neu lektoriert werden sollte.

So trafen wir uns für ein schönes Wochenende und überarbeiteten gemeinsam das Buch bei Kaminfeuer und einem guten Glas Wein. Ich durfte zahllosen spannenden Geschichten aus dem Leben Joachims und Jadrankas lauschen und erhielt Einsicht in das Leben des Mannes, der so sehr zur Entstehung meines Traumzeit-Verlages beigetragen hatte.

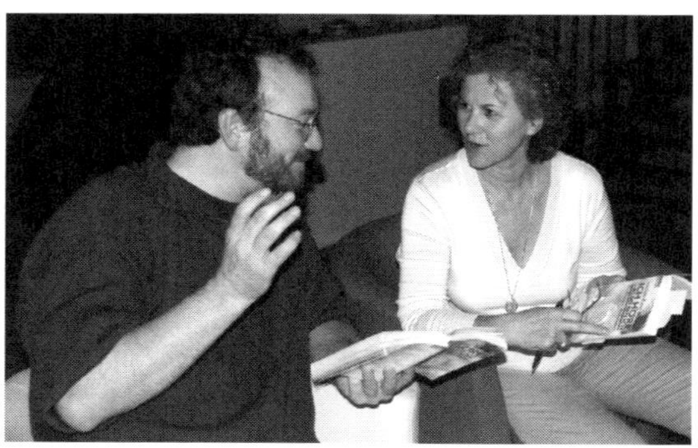

*Jadranka Marijan-Berendt und David Lindner bei der Überarbeitung des Buches*

Doch es sollten nochmals fast 18 Monate vergehen, bis das Projekt fertig wurde. Insgesamt viermal ging ich das Skript mit all den vielen kleinen Änderungen und Korrekturen von Jadranka und mir durch, und bei jedem erneuten Vergleich zwischen der Originalversion und der überarbeiteten Fassung holte ich vorerst gestrichene Teile des ursprünglichen Skriptes zurück. Ich fühlte mich, ähnlich wie Jadranka bei ihren Versuchen, ein ganz neues Buch aus dem Projekt zu machen, einfach sehr unwohl dabei, so tief in das kreative Werk Joachims einzugreifen. Auch fiel mir mit jedem neuen Lesen auf, daß er auf all meine Fragen und Zweifel am Text an anderer Stelle im Buch selbst die Antworten lieferte. So kam es also nur zu folgenden Streichungen:

Joachim wählte eine Schreibweise, in der Sie, werte Leser/Leserinnen, als man/frau, der/die, er/sie angesprochen werden, um die Gleichberechtigung der Geschlechter in der Sprache umzusetzen. Wir sind der Meinung, daß der Lesegenuß gerade bei Joachims virtuos formulierten Texten durch diese Doppelformulierungen sehr leidet. Auch hat die Gleichberechtigung in den letzten zwanzig Jahren immense Fortschritte gemacht und muß in diesem Buch nicht mehr verteidigt werden – sie ist integraler Bestandteil von Joachims literarisch-philosophischem Werk. Er traute Frauen stets die entscheidende Kraft zu, den Wandel der Weltwahrnehmung in unserer Gesellschaft auszulösen.

Ein Kapitel im Originalbuch weist auf die mangelnde gesellschaftliche Integrationsfähigkeit des Hörgestörten im Vergleich zu blinden Menschen hin. Wir finden diese Sichtweise kontraproduktiv und einem ganzheitlichen und gewiß sehr spirituellen Buch nicht ganz angemessen. Es gibt unter den Hörbehinderten viele Menschen, die weit besser zu hören (und zu musizieren!) verstehen, als gesunde Hörende. Denn man hört nur mit dem Herzen gut.

Berendt wehrt sich in einem Vorwortkapitel gegen Kritiker. Das haben wir gestrichen, da die Absicht und das Ziel der reinen Kritik ein Eingehen auf Kritik überflüssig macht. Im dritten Jahrtausend hat die Menschheit produktivere Methoden als Kritik zur Verfügung, um Ideen, Visionen, Prozesse, Vorgänge und die Werke von Künstlern oder Autoren zu kommentieren. Die Kritik in ihrer bisherigen Existenzform hat im neuen Paradigma unserer Meinung nach ausgedient. Ihre Absicht ist veraltet, ihre Wirkung äußerst fragwürdig.

Joachim empfiehlt im Text immer mal wieder einzelne Musikproduktionen. Diese Verweise haben wir ebenfalls aus dem Buch gestrichen. Die meisten von Joachim empfohlen Schallplatten gibt es nicht mehr im Handel. Es waren so oder so stets immer nur Empfehlungen und nicht verbindliche Vorgaben, welche Musik passen würde. An den Stellen, an denen Joachim eine Musikrichtung für eine Übung klar vorgibt, haben wir diese Info natürlich so im Buch belassen.

Die Übung »Das Ohr mißt, das Auge schätzt« haben wir gestrichen, weil sie einfach nicht funktioniert: Es gibt nicht wenige Menschen, die das Auge doch sehr präzise zu nutzen wissen. Es ist nicht immer das Auge, das fehlerhafter arbeitet als das Ohr. Es ist der Mensch, der nicht gelernt hat, die Augen fühlend zu nutzen. Ebenso entfernten wir das Kapitel über Brillenträger. Viele brilliante Hörer und Visionäre neuer Weltwahrnehmung sind Brillenträger, und nicht wenige Menschen tragen, so informieren uns ganzheitliche Sehschulen zu Recht, ihre Brillen, weil sie so schwerlich ertragen, was sie in der Welt sehen müssen. Es kommt darauf an, wie man mit dem Auge umgeht. Joachim betont das selbst an vielen Stellen im Buch.

Das Kapitel »Urtöne« habe ich komplett aus dem Buch gestrichen. Dieser Übungsteil benötigt bindend eine mehrteilige CD-Produktion, die Sie sich zusätzlich kaufen müßten, um die Hör-Übungen zu machen. Ich möchte aber keine Bücher verkaufen, die quasi dazu zwingen, weitere Produkte zu kaufen, um die Ideen des Buches umzusetzen. Die Rechte für diese CD-Reihe liegen auch nicht beim Traumzeit-Verlag, so daß nicht gesichert wäre, daß die CDs auch erhältlich sind. Mich würde es ärgern, ein Buch zu kaufen, dessen Übungen nur mit einem Produkt funktionieren, das nicht erhältlich ist.

## Was wir hinzugefügt haben:

Einige der Hör-Übungen enthalten Atem-Anweisungen. Diese haben wir didaktisch und sprachlich im Sinne des Erfahrbaren Atems, den Jadranka unterrichtet, verbessert.

Ich habe den Hör-Übungen, die Joachim ja stets sehr literarisch mit Ergänzungen, Erweiterungen, Einschüben, Beschreibungen und Anekdoten versah, jeweils einen tabellarischen Ablauf zur Seite gestellt. Hier werden die reinen Übungen, also nur die allerwichtigsten Eckpunkte des Ablaufes, dargestellt. Ich habe so die praktische Anwendbarkeit dieses Buches erheblich verbessert. Nun können Sie, wollen Sie nicht immer den ganzen Text zur Übung zwei oder drei Mal lesen, einfach den reinen Ablauf durchlesen und gleich mit der Übung starten.

Als besonderen Service habe ich für zwei Hör-Übungen (»Hörwanderung« und

»die mantrische Dyade«) kostenlose MP3-Downloads auf der Verlagsseite zur Verfügung gestellt. Sie können diese herunterladen und haben dann die Klangreise in gesprochener Form vorliegen bzw. ein entsprechendes Klangsignal für die Hör-Übungen „Hörwanderung“ (Seite 103) und „Mantrische Dyade“ (Seite 183). Da dieser Service kostenlos ist, hoffe ich, es geht für Sie in Ordnung, daß die Reise nicht von einem professionellen Sprecher, sondern von mir selbst vorgelesen wird.

Zum Schluß habe das Buch um eine Reihe schöner und illustrierender Schwarzweiß-Fotografien erweitert. Das Auge hat Freude, schöne Bilder zu hören (ja, das geht!) und vielleicht animieren die Bilder Sie noch ein wenig mehr, die Hör-Übungen im Buch auch wirklich auszuprobieren.

Nun wünschen wir Ihnen viele bewegende Erfahrungen mit diesem nun vollends zum Praxisbuch der Neuen Hörkultur erwachsenen Hörwerk.

*David Lindner und Jadranka Marijan-Berendt*

*Wenn ein Buch und ein Vogel*
*verschiedener Meinung sind,*
*trau dem Vogel.*

*Indianisch*

# Hör-Inspirationen I

*Wer Ohren hat*
*höre.*
*Wer Augen hat*
*höre und sehe,*
*Wer Hände hat*
*höre und sehe und tue.*
*Wer Füße hat*
*höre und sehe und tue und gehe.*
*Wer einen Mund hat*
*höre und sehe und tue und gehe und rede.*
*und schweige*
*und schweige*
*und schweige –*
*und höre!*

*Kurt Wolff*

# Ich höre – also bin ich

## I. Wir beginnen: hörend

Der menschliche Embryo – also jeder von uns – ist noch keinen Zentimeter groß (acht oder neun Millimeter* – sieben oder acht Tage nach der Befruchtung der weiblichen Ei-Zelle; eben erst ist das kleine Zellbündel, das da zu wachsen beginnt, aus der Gebärmutter nach oben in den Uterus gewandert), da sind bereits mikroskopisch kleine Ansätze zur Bildung von Ohren an ihm erkennbar. Und dann wachsen diese Ansätze unverhältnismäßig schnell, und viereinhalb Monate nach der Befruchtung ist unser eigentliches Hörorgan, das sogenannte Labyrinth mit der *Cochlea*, komplett fertig.

Noch erstaunlicher ist, daß es gleich in seiner endgültigen Größe fertig ist. Wir alle wachsen, bis wir achtzehn oder neunzehn Jahre alt sind. Wir besitzen nur ein einziges Organ, das seine endgültige Größe erreicht, lange bevor wir geboren werden – unser Innenohr. Wir müssen noch einmal so lange im Bauch unserer Mutter verbringen – noch weitere viereinhalb Monate –, und dennoch ist unser eigentliches Hörorgan fertig.

Da ist also ein kleines Wesen, das hören will – mit einer Zielstrebigkeit, die die Wissenschaftler immer wieder verblüfft. In allem ist es von der Mutter abhängig – Atem, Blutkreislauf, Ernährung, Verdauungs- und Reinigungsfunktionen –, nur eines will es unbedingt selbst – so schnell wie möglich: hören!

Sogar die für unser erwachsenes Bewußtsein so wichtige Gabe des Geschlechtes beginnt sich erst nach etwa sechs Wochen auszuprägen. Aber das Ohr: nach sieben bis acht Tagen!

Wie früh der Hörsinn in der Ontogenese des Lebens einsetzt, wird noch deutlicher bei Wesen, deren Lautsinn ähnlich reich entwickelt ist wie der der Menschen: bei den Vögeln. Da piepen und zirpen die kleinen, noch nicht ausgeschlüpften Küken bereits im unversehrten Ei. Sie täten das nicht, wenn sie nicht hören könnten – in ihrer dünnen, sie schützenden Schale.

* Nach Alfred Tomatis (auch weiterhin in diesem Kapitel). Die Angaben der Forscher differieren um wenige Millimeter und Tage.

## II. Wir enden: hörend

Gehen wir nun ans andere Ende unseres Lebens – wenn wir sterben. Die moderne Sterbeforschung – durch Elisabeth Kübler-Ross und andere, die Tod und Sterben in unser Bewußtsein gerückt haben – diese Sterbeforschung hat gezeigt:

Wenn wir sterben – wenn alle unsere Sinne erlöschen – wenn wir vor lauter Schmerzen, die wir dann vielleicht haben, schon lange nichts mehr fühlen können – schon längst die Augen geschlossen halten – schon nichts mehr schmecken und nichts mehr riechen –, dann ist der Sinn, der bei der Mehrzahl der Menschen als letzter erlischt, der Hörsinn.

Deshalb richten sich die Aufforderungen des Tibetanischen Totenbuches – eines der weisesten Bücher, das die Menschheit über Tod und Sterben besitzt (da gab es »Sterbeforschung« schon vor achthundert Jahren!) – an den Sterbenden als an ein hörendes Wesen. Absatz für Absatz in diesem Buch – auf weite Strecken – beginnt mit den Worten »O Edelgeborener, höre!« Ja, die Anweisungen, die da gegeben werden, richten sich auch an den bereits Gestorbenen, das Totenbuch ist also der Überzeugung, daß unser Hörsinn uns noch über die Grenze zwischen Leben und Tod hinausführe.

## III. Hören = Sein

Damit ist deutlich: Keiner unserer Sinne deckt die Strecke, auf der wir in diesem Leben verweilen, so vollständig ab wie unsere inneren und äußeren Hörsinne.

Deshalb immer wieder die »Ontologische Gleichung« (die Ontologie ist die Wissenschaft vom Sein): Hören = Sein.

> Wenn wir aufhören zu hören, dann hören wir auf zu sein! Wenn wir beginnen zu hören, dann beginnen wir zu sein! Ich höre – also bin ich!

Lauschen wir einen Augenblick dem Wort »aufhören« nach. Die Sprache kann es nur deshalb gebildet haben – nur deshalb macht es seiner linguistischen Struktur nach Sinn – weil Sprache, lange bevor unser Kopf dies erkannt hat, ahnt, fühlt, weiß: Wenn wir aufhören zu hören, dann hören wir auch mit irgendeiner Tätigkeit, die uns gerade beschäftigen mag, auf: Dann hören wir auf, etwas zu tun, zu gehen, zu reden, zu leben, hören letztlich auf zu sein.

Und daß dieses Wort außerdem noch die andere Bedeutung hat: Aufhören! Mit besonderer Achtsamkeit und Bewußtheit hören!, das macht diesen Befund noch relevanter.

Viele Menschen denken, wenn jemand sagt »Ich höre – also bin ich«, an das berühmte Wort des Descartes: »Ich denke – also bin ich« – ein Wort, das drei Jahrhunderte abendländischen Denkens begleitet und geformt hat wie kaum ein anderes. Es bildet eine Grundlage unseres modernen Wissenschaftsdenkens.

Es ist dieses Wort – »*Cogito, ergo sum*« –, das scheinbar wissenschaftlich legitimiert hat, daß wir Existenz immer mehr auf den Kopf reduzierten und unsere leib-seelische Einheit – die Erfahrung des ganzen Menschen und des wahren Seins in seinem Reichtum und seiner Fülle – verloren haben. Wir leben kaum noch. Wir leben kaum noch, weil wir drei Jahrhunderte lang geglaubt haben – und es war wirklich ein Glaubenssatz: »Ich denke – also bin ich.«

Wie ist es möglich, daß uns die Absurdität dieses Satzes während rund zehn Generationen menschlichen Denkens, Forschens, Lebens nicht aufgefallen ist? Am intensivsten bin und lebe ich doch gerade dann, wenn ich nicht denke. Im Erlebnis einer Landschaft. Auf dem Gipfel eines Berges. Vor – oder gar in – den Wellen des Meeres. Eingetaucht in den Klangwellen einer Musik.

Am allerstärksten und am allerintensivsten »bin« ich in der Liebe – in ihrer Lust und Ekstase. Jeder hat das schon bemerkt: Wenn ich da zu denken anfange, mache ich die ganze Erfahrung kaputt – die intensivste Seins-Erfahrung, die wir machen können.

Haben abendländische Philosophen eine solche Erfahrung nicht gemacht? Natürlich haben sie. Aber sie haben ihr Leben und Lieben so sehr von ihrem Denken abgekoppelt, wie es der Satz »Ich denke – also bin ich« postuliert.

Schon ein Zeitgenosse von Descartes spottete: »Wenn Cartesius (so wurde er damals genannt) meint: ›Ich denke, also bin ich‹, dann könnte er ebenso gut gesagt haben: ›Ich furze, also bin ich‹.«

Und Paul Valery – einer der großen Rationalisten unseres Jahrhunderts, keines esoterischen Denkens auch nur im geringsten verdächtig – umkreiste Descartes' Satz sein Leben lang und kam zu dem Ergebnis: »Manchmal denke ich, und manchmal bin ich.« Gegen Ende seines Lebens sah er klar: »Ich denke, also bin ich nicht.«

Goya hat eine berühmte Zeichnung gemacht, der er den Titel gab: »Der Traum der Vernunft erzeugt Ungeheuer.« Diesen Traum haben die Philosophen, Denker, Wissenschaftler, Techniker des Abendlandes geträumt – bis wir heute in der Tat von Ungeheuern umgeben sind. Von jenen Ungeheuern, die das Überleben der menschlichen Gattung auf diesem Planeten immer fraglicher machen. Die Ungeheuer sind nicht andere. Die Ungeheuer sind wir. Denn wir alle – oder fast alle – haben ja den Traum der Vernunft geträumt – mit Inbrunst und Hingabe.

Es ist auch an der Zeit, daß wir uns den Hochmut und die Überheblichkeit dieses Satzes »Ich denke – also bin ich« vergegenwärtigen. Hochmütig ist er insofern, als er den vielen, vielen Lebewesen auf diesem Planeten, die nicht – oder wenig?

– denken, das Seinsrecht abspricht. Ich konstruiere das nicht. In der Tat hat Descartes' Satz jenes Wissenschaftsdenken begründet, das seinerseits die Basis einer Wissenschaftspraxis ist, die dazu geführt hat, daß heute täglich (!) etwa fünfzig Arten – jede einzelne unter ihnen eine in Millionen von Jahren entwickelte und bewährte Lebens- und Seinsform – unwiederbringlich ausgelöscht werden.

Gar nicht mehr so fern am Horizont wird das Ziel dieses Satzes sichtbar – ein mörderisches Ziel: Ich denke – also bin ich, folglich bin ich, der denkende Mensch, allein – und niemand, kein anderes Lebewesen, ist außer mir.

## IV. Was will es hören?

Gehen wir noch einmal zurück an den Ausgangspunkt: Da ist also ein kleines Wesen, das unbedingt und so schnell wie möglich hören will. Was will es hören?

Ich möchte diese Frage mehrfach stellen. Wir werden Antworten darauf finden, werden diese Antworten wohl auch für richtig befinden, wollen sie dennoch hinterfragen – und immer weiterfragen: Was will es hören?

Früher hat man geantwortet – und das liegt ja auch nahe und ist richtig: Es will die Mutter hören! Den Herzschlag der Mutter, das Ur-Metrum, an das wir alle angelegt sind, vielleicht auch all das viele, was da unten im Bauch der schwangeren Frau blubbert und schwappt, rauscht und strömt – unendlich anregend für ein Wesen, das noch wenig gehört hat. Sicher will es auch hören, was die Mutter sagt. Seltsamerweise kann es hohe Frequenzen sehr viel besser hören als tiefe. Es kann seinen Vater, zumal wenn er eine tiefe Stimme besitzt, nicht oder nur sehr undeutlich hören – selbst dann, wenn der Vater ganz nah bei der Mutter spricht. Es entwickelt die Fähigkeit, tiefe Frequenzen hören zu können, erst kurz vor der Geburt – und auch dann (s. das Kapitel: Warum haben Frauen höhere Stimmen ...) behält es in seinem Innenohr dreimal so viele Haarzellen für hohe, also in weiblichen Lagen schwingende Frequenzen, wie Haarzellen für tiefe Schwingungen.

Also: Es will die Mutter hören. Jedem leuchtet diese Antwort ein, denn – was es letztlich hören will, wenn es die Mutter hört, ist: Es will Liebe hören. Will hören, daß es angenommen und erwartet wird und willkommen ist.

Könnte es sein, daß der Impuls, Liebe hören zu wollen – in einem so entscheidenden und frühen Moment unseres Daseins tief in uns verankert – ein Impuls unseres Hörens ein Leben lang bleibt? Immer wieder machen wir ja die Erfahrung, es gibt eine große Nähe zwischen Hören und Lieben. Diese Erfahrung ist so elementar, daß sie nur den überraschen kann, der sie inzwischen verdrängt hat. Die

Erfahrung lautet: Liebe kann man sehr viel leichter hören – und fühlen – als sehen; man täuscht sich leicht, wenn man sie zu sehen meint ...

Versetzen wir uns ruhig noch ein wenig mehr in die Situation des kleinen Embryos. Wir haben gesagt: Er möchte Liebe hören. Liebe – natürlich – kann man auch fühlen. Was ist der Zusammenhang zwischen Fühlen und Hören? Ganz am Anfang, wenige Tage nach der Befruchtung der Eizelle, beginnt der Fötus, noch bevor er ein Embryo ist, die Organe des Ohres aus genau dem gleichen Ektoderm – der gleichen Zellschicht – zu bilden, aus dem er seine Haut bildet. Die Haut fühlt, das Ohr hört.

Es gibt also den Zusammenhang zwischen Fühlen und Hören, zwischen Haut und Ohr, von Anfang an. Wer sich in evolutive Vorgänge hineinversetzen kann, spürt: Das kleine Wesen, dessen Leben gerade begann, möchte fühlen – und da noch nicht so viel zu fühlen ist, intensiviert es sein Fühl-Potential. Also macht es aus Haut-Material Ohr-Material. Wir können das unser ganzes Leben lang beobachten, jeder Liebende weiß es: Hören intensiviert Fühlen. Das beginnt hier. In mancher Hinsicht tun wir das unser Leben lang – aus Haut-Material Ohr-Material machen – und natürlich auch aus Fühl-Material Hör-Material.

Der kleine Fötus schwimmt im Fruchtwasser – und da wird deutlich: Auch dazu braucht er ja Ohr! Er muß sich ja orten, Gleichgewicht halten – gerade am Anfang, wenn er noch sehr klein ist und die Menge des Fruchtwassers als etwas sehr Großes wirkt – so groß wie ein Meer. Um darin schwimmen und schweben zu können, braucht er seinen Vestibulär-Apparat, den Gleichgewichtssinn, und der sitzt in demselben Labyrinth im Innenohr, in dem auch die *Cochlea* sitzt. Er ist nicht etwas Zusätzliches, er *ist* Ohr. Später zum Beispiel dient er auch dazu, Rhythmen hören und analysieren zu können.

Schon in der Phylogenese, der Entwicklung der Arten vor Millionen von Jahren, haben sich Gleichgewichts- und Hörsinn parallel zueinander und miteinander entwickelt. Alfred Tomatis hat gezeigt: Das »Ur-Ohr« begann in der Seitenlinie, die die Fische brauchen, um im Meerwasser Gleichgewicht halten zu können. Damit sie das besser konnten, bildeten sie sich in der Seitenlinie ein kleines Säckchen, die sogenannte otolithische *Vesicula*, in die sie sich ein ganz kleines Kalkgebilde aus dem Meerwasser einfingen. Das schwamm darin herum wie in der Blase einer Wasserwaage (wie sie Schreiner und Bauarbeiter benutzen). Wo immer das kleine Steinchen anstieß, signalisierte es: Du bist nicht im Gleichgewicht.

Diese *Vesicula* ist die Urform nicht nur des Ohres, sie ist auch – so Tomatis – das »Ur-Hirn«.

Und natürlich brauchen wir das kleine Steinchen immer noch. Nur können wir es inzwischen nicht mehr aus Ozeanen einfangen. Wir müssen es aus eigenem Zellmaterial bilden. Noch immer schwimmt es in einer Art »*Vesicula*«, die wir inzwischen »Labyrinth« nennen. Es schwimmt in einer Lymphe, die die meerwasserähnlichste Flüssigkeit unseres Körpers ist, ja die Forscher schließen aus ihr, wie sich das Wasser der Ozeane vor Millionen Jahren zusammengesetzt haben könnte.

Für uns moderne Menschen mögen es zwei verschiedene Dinge sein – Gleichgewicht halten und hören. Für die Fische war es das gleiche. Was sie brauchten, war einfach:

In Kommunikation zu sein mit dem aquatischen Milieu, in dem sie herumschwammen. Der Akzent liegt auf dem Wort »Kommunikation«. Denn das macht unser Ohr, Millionen von Jahren später, immer noch – nur inzwischen erheblich differenzierter: Es ermöglicht uns Kommunikation.

Die Evolution hat sehr lange gebraucht, um diese Entwicklung zu vollziehen. Deshalb haben die Gene viel Zeit gehabt, sie zu lernen – und haben sie gründlich gelernt. Der kleine Fötus in seinem Fruchtwasser – immer noch von den gleichen Genen programmiert – schafft es in wenigen Wochen.

## V. Der leistungsfähigste unserer Sinne

Wir haben gefragt: Was will der kleine Embryo hören? Wir haben eine – ziemlich befriedigende – Antwort gefunden. Dennoch spüren wir: Das kann die ganze Antwort nicht sein. Wir spüren das um so deutlicher, wenn wir uns die unerhörte Empfindlichkeit unseres Hörsinnes vergegenwärtigen – der empfindlichste unserer Sinne. Wir können Schwingungen hören noch kleiner als eine Lichtwelle, zehnmal kleiner noch als ein Wasserstoffatom – können also in Bereiche hineinhören, die unseren Augen einfach aus Gründen physikalischer Gesetzmäßigkeiten verschlossen bleiben müssen.

Nach jedem denkbaren Parameter ist unser Ohr dem Auge überlegen. Es ist sensibler, genauer, schneller, leistungsfähiger, weniger täuschungsanfällig. Der Wahrnehmungsspielraum – der *range* – unseres Auges ist etwa eine Oktave breit: von Violett (380 Nanometer) bis Purpur (760 Nanometer) – den beiden Farben am jeweils äußersten Ende der Wahrnehmungsfähigkeit – verdoppelt sich gerade die Wellenlänge, also eben eine Oktave. Aber wir können in einem *range* von rund zehn Oktaven hören.

Die Physiognomie mißt die Schnelligkeit einer Wahrnehmung, indem sie zwei aufeinanderfolgende Reize so dicht aneinanderrückt, bis nur noch ein einziger Reiz wahrgenommen wird. Auf diese Weise wird meßbar: Unser Auge braucht 20/1000 Millisekunden, um zwei aufeinanderfolgende Reize noch unterscheiden zu können, das Ohr lediglich 3/1000 Millisekunden. Das Ohr also ist fast siebenmal schneller. Wenn wir so schnell sehen könnten, wie wir hören können, wir würden unser Informationsmedium Nummer Eins, das Fernsehen, als das durch-schauen, was es lediglich bietet: Punkte und Striche.

Schließlich die Dynamik: Unser Ohr kann Intensitäten zwischen $10^{-11}$ und $11^{+6}$ verarbeiten – das ist ein millionenfacher Wert. Würden wir unser Auge einer solchen Dynamik aussetzen, wir würden sofort, geblendet, erblinden. Unser Ohr verkraftet sie spielend.

Unser Ohr mißt – mit mathematischer Genauigkeit. Auch der unmusikalische Mensch kann das überprüfen, auch er kann die Stimmigkeit einer Oktave genau erkennen, auch sein Ohr also kann das 1:2-Verhältnis auf die Schwingung genau messen. Nichts Vergleichbares ist dem Auge möglich. Jeder Student der Physiognomie lernt diesen Satz: »Das Ohr mißt – das Auge schätzt.«

Die alte Biologie hat noch gelehrt, wir hätten die größte Konzentration von Nervenendungen – also von Wahrnehmungsfülle und -dichte – in unseren Geschlechtsorganen, vor allem in der weiblichen Klitoris, dem einzigen menschlichen Organ, das nur der Lustwahrnehmung dient. Inzwischen wissen wir: In unserem Innenohr gibt es dreimal so viele Nervenzellen und -endungen wie in unseren Geschlechtsorganen. Dort also hat die Evolution unsere dichteste Wahrnehmungsfülle – damit auch Lustfülle! – angesiedelt.

Auch das wieder weiß die Sprache. Englisch *to listen* = hören kommt aus der gleichen Sprachwurzel wie das englische und deutsche Wort *Lust*. Im Schwyzerdütsch gibt es den Zusammenhang immer noch: Hören heißt dort *losen*, ein Wort, das in verschiedenen Abwandlungen auch in einzelnen Gegenden Österreichs (Vorarlberg, Steiermark etc.) noch gebräuchlich ist; bis zur Zeit des Mittelhochdeutschen wurde es im ganzen deutschen Sprachraum verwendet.

Wieviel Lust also, wieviel Lebensfülle und Wahrnehmungsreichtum lassen wir uns entgehen, wenn wir unser Ohr so stiefmütterlich behandeln, wie das in unserer Zivilisation üblich geworden ist?

Die dreißigtausend Haarzellen, die wir in unserem Innenohr – in der *Cochlea* – haben, stehen dort in etwa einhundert Vierer-Reihen. Im Elektronenmikroskop sieht das aus, als seien sie aufgereiht wie die Tonfiguren-Armee der chinesischen Kaiser in Ton-kin – jedes einzelne Härchen (Stereozilie) eine winzigkleine Figur. Erst seit kurzem weiß man, daß sie Eiweißelemente enthalten, wie sie auch im Muskelgewebe vorkommen, und die Basis für Kontraktionen bilden. Sie können also – der Erlanger »Hör-Professor« Manfred Spreng weist darauf hin – aktiv sein. Entsprechend reagieren sie. Wenn ein Ton erklingt, richten sich immer auch schon die Zilien der nächstverwandten Obertöne – Oktaven, Quinten, Quarten – auf. Natürlich geschieht dies in Bruchteilen von Millisekunden. Es sieht aus, als »warteten« sie darauf, auch jeweils die harmonisch verwandten Töne empfangen – hören

– zu können. Wie Menschen, die sich aufrichten, um irgendetwas, das sie gern hören möchten und das nur sehr leise wahrnehmbar ist, besser hören zu können.

Diese Beobachtung ist musikalisch interessant. Sie deutet darauf hin, daß unser Ohr eine Disposition besitzt, der es nicht gleichgültig ist, welcher Ton erklingt. Die Töne sind ihm nicht – wie es etwa die Anhänger von 12-Ton- und serieller Musik behauptet haben – gleichberechtigt. Die Zilien bevorzugen Töne, deren Schwingungen sich im Verhältnis ganzer Zahlen zur Grundschwingung befinden, also – wie man das gemeinhin ausdrückt – harmonisch verwandte Töne. Ich habe gesagt: Die Zilien bevorzugen Töne ..., aber weil die Zilien sie bevorzugen, tun das natürlich auch wir, die Träger der Zilien.

Besonders erstaunlich ist die Schnelligkeit, mit der sich derartige Reaktionen abspielen. Manfred Spreng hat nachgemessen: Um – zum Beispiel – einen Plosivlaut – also das »p« – vor dem »l« in dem Wort »Plosiv« erkennen zu können, müssen die kleinen Zilien – je nach Sprachgeschwindigkeit – in 30 bis 80 Millisekunden reagieren – sich also anspannen – und sich dann natürlich auch wieder entspannen, um für den nächsten Laut bereit zu sein. Um die Übergänge zwischen Konsonanten und Vokalen zu erfassen, ist eine Analyse der Frequenzen »während einer mittleren Dauer von ungefähr 300 bis 400 Millisekunden notwendig« (Spreng), das heißt: In dieser Zeit müssen jeweils Tausende Härchen Energie aufnehmen, umsetzen und an das Gehirn weiterleiten.

Schließlich ist noch aufschlußreich, wie die Natur diesen ganzen so wunderbar sensiblen und leistungsfähigen »Apparat« geschützt hat: im Felsenbein. So nennen die Otologen den Knochen, der Labyrinth und *Cochlea* umgibt. Es ist das mit Abstand härteste Knochengebilde des menschlichen Körpers – von elfenbeinartiger Widerstandsfähigkeit. Wie wichtig also muß der Natur unsere Hörfähigkeit sein! Nicht einmal das Gehirn hat sie so sorgfältig geschützt.

Ich gehe deshalb so ausführlich auf die Leistungsfähigkeit unseres Hör-Organs ein – auf seine »Überlegenheit« in jedem denkbaren Parameter – weil dadurch deutlich wird, wie sehr wir die Gewichtungen verrutschen ließen, als wir begannen, unseren Sehsinn so grundsätzlich, wie der westliche Mensch das tut, über den Hörsinn zu stellen.

Kein Zweifel, die Mehrheit der westlichen Menschheit würde es für viel schlimmer halten, blind zur Welt zu kommen als taub. Jeder Arzt, jeder Physiologe, jeder Verhaltensforscher weiß: Das Gegenteil ist richtig. Weil unser Ohr mehr wahrnimmt – und dieses Mehr auch genauer.

Bahnen wir nicht auch mit der Überschätzung unseres Seh- und der Unterschätzung unseres Hörsinnes jenen Zustand an, auf den die moderne Gesellschaft zusteuert – den der Entfremdetheit, des Abgeschnittenseins, des Getrennt- und Isoliertseins? Der Kommunikation allenfalls noch über den Bildschirm – mit Maschinen statt mit Menschen?

Schon Immanuel Kant wußte:

> »Nicht-Sehen trennt den Menschen von den Dingen. Nicht-Hören trennt den Menschen vom Menschen.«

Bewirkt dies unsere Seh-Fixation: Ding-Fixation?

## VI. Das Rauschen der Zellen

Wir bleiben bei der Frage »Was will es hören?« Es ist deutlich geworden: Um nur das hören zu können, was da im Bauch einer schwangeren Frau zu hören ist, brauchte der kleine Embryo nicht so schnell und so zielstrebig einen so erstaunlich empfindlichen Hörsinn zu entwickeln.

Alfred Tomatis, der bedeutende französische Hörforscher, auf den ich mich hier beziehe, sagt, der Embryo könne sogar das »Rauschen der Zellen« hören; er interpretiert dieses Rauschen als den »Klang des Seins« und den »Klang des Lebens«. Der Embryo höre auf diese Weise sein eigenes Leben, er höre:

Ich lebe.

Müssen wir nicht annehmen, so fragt Tomatis, daß das kleine embryonale Wesen deshalb so schnell hören will, weil es diesen Klang vernehmen will, den »Klang des Seins«? Daß es deshalb hören will, bevor es irgend etwas anderes ausprägt – irgendeinen anderen Sinn, irgendeine andere Funktion –, und daß es vielleicht sogar deshalb die Empfindlichkeit für hohe Frequenzen so besonders stark entwickelt? Was sonst ist denn da noch zu hören in den Dimensionen, in denen es hören kann? Ist deshalb, so fragt Tomatis, der ein nüchterner Wissenschaftler und Hals-Nasen-Ohren-Arzt in Paris war, ist deshalb unser Ohr so ungeheuer empfindlich geworden? Unser Trommelfell kann noch auf ein Millionstel des normalen Luftdrucks reagieren.

Unser Hörsinn hat sich – wie alle unsere Sinne – vom Derberen zum Feineren, also vom Lauten zum Leisen entwickelt; auf die leisesten Lautstärken also strebt er hin. Warum tut er das – mit so erstaunlicher Zielstrebigkeit? Könnte es sein, so fragt Tomatis, daß vielleicht all die anderen Dinge, die wir hören, nur – diesen Ausdruck gebraucht er – »Abfall-Produkte« sind, die uns auf dem Wege zum Allerleisesten zwangsläufig zufallen? Der »Klang des Seins«, das »Rauschen der Zellen«, das ist es, was angestrebt wird, darauf kommt es dem Hörsinn an. Weil dies gehört werden will, muß eben auch all das andere, das so viel lauter ist – Sprache und Musik, der Herzschlag der Mutter und all das andere –, mitgehört werden. Das also, was uns als das eigentliche und höchste Ziel der Hörwahrnehmung erscheint, als »Abfallprodukt«, das einer Evolution, die noch viel Feineres anstrebte, nur gleichsam so nebenbei zufiel!

Also: Der Embryo hört das Rauschen der Zellen. Wir begreifen: Wir müssen weiter fragen: Was will er hören? Was für ein Sinn könnte darin liegen, das Rauschen der Zellen hören zu wollen?

## VII. Muscheln in meinem Ohr

Fast jeder hat einmal ein Kind beobachtet, das eine Muschel ans Ohr hält, hat diesen staunenden, sich wundernden, fragenden, manchmal fast ein wenig verklärten Gesichtsausdruck wahrgenommen, den das Kind hat, wenn es der Muschel lauscht (ein Ausdruck, den ja auch viele Erwachsene haben, wenn sie einer Muschel zuhören).

Was hört das Kind? Man kann sagen: Es hört Rauschen. Aber rauschen tun auch der Wind und der Wald – und, wenn man weit genug von ihr fort ist, die Autobahn. Was also hört es?

Vergegenwärtigen wir uns, was der Embryo, wenn er so eilig bestrebt ist, sein Hörorgan zu formen, in einem morphologischen Sinne tut. Man kann sagen: Er bildet Muscheln. Das äußere Ohr nennen wir ja auch die »Ohrmuschel«, doch sitzen dahinter andere Muschelformen: die *Cochlea*, sowohl die häutige wie die knöcherne, das Labyrinth, die Bogengänge – all das hat Muschelformen. Lauter Muscheln, die aufeinandersitzen – große und kleine. Vielleicht haben Sie das einmal am Meer beobachtet – an Felsküsten: viele übereinandersitzende Muscheln in vielen Formen und Größen, eine Kolonie, ein Biotop aus Muscheln. So einem Biotop gleicht, morphologisch gesehen, unser Ohr.

Könnte es also sein, daß der Embryo genau das tut, was später das Kind so gern tut: sich Muscheln ans Ohr halten?

Und – so könnte man es ironisch ausdrücken – damit es sie nicht ständig zu halten braucht, läßt es sie an- und einwachsen? Und dann staunt es – wie später das Kind – staunt und wundert sich über das, was es – jetzt – zum ersten Mal – hören kann: dieses geheimnisvolle Rauschen in hohen Frequenzen. Vielleicht dem Rauschen der Meeresmuschel ähnlich?

Könnte es sein, daß es deshalb – später – diesen verklärten, sich wundernden Ausdruck gewinnt, wenn es die Muschel ans Ohr hält? Erkennt es etwas wieder, was es schon einmal – vor langer Zeit, als es ihm sehr, sehr gut ging – gehört hat – monatelang staunend, sich wundernd über dieses rätselhafte Rauschen, sich fragend: Was rauscht denn da?

Ein *Déjà vu* aufs Akustische übertragen: *Déjà écouté* – schon mal gehört?

## VIII. Das Hör-Potential dehnen?

Lassen wir unsere Frage nicht aus dem Sinn: Was will es hören? Ein dem Rauschen der Muschel ähnliches Rauschen? Das kann ja wohl nicht der Sinn einer so aufwendigen Evolution gewesen sein.

Warum hat die Evolution nicht aufgehört, unseren Hörsinn zu entwickeln, etwa an der Grenze, bis zu der hin Hören für unser Überleben erforderlich ist? Bei geflüsterter Sprache, beim Rascheln des Laubes, beim leisen Summen eines Insektes, beim Rauschen und Wehen von Wind. Warum rührte sie den hörenden Menschen so entschlossen und so direkt über diese Grenze hinaus – bis an jene äußerste Schwelle zum Schweigen und zur Stille, an der wahrnehmbar wird, was der Wissenschaftler Alfred Tomatis des »Rauschen der Zellen« nennt? Hat sie es vielleicht deshalb getan, weil sie wollte:

Lausche dich mit deinen Ohren an diese Grenze heran? Höre bis an die Schwelle, an der – wie der Dichter sagt – »das Schweigen nistet«!

Folgen wir dieser Aufforderung? Der Mensch hat das Bedürfnis, das Potential, das die Natur ihm gegeben hat, zu dehnen – es immer reicher und weiter und leistungsfähiger zu machen. Dem, beispielsweise, verdankt sich Sport – dem Bestreben jedes Menschen, immer noch schneller zu laufen, höher zu springen, weiter zu werfen, ausdauernder zu sein. Was der Sportler – und in jedem Menschen steckt eine kleine Sportlerin beziehungsweise ein kleiner Sportler – letztlich anstrebt, ist nicht das Übertreffen des Rekords der Konkurrentin oder des Konkurrenten, sondern das Überbieten der eigenen Bestleistung.

Sport treiben wir nicht nur in körperlicher Hinsicht. Auch der Denker, der Philosoph, der theoretische Physiker übertrifft ständig Rekorde von gestern. Was Stephen W. Hawking, der große gelähmte englische Kosmologe, heute denkt, ist so kompliziert, daß es noch vor zwanzig Jahren von niemandem gedacht werden konnte. Heute kann ihm zumindest die Avantgarde der Physiker folgen. Was Einstein um die Jahrhundertwende gedacht hat, war so schwierig, daß kaum jemand ihm folgen konnte. Heute versteht schon der Bildungsbürger die Grundzüge der Relativitätstheorie.

Es ist uns – vielleicht unseren Genen – einprogrammiert, uns selbst zu übertreffen, unser Potential – das körperliche, das geistige, jede Art von Potential – zu dehnen. Uns macht das Spaß – bei uns selbst und bei anderen. Deshalb ist Guiness' »Buch der Rekorde« ein Bestseller. Was wir selber nicht übertreffen können, tun andere für uns. Unsere Kinder sollen es besser haben.

Soweit ich sehen kann, folgen wir diesem Impuls in jedem möglichen Bereich. Ich sehe nur einen, in dem wir ihm nicht folgen – beim Hören!

Allenfalls könnte man sagen: Auf der einen Seite unserer Hör-Dynamik – in Richtung auf große und größte Lautstärken –, da sind wir bestrebt, unser Potential zu dehnen – zu immer noch größerem Lärm, noch lauterer Musik. Mit dem bekannten Ergebnis: Gerade dadurch beschränken wir unsere Hörfähigkeit.

Zwei Untersuchungen – unabhängig voneinander, die eine an der University of Baltimore, die andere an der Züricher Universität – belegen: Junge Menschen der westlichen Welt heute zwischen zwanzig und fünfundzwanzig Jahren haben das durchschnittliche Hörvermögen siebzigjähriger Afrikaner.

Auf der anderen Seite – in Richtung auf die leisen und leisesten Laute – ist ohnehin kaum noch jemand bestrebt, sein Potential zu dehnen. Im Gegenteil, wir verschütten es durch die tägliche Lawine aus Lärm.

Letztlich ist es unsere einseitig visuelle Weltwahrnehmung, die dazu führt – und bereits geführt hat –, daß wir unser Hör-Potential immer mehr schrumpfen lassen. Wir benutzen es nur noch unvollständig. Amerikanische Verhaltensforscher haben herausgefunden: Der durchschnittliche fernsehende Mensch – also die überwiegende Mehrheit der Menschen – ruft Hörinformationen, die das Fernsehen gibt, meist nur noch dann ab, wenn das Bild allein – ohne die auditive Botschaft – nicht verständlich ist. Das genau ist die Situation: Das Ohr – unser edelster, sensibelster, leistungsfähigster Sinn – ist zum Diener des Auges geworden. Es verkümmert, wir reduzieren sein Potential.

## IX. Stille und Schweigen

Wir haben gesehen: Die Evolution hat uns einen Hörsinn gegeben, der viel empfindlicher ist, als wir ihn für unser Überleben auf diesem Planeten brauchen. Warum hat sie das getan? In der modernen Evolutionsforschung spielt die Idee der Finalität eine immer wichtiger werdende Rolle. Die Evolution strebt Ziele an. Welches Ziel strebte sie an, als sie unseren Ohren – als sie uns – die Fähigkeit gab, so tief in die Stille, in das Schweigen hineinhören zu können?

Wenn wir dem nachdenken, was wir über den Sport und das Denken gesagt haben, wird deutlich: Wenn uns die Evolution diese ungeheure Empfindlichkeit unseres Hörsinnes gegeben hat, dann will sie, daß wir ihr ganzes Potential nutzen.

Will sie uns also sagen – so müssen wir zwangsläufig fragen: Lausche ? Hört dort hinein, geht immer weiter heran und hinein in dieses Fast-schon-Schweigen und in die Stille!

Die Evolution gibt dem Leben Hinweise und Anstöße, wenn sie sie für notwendig hält für das Überleben. Hält sie also dies – das Hineinhören in Stille – für unser Überleben oder aus irgendeinem anderen Grunde für notwendig?

Wir haben gefunden: Der Embryo will die Mutter hören. Richtig. Aber nicht ausreichend. Es will das Rauschen der Zellen hören. Richtig. Aber wieder: nicht ausreichend. Warum ausgerechnet das Rauschen der Zellen? Was für ein Sinn könnte darin liegen, dieses unmittelbar der Stille und dem Schweigen benachbarte Rauschen hören zu wollen?

Die Antworten, die wir bisher zu geben versucht haben, waren Antworten der Wissenschaft. Da Wissenschaft nichts über Stille und Schweigen sagt und wir gleichwohl die Notwendigkeit spüren, weiterfragen zu müssen, rühren die beiden letzten Antworten, die wir versuchen wollen, über das Wissenschaftsdenken hinaus.

Hinausführen ist ein anderes Wort für »transzendieren«. Das tut die moderne, ganzheitlich, »holistisch« denkende Wissenschaft häufig: Sie führt über sich selbst hinaus.

Die theoretische Physik tut das. Die moderne Kosmologie. Die systemische Biologie. Eben darin unterscheidet sich das neue wissenschaftliche Denken vom alten, mechanistisch orientierten, das immer nur wieder zu sich selbst zurückführte. Lassen wir uns also über die Wissenschaft hinausführen und beschäftigen wir uns mit dem, worauf sie uns ja »offen-hörbar« (in Analogie zu dem Wort »offensichtlich«) geführt hat: mit Stille und Schweigen.

In der Sprache des japanischen Zen gibt es den Begriff: *Wabi Shabi*. Man kann jedes dieser beiden Worte für sich übersetzen. Dann bedeutet *Wabi* die Liebe zum Einfachen, auch Einsamkeit, *Shabi* meint Ruhe, altertümliches Aussehen, zum Beispiel das Moos auf den Steinen im Tempelgarten, der Rost auf Kupfer oder Eisen. Aber wenn der Zen-kundige Japaner »*Wabi Shabi*« sagt, kommt es stärker noch als auf diese beiden Worte auf »Zwischenraum« an – den Zwischenraum zum Beispiel zwischen dem Klang der Tempelglocken – mehr die Stille zwischen den Glockenschlägen als diese selbst.

In Zen-Gärten hört man oft einen hohlen, weit über den Tempelbezirk hinwegtönenden Bambusklang. Er kommt von einem Rohr, das – im Bach des Gartens – voll Wasser läuft und, sobald es voll ist, sich – unter der Last des Wassers nach unten kippend – hallend entleert. Dadurch wieder leicht geworden, hebt es sich, läuft erneut voll und entleert sich weit tönend ein weiteres Mal – in einem immerwährenden Rhythmus, der allein durch die Stärke des Wasserflusses gesteuert wird.

Wir Europäer hören natürlich in erster Linie auf den Bambusklang, aber was Zen eigentlich meint, ist nicht dieser Klang, sondern die Leere zwischen den Bambustönen. Jeder einzelne Klang soll den Hörer immer wieder neu in diese Leere – in den schweigenden Zwischenraum, in *Wabi Shabi* – führen.

Lao-Tse hat gesagt: Was das Rad zum Rade macht, sind nicht Speichen und Reifen, sondern der Zwischenraum zwischen ihnen. Und dann sagt er: »Stille heißt Rückkehr zum Ursprung. Stille heißt Wendung zum Weg.«

Wir brauchen nicht Zen und den Taoismus zu bemühen:

Jeder, der im Wald spazierengeht, kann es nachvollziehen. Das Entscheidende ist der Zwischenraum zwischen den Bäumen. In ihm befinde »ich« mich. Dort empfinde ich: »Wald«. Ohne den Zwischenraum ist Wald nichts als: Holz.

Noch deutlicher wird das in der Musik. Es gibt große Musik, in der jeder Ton und jeder Klang auf den Zwischenraum zielt, bevor der nächste beginnt; und »Zwischenraum« ist in diesem Zusammenhang nur ein anderes Wort für »Stille«.

Machen Sie folgendes Experiment: Schlagen Sie eine Klangschale an – oder ein Weinglas – und lauschen Sie: Der Ton beginnt laut und wird sofort leiser – und dann verklingt er – bis Stille entsteht. Das also ist die »Reise«, auf die der Ton seine Hörer mitnimmt: die Reise in die Stille. Eine entgegengesetzte Reise ist gar nicht möglich, ja, sie meint im Grunde dasselbe, meint es noch eindringlicher: Der Ton schwillt an, und wenn er auf dem Punkt des *Fortissimo* verklingt, beginnt wieder die Reise in die Stille.

Diese Beobachtung erschließt uns gleich auch noch einen zweiten »Aha«-Effekt: Das Verklingen des Tones signalisiert: Schönheit. *Jedes* Geräusch, wenn es verklingt, ist schön – wirklich jedes, auch das häßlichste! Jeder hat diese Erfahrung gemacht: Ein Geräusch verklingt – und man empfindet: Ah, wie schön!

Wenn also jeder Ton auf Stille zielt und das Verklingen jeden Tones, Klanges, Geräusches Schönheit evoziert, könnte das bedeuten, daß der Ton, indem er – verklingend – uns führt, sagen möchte: Da liegt die eigentliche Schönheit. Geh da hin! In jene Schönheit, die schöner noch ist als der schönste Ton. Liegt sie in der Stille? Können wir das nachvollziehen?

Der amerikanische Komponist John Cage: »Aller Klang ist fast wie Stille – eine Blase auf der Oberfläche, die sogleich zerplatzt.«

Der Dirigent und Komponist Michael Gielen hat ein Gedicht von Pablo Neruda vertont, das den Titel trägt: »Die Schalen der Stille.« Diese Schalen, so Gielen, bedeuten das Kontinuum, das uns umgibt, Stille ist. Die »Schalen« sind die Musik. Schalen auch im Sinne von Eierschalen: Das »Gelbe« darin ist die Stille.

Schalen aber auch im Sinne von Verpackung: Wie wir ein edles Geschenk besonders schön einzupacken bestrebt sind, so umhüllen die Komponisten und Musiker der Welt ihr edelstes Geschenk – den Zwischenraum zwischen den Tönen und Klängen, die Stille, das Schweigen – mit der »Schale« ihrer Musik – und sind bestrebt, die tönende Verpackung über die Jahrhunderte hinweg immer noch edler, immer noch mehr dem darin verborgenen Inhalt angemessen zu machen: ein Bewußtsein, das gerade in der modernen Musik hoch entwickelt ist: bei Stockhausen, Nono, Ligeti, Cage Feldman, auch bei vielen Musikern des neueren Jazz: Muhal Richard Abrams, den Musikern des Art Ensemble of Chicago, der Gruppe Oregon, James Newton, Roscoe Mitchell und anderen.

Der kanadische Komponist und Klangforscher Murray Schafer: »So wie der Mensch nach Vollkommenheit strebt, zielt jeder Lautzustand auf die Stille hin, zum ewigen Leben der Sphären-Musik ... Kann man Stille hören? Ja, wenn wir unser Bewußtsein in das Universum und die Ewigkeit ausweiten, dann hören wir Stille. Wenn der indische Yogi einen Zustand der Befreiung erreicht, dann hört er das *Anahata*, den nicht angeschlagenen Ton. Dann erreicht er Vollkommenheit.«

Es gibt Musik-Hörer, für die ist die Pause, diese mit so viel Spannung angefüllte, vier Sekunden lange Pause vor den letzten beiden *Amen* in dem Schlußchor aus Händels »Messias«, genauso wichtig wie die *de facto* erklingende Musik. Ja, der Dirigent John Elliot Gardiner hat einmal gesagt, sie sei das Wichtigste am ganzen Stück. Die Musik ist lediglich »Schale«, eine tönende Haut über dem Körper der Stille. Alle die vielen *Amen* zielen auf diese Stille. Vielleicht ist es so, als sei die Musik die Frage, aber die Antwort kommt von der Stille – Antwort als »ununterbrochene Nachricht, die aus Stille sich bildet« (Rainer Maria Rilke).

Im Radio hörte ich einmal die folgende Geschichte: Ein Sammler hatte Reden der großen Redner dieses Jahrhunderts gesammelt – Martin Luther King, Kennedy, Weizsäcker, Willy Brandt, Nelson Mandela etcetera ... Er hörte sie oft – zu oft vielleicht –, bis er schließlich Folgendes tat: Er schnitt die Pausen aus all diesen Reden heraus und klebte sie aneinander – all die vielen Pausen – warf alles übrige fort – und dann hörte er nur noch die Pausen und sagte: »Ich empfange in ihnen die gesammelte Energie all dieser großen Redner ... «

Das ist so etwas wie eine Zen-Geschichte ... wenn es das gibt: eine Zen-Geschichte aus Deutschland (die übrigens Heinrich Böll – in einer anderen Form – in einer Erzählung verarbeitet hat).

Es gibt eine Meditation, in der der Meditierende – oder sagen wir einfach: der Hörer – genau dies erfahren kann. Die Meditation heißt »Sound and Silence« (Klang und Stille). Sie besteht im Hören von Stille, und damit man die Stille um so besser hören kann, wird sie ab und zu vom Klang einer tibetanischen Klangschale unterbrochen. Natürlich neigt der Hörer – zumal der westliche – dazu, ständig auf den Klang der nächsten Klangschale zu warten, als sei es dies, worauf es ankomme, und als müßten die Pausen zwischen den Klängen nur möglichst schnell überbrückt werden, damit bald wieder ein Klang gehört werden kann – ähnlich wie wir es vorhin in bezug auf den Bambusklang im Zen-Garten gefunden haben. In Wirklichkeit ist es umgekehrt: Jeder Klang, indem er verklingt, führt den Hörer auf die direkteste Weise in das Schweigen. Der Klang ist wie ein Fingerzeig, die Richtung des Fingers weist auf das Schweigen.

Ramakrishna: »Die Biene summt nur, solange sie sich nicht auf die Blüte gesetzt hat. Wenn sie anfängt, den Honig zu trinken, wird sie still.«

Wir denken natürlich, der Lärm, mit dem wir uns umgeben haben – *wir* haben das getan, nicht die Industrie, die Autos und die Maschinen! –, der Lärm habe die Stille zerstört – und das hat er ja auch. Aber bevor der Lärm das tun konnte, mußte unser Bewußtsein Stille zerstören – und Bewußtsein tut so etwas im allgemeinen mit Sprache: indem Sprache Worte wie Stille, Frieden, Schweigen etc. negativiert hat. Wir sprechen von tödlichem Schweigen, von eisiger Stille, von Mordsstille ... Die beiden häufigsten Verbindungen, in denen das Wort »Friede« in unserer Sprache vorkommt, sind das ärgerlich-aggressive »Laß mich doch endlich in Frieden« und das Wort »Friedhof«, also die Assoziation zum Tod. Wie sollen unsere Politiker Frieden finden, was verlangen wir da von ihnen, wenn dies unser Verhältnis zum Frieden ist?

Murray Schafer hat Literatur untersucht: In 80 Prozent aller Fälle, in denen er Worte wie Stille und Schweigen in moderner Literatur fand, fand er sie in negativem Kontext, während die gleichen Worte zur Zeit Goethes – und noch in der Mitte des vergangenen Jahrhunderts – vorwiegend in positiven Zusammenhängen vorkamen.

Wir morden Stille. Warum machen wir das? Haben wir Angst vor ihr? Und wenn ja, wovor haben wir da Angst? Was hört man denn da, wenn man Stille hört? Wir bleiben also bei unserer Frage.

Koans nennt man im Zen jene Aufgaben, die der Meister dem Schüler gibt und die in der Meditation gelöst werden müssen. Viele Koans erwecken den Eindruck, als könne man sie rational lösen. Macht man sich in diesem Sinne an die Arbeit, wird man früher oder später hinter die Rationalität geführt – und da liegt die Lösung. Dies ist ein Zen-Koan:

»Wenn du auslöschst Sinn und Ton, was hörst zu dann?«

Der Meditierende fragt sich das oft, vielleicht jahrelang: »Was hörst du dann? Was hörst du dann? Und dann und dann und dann und dann?«

Versuchen wir, diesen Vorgang nachzuvollziehen, löschen wir Sinn und Ton aus, löschen wir also all die Antworten, die wir bisher gefunden haben, aus: die Mutter hören, das Rauschen der Zellen etc., löschen wir jetzt auch Stille und Schweigen aus, zu denen unsere immer wieder neu insistierende Fragestellung uns zwangsläufig geführt hatte. Was hörst du dann – in Stille und Schweigen? Oder hinter Stille und Schweigen?

## X. Die innere Stimme hören

Im »Buch der Könige« gibt es eine berühmte Stelle: Da war zuerst ein furchtbarer Sturm, der die Berge zerriß und die Felsen zerbrach – aber Gott sprach nicht. Nach dem Sturm aber kam ein Erdbeben, das die Städte und Felder verwüstete – aber Gott sprach nicht. Und nach dem Erdbeben kam ein Feuer, das alles verbrannte – aber Gott sprach nicht. Nach dem Feuer aber kam die Stille. Und im Rauschen der Stille – da sprach Gott.

In den spirituellen Überlieferungen der Menschheit wird ganz viel vom Hören, von Stille und vom Schweigen gesprochen (siehe hierzu den Beitrag »Höre – so lebt deine Seele!« im letzten Teil dieses Buches S. 195). Und es ist offensichtlich – im Juden- und Christentum, im Islam, in Hinduismus und Buddhismus, in Tibet und im Zen, bei den Schamanen in Sibirien, in Afrika, bei Indianern, im polynesischen Raum, bei modernen Weisen und Wissenden: Das Hören auf Stille und Schweigen ist ihnen deshalb wichtig, weil es den Menschen hinführt auf das, was wir »dann« hören. Nicht alle nennen es Gott.

Für die Inder ist es das Atman, das Höhere Selbst. Zen nennt es den Buddha-Geist, den Buddha in dir. Die christliche Mystik nannte es den »Christus in dir«. Viele spirituelle Meister von einst und von heute sprechen vom »Gott in dir«. Für die Transpersonale Psychologie ist es das Höhere Selbst, für andere der Beobachter, der Zeuge.

Gibt es deshalb so viele Namen dafür, weil immer wieder – in allen Kulturen und Zeitaltern – Menschen unabhängig voneinander diese Stimme gehört und erfahren haben? Auch heute.

Auch Dichter haben sie erfahren – so Juan Ramón Jiménez, spanischer Nobelpreisträger für Literatur:

> Ich bin nicht ich.
> Ich bin jener,
> der an meiner Seite geht, ohne daß ich ihn erblicke,
> den ich oft besuche,
> und den ich oft vergesse.
> Jener, der ruhig schweigt, wenn ich spreche,

der sanftmütig verzeiht, wenn ich hasse,
der umherschweift, wo ich nicht bin,
der aufrecht bleiben wird, wenn ich sterbe.

Wir sind eine weite Strecke gereist – mit unserer Frage »Was will es hören?« Sind wir am Ziel? Könnte es sein, daß dies das Ziel allen Hörens ist – das Hören in Stille und Schweigen auf die Innere Stimme? Auf das Höhere Selbst? Auf Gott in dir?

## XI. Fragen führen weiter als Antworten

Ich stelle Fragen – schon während dieses ganzen Beitrages. In diesem ganzen Buch. Der hörende Mensch ist auch der fragende Mensch. Die Antwort kann aber immer nur der Befragte selbst geben. Wir können sie nicht delegieren – an die Wissenschaft schon gar nicht, aber auch nicht an Kirchen und Religionen, an Päpste, Bischöfe, Gurus. Die können uns allenfalls helfen, die Antwort muß unsere eigene sein. Viel mehr Fragen sind konkret. Viel mehr Antworten abstrakt und verallgemeinernd.

In meinen Workshops sage ich gern, wenn wir über diese Zusammenhänge sprechen: Nichts von dem, was ich hier sage, stimmt, wenn es nicht für dich stimmt. Wenn da nicht an irgendeiner Stelle das Gefühl ist: Ja, so ist es, ich habe es immer gewußt. Jetzt ist es mir wieder bewußt geworden. Dieses *déjá vu* als ein *déjá écouté*.

Sogar die moderne Wissenschaftskritik – eine durch und durch rationalistische Disziplin – weiß: Fragen führen weiter als Antworten. Sie hat in vielen Untersuchungen gezeigt: Das westliche Wissenschaftsdenken hat nicht zuletzt deshalb so oft zu kurz gegriffen, weil es so Antwort-süchtig ist. Wenn einmal eine Antwort gefunden ist, wird das Problem abgehakt, es wird vergessen weiterzufragen. Viele große und schöpferische Wissenschaftler und Denker haben das erfahren: Sie brauchten nur die richtige Form der Fragestellung zu finden, dann war die Antwort schon darin enthalten. Jeder Liebende weiß das.

Ich glaube, daß die Antwort-Süchtigkeit der westlichen Welt der Kern aller ihrer Süchte ist – ihre manische Gier, für jede Frage und jedes Problem jemanden zu finden, der dafür »zuständig« ist – irgendeine Stelle, einen Führer, eine allgemein anerkannte Person, eine wissenschaftliche Disziplin, früher Pfarrer und Kirche. Es ist eine Pseudo-Absolution – davon, selber fragen zu müssen. Dies ist die Ur-Suppe der Sucht, in der wir alle unsere anderen Süchte – bis hin zu Alkohol und *Dope* – gar kochen.

Lauschen wir dem deutschen Wort »Gehorsam« nach. In der Mitte steckt das

*Hor*-chen, das Hören; am Anfang steht die Vorsilbe *ge*-, die uns aus vielen Kombinationen geläufig ist: *ge*-sammelt, *Ge*-sellschaft, auch aus der Form des Perfektums. Näher untersuchen müssen wir die Nachsilbe *-sam*. Es ist eine wichtige Silbe in vielen Sprachen der Menschheit, bei uns als ge-*sam*-melt und als *Sam*-e präsent, im lateinischen als *sum* = ich bin, also als Sein, und als *summa*, im Indischen als *sam*, die Eins, deren wunderbare Funktion in der klassischen indischen Musik besonders deutlich wird. Es gibt da sehr komplizierte Rhythmen und Metren, sogenannte *talas*, rhythmische Zyklen bis zu einer Länge von 96 *beats* (= Schlägen). Wenn da nach dem letzten *beat* einer *tala*, vielleicht gar dem 96., wieder die Eins kommt, dann schreien Musiker und manchmal, wenn sie die Musik nachvollziehen können, auch die Hörer wie erlöst auf: »*Sam*!« Jetzt sind wir wieder alle zu-*sam*-men, sind wir wieder alle bei der Eins. Der Ausdruck »Wissen, wo die Eins ist« kommt daher; ursprünglich war es ein Musiker-Ausdruck.

Dies also bedeutet Ge-hor-sam: Ge-*sam*-melt sein im Hören, *Same* sein im Hören, *Summa* sein im Hören, Eins sein im Hören – und einfach: Sein im Hören.

Auf diese Weise wird deutlich: Auch die vielen Interpretationen, die wir dem Wort Gehorsam in unserer täglichen Sprache geben – einem Familienvorstand gehorsam sein oder einem Politiker oder Führer, einer Kirche oder einem Vorgesetzten –, sind nur Perversionen – Mißbrauch – dessen, was das Wort Ge-hor-sam, seiner linguistischen Struktur nach, allein bedeuten *kann*: Dir selbst gehorsam sein. Deinem Selbst gehorsam sein.

## XII. Aufrecht!

Wer in dieser Weise sich selbst gehorsam ist, steht aufrecht. Das ist ein Wort, das wir in vielerlei Hinsicht verwenden – in körperlich-leiblicher, psychischer, charakterlicher etcetera. Beschäftigen wir uns zunächst mit dem körperlichen Aufrecht-Stehen. Wir können später erkunden, ob sich das, was wir finden werden, auch auf das seelische und charakterliche Aufrecht- und Aufrichtig-Sein bezieht.

Machen wir uns deutlich, was für eine ungeheure Leistung der Evolution es ist, daß wir aufrecht stehen können – ein Wesen von fast zwei Meter Höhe auf der kleinen Fläche seiner Fußsohlen – ohne umzufallen, als sei es das Natürlichste von der Welt! Gewiß, Bäume, hohe Gräser und Hahne können das auch, aber die können sich nicht frei bewegen. Unter den beweglichen Wesen haben das nur die Menschen geschafft – und ihre unmittelbaren Vorläufer – seit sechs oder sieben Millionen Jahren. Das ist, auf die Länge der Evolution bezogen, eine kurze Zeit.

Wir denken natürlich – zumal wir Heutigen –, daß es unser Gehirn sei, das uns unseren Rang auf diesem Planeten gebe. Doch die meisten anderen Lebewesen, die mit uns auf der Erde leben, haben kaum die Möglichkeit, Gehirn als das wahrzunehmen, was es ist. Aber sie können sehen: Da steht einer aufrecht. Und dieses Aufrecht-Stehen ist eindrucksvoll, wo doch all die anderen Wesen, mit denen sie zu tun haben, vier Beine brauchen oder kriechen oder sich schlängeln. Aufrechtstehen ist ein Signal, das jedes Wesen versteht. Es signalisiert Überlegenheit.

Wir meinen, unser Gehirn sei die Höchstleistung der Evolution. Aber Wale haben größere Gehirne als wir Menschen – Gehirne, die sie vielleicht (wie wir später in diesem Buch sehen werden) noch differenzierter verwenden als wir Menschen, und sie haben sie schon seit siebzig Millionen Jahren.

Aus vielen Indizien ist deutlich, daß die Evolution Aufrichtung von Anfang an angesteuert hat. Dennoch ist es ihr erst vor sechs oder sieben Millionen Jahren geglückt. Gehirn fiel ihr offenbar leichter.

Sie mußte es mehrfach versuchen, um es schließlich schaffen zu können. Zuerst bei den frühen Lebewesen des Meeres, von denen wir bereits gesprochen haben. Damit die an Land steigen konnten, genügte nicht nur eine otolithische *Vesicula*; Zwei weitere mußten gebildet werden. Die eine heißt Lagena und die ist in dem gleichen Sinne Vorläuferin unserer *Cochlea* in dem die *Vesicula* Vorläuferin des Labyrinths ist. Sie merken: Die Aufrichtung hat mit dem Ohr zu tun.

Bei den Sauriern wäre der Evolution die Aufrichtung fast geglückt – aber doch eben nur halb, dann brach alles wieder zusammen. Auch bei den Vögeln schien es zu glücken – doch auch wieder nur bis zur Schräglage der Saurier; dafür schafft damals die Evolution den Sprung zum Fliegen.

Wirklich glückte die Aufrichtung erst vor wenigen Millionen von Jahren, bei den Primaten – den Vorläufern des Menschen. Nach immer wieder neuen Anläufen. Und diese ganze Entwicklung – für die Evolution schwieriger und zeitraubender als die Bildung von Gehirnen – wurde vom Ohr her gesteuert – in allen Schritten und Einzelheiten, die Alfred Tomatis, auf den ich mich hier beziehe, sorgfältig nachgewiesen hat.

Wie schwierig das gewesen sein muß, können wir immer noch an der anfälligsten Schwachstelle unseres Körpers – der Wirbelsäule – erkennen. Sie ist für die Horizontal-Lage geschaffen, und viele Menschen spüren es schmerzhaft, daß sie ihr zuviel zumuten, wenn sie sie täglich viele Stunden lang aufgerichtet halten müssen.

Um uns aufrichten zu können, mußte das Ohr in einen Prozeß, der so lang ist wie die Evolution des Lebens auf unserem Planeten, seine Sensoren immer weiter in die Körper der Lebewesen vorschieben – auch in die Wirbelsäulen und bis hinunter in die Füße und Fußsohlen. Noch immer, auch beim Menschen, ist das Labyrinth in unserem Innenohr aufs intensivste mit der Wirbelsäule verbunden. Deshalb fallen Taube schneller in sich zusammen als Blinde.

In wie starkem Maße Hören die Lebewesen noch immer aufrichtet, können wir gelegentlich bei einem Spaziergang im Wald beobachten. Da ist – noch ganz weit in der Ferne – ein Reh, es hört; vielleicht kommt da jemand? Im selben Augenblick richtet es sich auf, *obwohl* es dem Jäger dadurch ein besseres Ziel bietet.

Etwas so Elementares wie das Aufgerichtet-Werden und Aufrecht-Sein muß weitergehen. Es macht keinen Sinn, anzunehmen, daß es nur den Körper betrifft. Psychosomatisches Denken läßt keinen anderen Schluß zu: Natürlich muß es auch in die Psyche gegangen sein – und in die Charaktere. Es klang schon an: Der Gleichklang von Aufgerichtet, Aufrecht und Aufrichtig wäre kein sprachlicher, wenn die Sprache ihn nicht diagnostiziert hätte.

»Hier stehe ich. Ich kann nicht anders. Gott helfe mir.« Viele kennen das berühmte Wort von Luther. Ganz im Anfang zur Entwicklung dieser Fähigkeit des »Hier-stehe-ich-Gott-helfe-mir« hat es einen Impuls gegeben, der im Ohr begann – einen über Millionen von Jahren immer weiter verstärkten und intensivierten Impuls.

Unser Auge hat nichts mit diesem Impuls zu tun, ich würde sagen: Es ist ihm feindlich gesonnen. Evolutionsforscher sagen: Sehen macht bequem. Sie haben lange darüber gerätselt, warum die Insekten, obwohl schon vor mehr als hundert Millionen Jahren entstanden und damals die höchstentwickelten Wesen auf unserem Planeten, sich nicht – wie fast alle anderen Wesen in einer so langen Periode – weiterentwickelt haben. Inzwischen wissen sie es: weil die Insekten ihre Komplex-Augen zu früh gebildet haben. Nun sehen sie alles. Sie verfügen über das, was sie wissen müssen, um existieren zu können. Kein weiterer Impuls ist nötig. Sie »wissen's« ja.

Immer deutlicher wird: Sehen bezeichnet Endpunkte der Evolution. Das Ziel ist erreicht, nichts Weiteres ist nötig. Hören aber will immer noch weiter. Ja, wenn Hören die physischen Dimensionen erforscht hat, führt es, wie wir gesehen haben, bruchlos in »meta-physische«; es transzendiert. Auf einer unendlichen Linie, auf der ein Ende von Evolution, von Entwicklung nicht abzusehen ist. Teilhard de Chardin hat das als erster erahnt.

Daß Sehen bequem macht – um diesen Abschnitt ironisch abzuschließen –, kann jeder sehen: Das Lieblingsmöbel des fernsehenden Menschen ist der Fernseh-Sessel. Da liegt er. Kinder, die viel fernsehen, liegen am liebsten vor dem Apparat. Und verlieren all ihre kindliche Aktivität – wovon Eltern meinen, profitieren zu können.

## XIII. Das Ziel: Den Lobgesang hören

Wagen wir es, noch ein letztes Mal zu fragen: Was will es hören? Wir können die Frage, wenn wir wollen, auch weiterhin in dem Bewußtsein stellen, bereits eine richtige Antwort – für viele mag es *die* richtige Antwort sein – gefunden zu haben. Es ist nicht nötig, daß der Leser mir durch alle die Antworten folgt, die wir auf unsere Frage: »Was will es hören?« gefunden haben. Wenn sie nach der zweiten oder dritten Antwort aussteigt, hat sie gleichwohl etwas Wesentliches über das Hören und seine existentielle Bedeutung erfahren.

Also fragen wir weiter: Könnte es noch jenseits der Inneren Stimme eine noch tiefere – oder noch höhere – Dimension des Hörens geben? Und was könnte sie sein?

Ich habe in den letzten Jahren in vielen Veröffentlichungen vom Klangcharakter, der Klangfülle des Universums gesprochen. Wissenschaftler haben die Klänge des Makrokosmos und des Mikrokosmos hörbar gemacht: der Pulsare, einhundertundfünfzig Millionen Lichtjahre entfernt, und der DNS (Desoxyribonukleinsäure), die unser genetisches Erbe codiert, der Grashalme einer Wiese, des Erdmagnetismus, der Sonnenwinde und vieler anderer. Mit einem Mal ist die Welt voller Klänge – gerade jene Bereiche sind es, die eben noch ein Inbegriff ewigen Schweigens gewesen sind: der Weltraum, die Tiefsee und der Mikrokosmos.

Wir machen es uns zu einfach, wenn wir sagen: Wir können das alles ja doch nicht hören. Es *muß* ein Sensorium da sein, das diese Klänge hören kann; sonst gäbe es sie nicht. Ich meine, wir können dieses Sensorium in uns entwickeln.

Vor einigen Jahren hielt ich einen Vortrag in Zürich und spielte meine Bänder und Kassetten mit den Klängen vor, die ich eben erwähnt habe. Da stand ein alter, weißhaariger Herr auf und sagte: »Ich brauche das hier nicht von Bändern und Kassetten zu hören. Ich habe mit einer Gruppe junger Leute den Mont Ventoux, den hohen Berg in der Provence, bestiegen. Wir haben die Nacht dort oben verbracht – unter Sternen, die ich noch nie so klar gesehen habe –, und wir haben alles gehört, wovon Sie gesprochen haben.« Es herrschte atemlose Stille, als der alte Herr das sagte; es war zu spüren: Da war keiner in dem großen Saal, der ihm nicht glaubte. Wir alle kennen solche Situationen. Jemand berichtet etwas, was er erfahren, selber erlebt hat – sei es auch noch so ungewöhnlich, so unglaubhaft –, und jeder spürt: So ist es. Genau so war es in diesem Moment.

Was drücken all diese Klänge – die hörbaren und die unhörbaren – aus? Könnte es sein, daß sie – Lobgesang sind? Daß es am Urgrund der Schöpfung einen gemeinsamen Lobgesang alles Geschaffenen gibt? Welchen anderen Sinn könnten all diese Klänge – könnte dieses so elementar klingende Universum, das sich uns in den letzten Jahren erschlossen hat – haben? Ich meine, kein anderer läßt sich finden – nicht einmal ein evolutiver, nicht einmal ein biologischer. Allenfalls ist es so, daß sich evolutive und biologische Zwecke dieser Klänge und Klangmöglichkeiten bedienen, um durch sie noch zusätzlich zu ihrem Ziel zu gelangen. Ich habe das in »Nada Brahma« und »Das Dritte Ohr«, die beide mit Kapiteln über den Lobgesang enden, ausführlich gezeigt.

Wenn deutlich ist, daß unsere irdische – damit auch unsere menschliche – Musik nur ein Ausschnitt ist aus der so viel umfassenderen kosmischen Musik des Universums, sind alle diese Klänge dann – die kosmischen, die irdischen und die menschlichen – Lobgesang?

Die vergleichende Musikwissenschaft ist gewiß keine Disziplin, die ihrer Aufgabe auch nur annähernd gerecht geworden ist. Immer noch bleibt ihr Ausgangspunkt und Bezugspunkt der ausschließlich westliche; sie hört nicht hindurch auf den musikalischen Urgrund all der vielen Musikkulturen und Musikarten, die sie erforschen will. Dennoch ist sogar unter ihren Voraussetzungen unbestritten: Lobgesang – das Lob Gottes und des Göttlichen – ist eine der stärksten Triebkräfte in den Musikkulturen aller Völker und Erdteile. Ich meine, es ist die überhaupt stärkste Triebkraft. Nicht einmal über die Liebe ist so viel große Musik geschaffen worden wie über Gott und Göttliches.

Ich glaube, es war Heinrich Wölfflin, der bedeutende Kunsthistoriker, der das Wort von der »Kunst für den Lieben Gott« aufgebracht hat. Wölfflin kam darauf, als er im Gebälk des Freiburger Münster herumstieg und die vielen Statuen, Reliefs, Arabesken sah, die da verborgen sind. Alle hundert Jahre vielleicht kommt ein Dachdecker dort hinauf – er muß schwindelfrei sein, braucht Leitern, Gerüste, um all das sehen zu können. Niemand sonst sieht es. Warum, so fragte Wölfflin, der doch ein aufgeklärter Denker des europäischen Rationalismus war, haben die Bildhauer und Architekten des Mittelalters sie geschaffen? Gibt es nicht, fragt er, nur eine mögliche Antwort: Daß dies »Kunst für den Lieben Gott« ist? Er allein kann sie sehen – außer ihm nur noch die Spatzen und Tauben, die auf und in ihnen nisten.

In Mailand kann man auf die Dächer des Domes steigen. Im Zeitalter des Tourismus wurden dort Gänge und Treppchen gebaut, Holzplanken ausgelegt, man kann dort oben – hoch über dem Domplatz – ohne Gefahr herumgehen – zwischen Hunderten von Skulpturen, Statuen, Bildwerken ... Jahrhunderte lang aber kam keiner dort hinauf. Wofür haben die Künstler des 14. Jahrhunderts sie geschaffen? »Kunst für den Lieben Gott«?

Es gibt viele musikwissenschaftliche Untersuchungen über Johann Sebastian Bachs »Kunst der Fuge«; jeder Musikkenner weiß: Kein menschliches Ohr je wird alles hören und erkennen können, was Bach in dieses Werk hineingeheimnist hat. »Kunst für den Lieben Gott«?

Wir brauchen gar nicht auf die unhörbare Musik des Universums zu verweisen, unsere eigene menschliche Kunst ist voll davon – ist voll von »Kunst für den Lieben Gott« – voll von Lobgesang ...

Jeder, der sich auch nur oberflächlich mit Kunst befaßt hat, weiß: Die Menschen spüren das – auch wenn ihr Kopf sagt: Ich weiß nichts davon. Je mehr »Kunst für den Lieben Gott« in einem künstlerischen Werk – der Musik, der Dichtkunst, der Malerei, der Architektur (man denke an Chartres, denke an die Pyramiden) –, je mehr Lobgesang darin verborgen ist, desto höher rangieren diese Werke im Bewußtsein der Menschen, auch der Kunstwissenschaftler (sogar derer, die von Lobgesang und von »Kunst für den Lieben Gott« nichts wissen wollen).

Wenn wir auf der »Leiter des Hörens«, die sich in diesem Beitrag erschlossen hat, immer weitergehen, dann kann es möglich sein, über das Hören des Atma, der Göttlichen Inneren Stimme in uns, noch einen Schritt hinaus zu tun – und hindurchzuhören – oder hinaufzuhören – auf den tiefsten Urgrund des Hörbaren – nicht mit technischen Mitteln (obwohl ja auch die uns immer mehr in die Nähe dieser Erkenntnis gerührt haben), sondern mit den Mitteln unseres Bewußtseins – mit Mitteln, die jedem Menschen zur Verfügung stehen –, und dann erschließt sich: Lobgesang.

Das also sind die Antworten, die ich vorschlage. Sie ergeben sich von den verschiedensten Ausgangspunkten her und unter den verschiedensten Prämissen: Auf die Innere Stimme hören. Und – auf den Lobgesang hören.

Aber es sind Antworten allein in dem Sinne, der mehrfach anklang: Antworten des eigenen Selbst. Nur wenn es Antworten für Sie sind – oder werden können –, stimmen sie. Vielleicht wird auch ein Punkt spürbar – erahnbar –, an dem die beiden Antworten eine werden: die Innere Stimme zum Lobgesang. Und der Lobgesang zur Inneren Stimme. Dann sind wir Lobgesang ... Lobgesänge erklingen in Tempeln. Dann sind wir der Tempel, was wir ja sind. Aber: Wir müssen es uns bewußt machen – es leben.

Es zu leben hat mit Freude zu tun. Lobgesänge sind etwas Fröhliches. Ist deutlich – ich meine, es wird im Lauf dieses Buches noch deutlicher werden: Was ich hier schreibe, hat mit Freude zu tun? Hören ist nur der Weg. Das Ziel ist: Mit *allen* Sinnen zu leben. Auch mit dem Auge.

In Berlin, an der Einfahrt zu einem Tunnel, vor dem sich täglich lange Staus bilden, hat ein – ich nehme an – junger Mensch so groß hingeschrieben, daß jeder der vielen Autofahrer, die im Stau stehen, es lesen kann:

> »Du stehst nicht im Stau.
> Du bist der Stau.«

Der Aha-Effekt, den jeder hat, der dieses Graffiti liest, und den an dieser Stelle auch der Leser lächelnd empfindet, signalisiert eine Ahnung von Verbundenheit, von dem, was wir Eins-Sein nennen: jenes Eins-Sein, das abzustreiten und uns vergessen zu machen unser ganzes modernes Leben bestrebt ist. Dennoch spüren wir, sonst würden wir ja nicht lachen, ja wissen wir genau: Der Graffiti-Schreiber hat Recht: Ich b i n der Stau. Ich bin nicht getrennt. Ich täusche mich, wenn ich mich herausnehme aus allem, was hier um mich herum geschieht.

Wenn ein Termitenbau Natur ist, dann ist auch mein Haus Natur – selbst wenn ich im Empire State Building wohne. Wenn Vogelgesang oder die Lieder von Walen Natur sind, dann ist auch die »Kunst der Fuge« Natur – und die Rolling Stones.

Die Natur ist nicht unser Partner, wie gerade wieder eine große pharmazeutische Firma in Anzeigen bekundet, als mache sich dadurch ihr fortgeschrittenes Bewußtsein deutlich. In Wirklichkeit macht sie nur deutlich, daß sie immer noch in den Mustern der alten Newton'schen Trennung denkt: Auf der einen Seite wir – auf der anderen die Natur – das Wort »Seite« durchaus in der Bedeutung, in der Kriegsberichte von feindlichen »Seiten« sprechen.

Also: Du liest hier nicht über das Hören. Es stimmt nicht: Auf der einen Seite bist du – auf der anderen das Hören. Du *bist* das Hören, von dem hier die Rede ist.

Die Formel »Ich höre – also bin ich« ist nicht die Formel eines aufs Hören versessenen Autors. Sie gilt wissenschaftlich wie spirituell, rationalistisch wie esoterisch, evolutiv wie psychologisch, das heißt, sie gilt auch dann, wenn der Leser nur nicht bis in die beiden letzten Antworten hinein, die ich zu geben versucht habe, gefolgt ist. Schon lange vorher wurde deutlich: Sie gilt. Dennoch kann sie gesteigert werden – und dann schließt sich ein Kreis. Denn die Steigerung klang bereits in unserer ersten Antwort an, als noch der Embryo stellvertretend für den erwachsenen Menschen stand:

ICH LIEBE – ALSO BIN ICH.

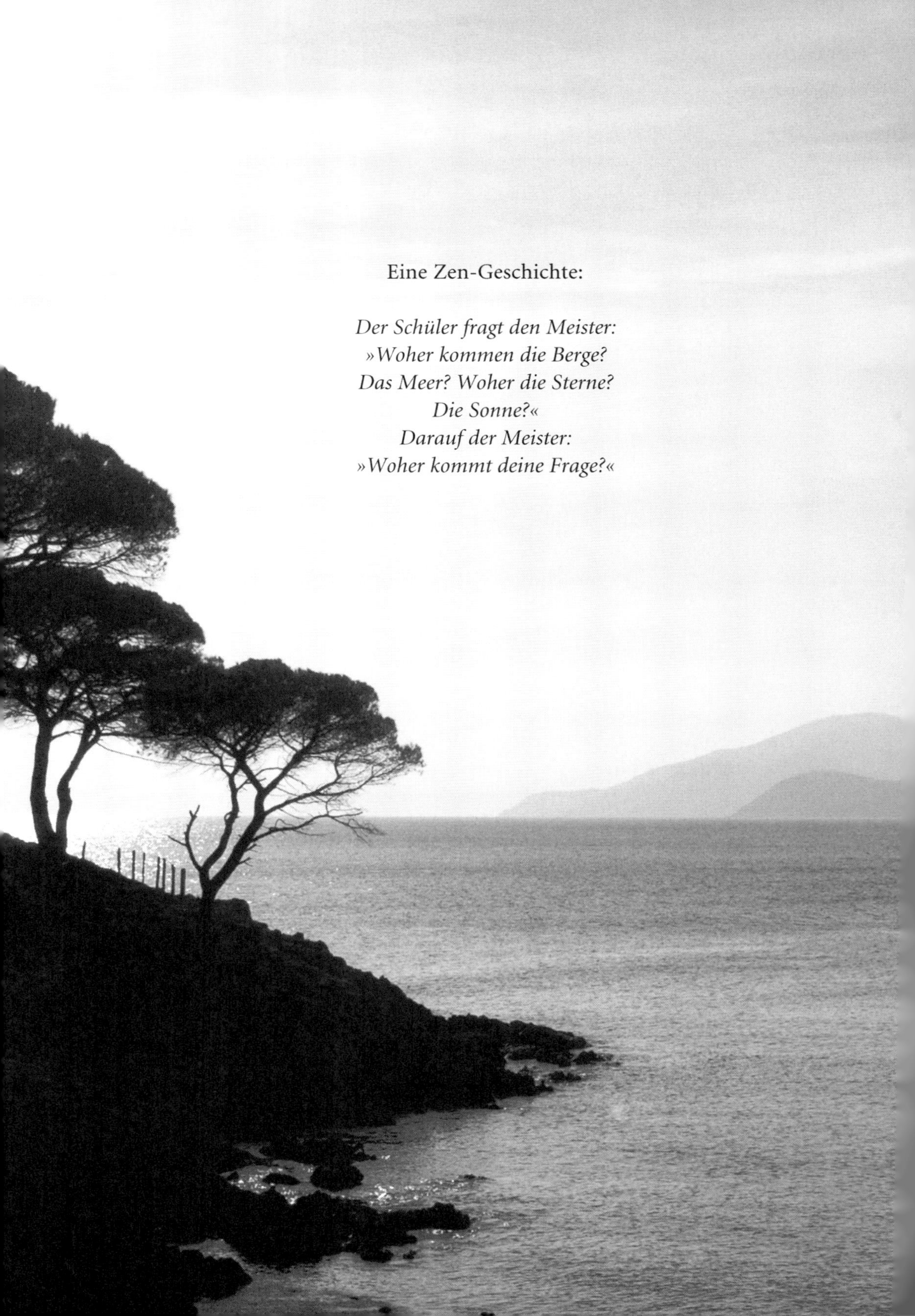

Eine Zen-Geschichte:

*Der Schüler fragt den Meister:*
*»Woher kommen die Berge?*
*Das Meer? Woher die Sterne?*
*Die Sonne?«*
*Darauf der Meister:*
*»Woher kommt deine Frage?«*

# Sinn und Anwendung dieses Buches

## I. Anrede

Zunächst: Ich stelle mir meine Leser nicht nur als Leser, sondern auch als Übende vor. Üben ist etwas sehr Persönliches, fast Intimes. Deshalb möchte ich gern das vertrautere »Du« gebrauchen. Die Übungen dieses Buches sind auf Workshops und in Gruppen entstanden, erarbeitet und erprobt worden. Dort – sowie in der therapeutischen Praxis – ist das »Du« selbstverständlich geworden.

Wer hat das gesagt: Der beste Platz für eine Einleitung ist der Schluß? So weit möchte ich nicht gehen, aber ich setze sie an die zweite Stelle. In der Hoffnung, daß sie hier auch von den Lesern gelesen wird, die Vorworte grundsätzlich überspringen.

## II. Woher unsere Krise kommen könnte

Dieses Buch kann dir helfen, hörender zu werden. Das ist notwendig, denn die Krisen, die uns bedrohen, finden ihren Grund in einer einzigen: derjenigen unserer falschen Weltwahrnehmung – einer Wahrnehmung, die in beträchtlichem Maße von der Dominanz unseres visuellen Bewußtseins beeinflußt ist.

Wir alle wissen Hunderte von Dingen, die wir ändern müssen. Aber niemand kann hundert Dinge ändern. Wir müssen an der Wurzel anpacken. Die Wurzel könnte die Einseitigkeit unserer Augengesteuertheit sein. Nicht umsonst sind Floskeln wie »Sie sehen das falsch« oder »Ich habe das falsch gesehen« Standardsätze in der modernen Industriegesellschaft und in den Diskussionen der Politiker geworden. Der Satz »Sie hören das falsch« konnte nicht zur Standardfloskel werden. Denn wenn wir hören, hören wir im allgemeinen richtig.

In meinen Büchern *Nada Brahma – Die Welt ist Klang* und *Das Dritte Ohr – Vom Hören der Welt* (Überarbeitete Neuauflage im Traumzeit-Verlag) habe ich eine Fülle von Material über die ursächliche Verquickung von Augenprimat und Krise zusammengetragen. Andere haben Ähnliches getan – gründlicher vielleicht noch, als ich es tun konnte: etwa Alfred Tomatis, der große Arzt des Ohres und des Hörens in Paris, und Murray Schafer, der kanadische Erforscher der Hör-Landschaften, die uns umgeben. In wenigen Jahren hat sich eine weltweite »Equipe der Hörenden« gebildet, die dem Ohr und dem Hören wieder jene Bedeutung zurückgewinnen will, die sie in den alten großen Kulturen der Menschheit in so wunderbarer Weise besessen hatten.

»Hören ist wieder *in*«, sagte ein Frankfurter Werbefachmann. Und die Public-Relations-Branche verwendet das menschliche Ohr als Blickfang auf Anzeigen in Illustrierten und Tageszeitungen. Noch Anfang der achtziger Jahre wäre das undenkbar gewesen. Damals galt das Ohr eher als »häßlich«, als »abstoßend«.

Dennoch weiß jeder realistische Beobachter der Weltläufe: Wissen allein ändert die Menschen nicht. Wenn es das könnte, hätte die Aufklärung – jener bewundernswerte Versuch, die Welt durch Wissen zu ändern – es geschafft. Was sie in Wirklichkeit geschafft hat, waren jene Rationalisierung und Funktionalisierung, die im 19. Jahrhundert all das ausgelöst und zementiert haben, was – sogar viele Politiker wissen das – so nicht weitergehen kann.

## III. Wissen allein ist nicht genug

Was Alfred Tomatis, Murray Schafer und ich in unseren Büchern zusammengetragen haben, ist Wissen – zum Teil theoretisches und intellektuelles. Ich glaube nicht, daß dies die Menschen ändern kann. Wir haben noch nie so viel gewußt wie heute, aber was wir vor allem wissen, ist: »Es ist fünf vor Zwölf« (Robert Jungk) – schon eine ganze Weile; wahrscheinlich ist es inzwischen schon später.

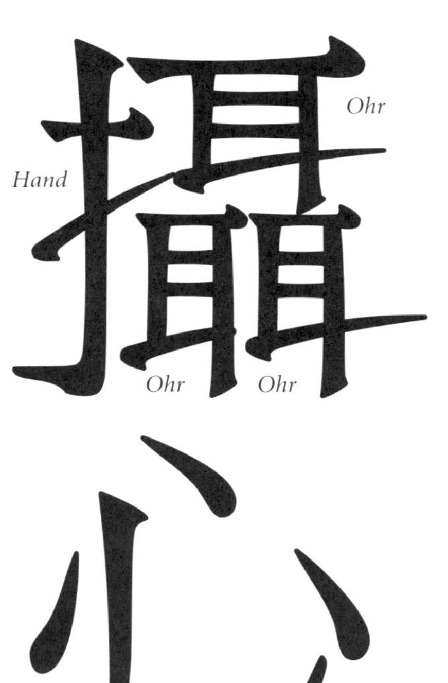

*Japanisches Ideogramm für Sesshin*

Aber: Erfahrung ändert die Menschen. Deshalb leite ich Workshops, Seminare und Gruppen, in denen das Hören im Mittelpunkt steht. Aus dieser Arbeit ist dieses Buch entstanden, denn in diesen Gruppen haben Menschen immer wieder erfahren, wie sie durch Hören Probleme lösen können, die ihnen vorher unlösbar schienen, und wie sie durch Hören weiter und tiefer kommen als mit einer auf das Sehen reduzierten Weltwahrnehmung.

Diese Workshops vermitteln wenig Theorie, dafür um so mehr Übungen und Erfahrungen. Diejenigen, die sich in Worten mitteilen lassen und die jeder auch zu Hause, unbeaufsichtigt durch einen Gruppenleiter, machen kann, sind in diesem Buch zusammengefaßt. Damit auch Menschen, die keine Zeit für Workshops und Gruppen haben, erfahren, was ihnen das Hören bringen kann.

## IV. Hören = spirituell werden

Natürlich sind die hier beschriebenen Übungen keine Gehörübungen im körperlichen Sinne (obwohl dies eine Nebenwirkung von ihnen sein kann). Wer Ohr-Übungen braucht – und ganz viele brauchen sie in unserem Zeitalter der Hör-Schädigungen! –, läßt sie sich besser vom HNO-Arzt verordnen. Doch das Körperliche und das Seelische gehen ineinander über – und zwar nirgendwo so angelegentlich und so intensiv wie beim Hören. Es ist geradezu eine Besonderheit des Ohres, ständig Physisches in Psychisches, Materielles in Seelisches, Körperliches in Geistiges, Materielles in Lebendiges, Zeit in Raum, Additives in Logarithmisches, Meßbares in Unmeßbares, Vergangenheit in Zukunft und beide in Gegenwart, Dreidimensionales in Mehrdimensionales, Aperiodisches in Periodisches, Symmetrisches in Asymmetrisches – und meist jeweils auch umgekehrt – zu überführen. Das Ohr hört, weil es überschreitet.

Es ist nicht Aufgabe dieses Buches, darauf einzugehen, warum das so ist. Mehr dazu im Kapitel »Das Ohr überschreitet« in *Das Dritte Ohr*. Es ist geradezu eine Besonderheit des Ohres, ständig Physisches in Psychisches, Materielles in Seelisches, Körperliches in Geistiges, Materielles in Lebendiges, Zeit in Raum, Additives in Logarithmisches, Meßbares in Unmeßbares, Vergangenheit in Zukunft und beide in Gegenwart, Dreidimensionales in Mehrdimensionales, Aperiodisches in Periodisches, Symmetrisches in Asymmetrisches – und meist jeweils auch umgekehrt – zu überführen. Das Ohr hört, weil es überschreitet. Von keinem Organ läßt sich etwas Vergleichbares sagen.

Die für dieses Buch wichtigste Überführung und Verwandlung, die das Ohr leistet, ist die von Physischem in Psychisches und in Spirituelles. Der Obertonsänger und -lehrer Michael Vetter macht gern darauf aufmerksam, daß das japanische Schriftzeichen für *Sesshin* – der Ausdruck für eine tagelange, intensive Sitzmeditation von morgens um fünf oder sechs bis in die Nacht hinein – aus einer Zusammensetzung von fünf Zeichen besteht. Eines davon kommt jedoch gleich dreimal vor: das Zeichen für Hören. Die beiden anderen Zeichen bedeuten »Hand« und »Herz«. Das also ist intensives Meditieren: »Hören! Hören! Hören! Mit Hand und mit Herz!« Jeder Japaner, der das Schriftzeichen sieht, liest, ob er will oder nicht, diese Bedeutung gleich mit – auch wenn das Wort, das er dann ausspricht, *Sesshin* lautet.

Das Ohr bringt uns auf den inneren Weg, es verwandelt Physisches in Spirituelles, Materielles in Geistiges und Transzendentes. Wer diese Übungen macht, sollte bereit sein, sich darauf einzulassen.

»Das Ohr ist der Weg!« lautet eine Grunderkenntnis der Upanischaden. Es stehen gewiß viele wunderbare Worte über das Sehen und das Licht in diesem Kodex indischer Weisheit, aber: Das Ohr ist der Weg! Das also ist eine jahrtausendealte Erfahrung der Menschheit, an der es nichts zu deuteln gibt: Der spirituelle Mensch ist ein hörender – was übrigens auch die Sprache weiß. Die Wurzel *hör-* ist der Wurzel *heil, heilig, hell* verwandt (denn die Konsonanten L und R waren in der Entwicklung vieler Sprachen austauschbar). Richard Fester – der große Sprachforscher – hat gezeigt, daß es diese Verwandtschaft auch in vielen anderen Sprachen gibt – bis hin nach Afrika, zu nord- und südamerikanischen Indianern sowie im asiatischen und polynesischen Raum. Das also hat schon der frühe Mensch – in den Jahrhunderttausenden, als Sprache sich bildete – gewußt: Hören bringt Heil, Hören ist heilig.

## V. Dieses Buch ist auch ein Lesebuch

Nochmals: Wissen ändert die Menschen nicht. Dennoch ist Wissen nötig; nur nicht allein das ausschließlich vom Intellekt gesteuerte, das uns Aufklärung und Rationalismus gelehrt – und durch das sie uns *geleert* – haben. Der Mensch hat mehr Welt-Wahmehmungs- und Welt-Verarbeitungsmöglichkeiten als nur die intellektuellen. Diese sind nicht einmal die wirkungsvollsten; auch sind sie besonders täuschungsanfällig. Dennoch sind sie wichtig.

Deshalb ist dieses Buch auch ein Lesebuch. Ich beschreibe die Hör-Übungen und Hör-Erfahrungen nicht, wie man Gymnastik oder Spiele beschreibt – Ausgangsposition: soundso; erforderliche Zeit: soundso viele Minuten; vorhandenes Material: dieses oder jenes – immer mit einem Doppelpunkt zwischen dem, was gefragt wird, und dem, was geleistet werden muß. Ich kleide sie auch in das Gewand von Lese-Erfahrungen und streue in das Zu-Erfahrende viele Informationen ein. Das Wissen wird dadurch auf den ihm zukommenden Platz verwiesen: Es hilft der Erfahrung.

Deshalb sind an den Anfang, ans Ende und zwischen die Übungen Beiträge und Essays gesetzt, die nur zum Lesen sind.

## VI. Hör-Übungen sind wie Freunde

Wer soll die Hör-Übungen machen? Ich möchte antworten: Jeder, denn jeder kann »hörender« werden.

Die Hör-Übungen sind, wie die Praxis gezeigt hat, außerordentlich wirksam. Wer sie intensiv genug macht, wird eine Veränderung seines Seins in der Welt erfahren.

Du kannst alle Hör-Übungen hintereinander machen. Laß dir Zeit dabei.

Dies ist kein Leistungssport. Du brauchst fünf bis sechs Monate, wenn du die Hör-Übungen sozusagen als Kurs machen willst. Manche muß man mehrfach machen, bevor man weitergehen kann. Meist genügt eine Übung pro Woche. Laß dich von dem Arbeitsplan am Ende des Buches beraten.

Du kannst dir aber auch die Hör-Übungen heraussuchen, die dir besonders geeignet erscheinen oder gefallen. Du kannst eine einzige finden, die du regelmäßig machst – nur diese eine einmal pro Woche, vielleicht drei oder vier Monate lang. Dann kannst du dich einer anderen zuwenden.

Es gibt Hör-Übungen in diesem Buch, die so wirksam sind, daß sie schon ganz allein genügen, dich zu verändern, wenn sie oft genug gemacht werden. Zum Beispiel das Chakra-Ritual. Oder die regelmäßige Arbeit mit den »Urtönen« (diese sollten allerdings, wenn du dich einmal dafür entschieden hast, als Meditation möglichst täglich stattfinden). Oder die Meditationen »Auf dich selber hören« und die »Herz-Reise« im zweiten Teil der »Körperklänge«.

Welche Hör-Übungen auch immer du wählst, verbinde sie durch die *Urübung*. Mache sie oft – wenn's geht täglich: morgens nach dem Aufstehen und/oder abends vor dem Schlafengehen. Stets an derselben Stelle. Sie dauert nur wenige Minuten.

Hör-Übungen können wie Freunde sein. Vielleicht findest du eine, mit der du so oft zusammen sein möchtest wie mit einem Freund, einer Freundin.

Ein junges Paar überfiel mich einmal, als ich gerade aus Hannover abreisen wollte, mit den Worten: »Wir möchten Ihnen danken. Sie haben unsere Beziehung gerettet.« Ich wußte zuerst gar nicht, wie mir geschah. Erst nach einer Weile begriff ich aus den überschwenglichen Sätzen: Die beiden machen regelmäßig die Shiva-Shakti-Meditation aus den »Urtönen« und die »Mantrische Dyade«. »Mindestens einmal pro Woche«, sagte die junge Frau. »Seitdem ist wieder alles in Ordnung zwischen uns, dabei wollten wir schon auseinandergehen.«

Und noch ein Praxisbeispiel: An einem Workshop auf der Insel Stromboli nahm ein junges Paar aus Basel teil. Die beiden wollten schon lange ein Baby haben, aber alle »Anstrengungen« waren vergeblich. Wir – alle Teilnehmer des Workshops – machten das »Chakra-Ritual«. Die beiden Basler waren davon so angetörnt, daß sie sich unmittelbar danach liebten. Ein paar Wochen später schrieb mir die junge Frau, endlich erwarte sie ein Baby: »Ich weiß genau, an diesem Abend habe ich es empfangen.«

Die zwei »Fälle« mögen genügen; ich könnte viele Seiten füllen mit ähnlichen, manche so erstaunlich, daß ich mich scheue, sie weiterzugeben, weil sie nach Sensation klingen. Am besten, du erfährst die Wirksamkeit dieser Hör-Übungen selbst.

## VII. KREATIV SEIN!

Die meisten Hör-Übungen kannst du allein machen. So habe ich sie nach Möglichkeit beschrieben. Aber es gibt auch Paar- und Gruppenübungen. Wenn du sie durchdenkst und durchfühlst, kannst du sie vielleicht dennoch als Einzelübung gestalten. Fast alle Hör-Übungen sind wandlungsfähig. Mach sie allein, zu zweit, mit Freunden und Bekannten – wie du willst.

Wenn du die Hör-Übungen mit mehreren anderen Menschen zusammen machst, kann einer »Begleiter« sein – zumal dann, wenn sich eine ungerade Zahl von Menschen zusammenfindet. Wer übrig bleibt, übernimmt die Rolle des Begleiters:

Er oder sie legt den Text vor sich hin und spricht die Anweisungen, die anderen machen die Hör-Übungen. Sehr gut geht das bei »Gott Brahma«, »Blinde Kuh«, »Körperklänge« (einschließlich »Herzreise«, die hierfür besonders gut geeignet ist) sowie bei den neu hinzugekommenen Hör-Übungen »Bergwanderung mit dem Inneren Ohr«, »Wo in deinem Körper schwingt der Ton?« sowie bei »Singend eins werden«. Aber auch Einzelübungen kannst du, wenn du einen Partner hast, auf diese Weise machen: Dein Partner kann die Funktion eines Begleiters übernehmen.

Gehe schöpferisch mit diesen Hör-Übungen um. Beziehe sie auf dich und deine Situation. Ändere sie, wo es dir notwendig erscheint. Entwickle sie weiter. Dann kannst du ihrem Geist besser entsprechen, als wenn du dich an einzelne Anweisungen und Formulierungen klammerst.

Du kannst die Hör-Übungen nicht machen, indem du das Buch neben dich legst, als sei es eine Gebrauchsanweisung oder ein Kochbuch. Deshalb habe ich sie für lesende Menschen beschrieben. Lies! Lesen ist »Inneres Hören«. Erst wenn du eine Übung verinnerlicht hast – das heißt *mehrfach* gelesen! –, solltest du sie machen.

Habe nie Angst. All diese Hör-Übungen sind von vielen Menschen erfolgreich erprobt worden. Du kannst dich ohne Gefahr für Körper, Seele und Geist auf sie einlassen. Auch Therapeuten und Gruppenleiter sind dazu eingeladen, sich zu »bedienen«. Viele tun das schon. Wir alle, die solche Hör-Übungen entwickeln und weitergeben, befinden uns in einem Kreis, in dem wir empfangen und geben – und oft gar nicht mehr wissen, wo wir empfangen haben und an wen wir weitergeben. Manche dieser Hör-Übungen sind Jahrhunderte alt – zum Beispiel das »Chakra-Ritual« oder die »Shiva-Shakti-Meditation« oder das »Auf-dein-Herz-Hören«. Einige gehen auf tantrische Quellen zurück. Dennoch haben sie hier eine spezifische Form gefunden, die es in dieser Weise nur hier gibt. Ich bin schöpferisch mit ihnen umgegangen. Deshalb mögen auch die, die sie machen, schöpferisch damit umgehen.

Es gibt einen Trick, durch den du überprüfen kannst, ob du die Hör-Übungen richtig machst. Der Trick heißt: Freude. Nur dann stimmt deine Arbeit, wenn du Freude empfindest. Meist ist es eine stille, leise Freude – obwohl es durchaus in Ordnung ist, wenn sie auch mal laut lacht. Viele dieser Hör-Übungen haben mit Meditation zu tun, und vielleicht kennst du Bilder oder Statuen von Buddha und seinen Bodhisatvas. Da gibt es oft dieses leise Lächeln auf den Gesichtern. Sie lächeln, *weil* sie meditieren. Sie lächeln nicht bloß, weil sie – vielleicht – erleuchtet sind. *Jede* Meditierende erfährt früher oder später dieses Lächeln – obwohl viele es gar nicht bemerken, weil sie ja in Meditation sind.

Wenn du dieses Lächeln gelegentlich an dir bemerkst, dann weißt du: Du bist auf dem Weg. Natürlich darfst du es nicht wollen; im Gegenteil: Du bist ja ernst. Aber es kann sein, daß es einfach kommen möchte. Weise Menschen haben es das »Innere Lächeln« genannt.

## VII. Cantus firmus

Vergegenwärtige dir noch einmal die Struktur dieses Buches: Texte zum Lesen am Anfang und am Schluß, dazwischen Hör-Übungen. Gedanken, deren Verinnerlichung für den, der die Hör-Übungen machen will, unverzichtbar ist. Sie tauchen in diesem Buch immer wieder auf. Begegne ihnen wie einem *Cantus firmus*. Oder wie den immer wieder anklingenden und durchscheinenden Themen und Seitenthemen einer symphonischen Komposition.

Ich werde manchmal gefragt, ob es nicht allmählich langweilig werde, die Menschen immer wieder zum Hören aufzufordern und immer wieder Höraufforderungen zu lesen. Aber: Das Hören *will* »Redundanz«, Überfluß, Überreichlichkeit, die immer wieder neu anbrandende Welle (= *unda*) der Höreindrücke. Das ist untrennbar mit dem Vorgang des Hörens verbunden. Langweilig ist das allenfalls für den, der die Höraufforderungen lediglich liest. Wer aber hört, der hört jedesmal etwas Neues und kann deshalb gar nicht auf den Gedanken der Wiederholung kommen. Die »Redundanz« ist nur eine scheinbare.

## VIII. Vision und Wirklichkeit des hörenden Menschen

Mir ist dieses Buch deshalb so wichtig, weil sich all die vielen Hör-, Ohr- und Klang-Gedanken, die ich in den letzten Jahren erarbeitet und/oder gesammelt habe

– eine »Enzyklopädie des Hörens« (wie die Presse es nannte) –, hier erstmals übbare, praktizierbare und – vor allem! – lebbare Formen geschaffen haben. Was ich gefunden habe, wird hier erfahrbare Wirklichkeit. Es wird ent-abstrahiert, konkretisiert. Am Ende wird eine Vision sichtbar: So lebt der hörende Mensch. Aber es ist keine utopische Vision; immer mehr Menschen entsprechen ihr ja. Wer ihr entspricht, erfährt den Titel dieses Buches als eine existentielle Realität.

Die hiermit vorliegende Neuauflage als Hardcover ist eine gründliche Überarbeitung und Erweiterung der Erstausgabe im Hermann Bauer Verlag. Den großen einleitenden Beitrag gab es damals nur ansatzweise. Vier neue Hör-Übungen, die inzwischen in meinen Workshops erarbeitet wurden und ausprobiert worden sind, wurden eingefügt, andere umgeschrieben. Das Wal-Kapitel wurde wesentlich erweitert. Der Leseteil am Schluß enthält nur noch einen Beitrag aus dem ursprünglichen Buch, die drei anderen sind neu.

Als ich am Schluß die gebundene Bauer-Ausgabe durchblätterte, sah ich: Es gibt kaum eine Seite, die nicht Korrekturen, Änderungen, Zusätze, Streichungen etc. enthält. Ich zögere, die Empfehlung zu geben, sich die Neuauflage auch dann anzuschaffen, wenn man bereits die Originalausgabe besitzt, weil sie nach Verkaufen-Wollen riecht, aber ich versuche als Autor, genau zu arbeiten. Wer es deshalb als Lesender und/oder Übender ebenfalls genau nimmt, dem empfehle ich dennoch, die gebundene Ausgabe, sofern er sie schon hat, durch diese Bearbeitung und Erweiterung zu ersetzen.

# Therapia perennis – Therapeutische Spiritualität und spirituelle Therapie

## I. Exposition

*»In jeder Ecke meiner Seele
steht ein anderer Altar.«*

*Fernando Pessõa*

Zwei große Strömungen münden in unserer Zeit mit eben noch nicht vorstellbarer Kraft in das Meer unseres Bewußtseins: Psychologie und Spiritualität. Beide sind so allgegenwärtig geworden, daß es nicht mehr nötig erscheint, sie zu definieren. Wir haben ja heute ein sehr viel kritischeres Verhältnis zu Definitionen gewonnen. Das mechanistische und materialistische Denken war versessen auf sie, aber Definitionen zielen ihrer Natur nach auf das quantitative und verpassen das – so viel wichtigere – qualitative Element. Deshalb sind »Beschreibungen« und »Umschreibungen« oft vollständiger und befriedigender als Definitionen.

Unter »Psychologie« verstehe ich hier die vielen therapeutischen Richtungen unserer Zeit, die im Zeitalter der Transpersonalen Psychologie eine Wirksamkeit gewonnen haben, von der diejenigen, die bei dem Wort »Psychologie« immer noch in erster Linie an Freud und das jahrelange Liegen auf der Couch des Analytikers denken, keine Vorstellung haben: Gestalt, Rückführungen, Bioenergetik, Biodynamik, Encounter. Sexual-, Partnerschafts- und Ehetherapien, Tantra, Primärtherapie, Rebalancing, Rolfing, Feldenkrais, Hypnotherapie, Rebirthing, Prana-Energetik und die zahlreichen anderen Leib- und Atemtherapien: Ilse Middendorfs Erfahrbarer Atem, Stan Grofs Holotropes Atmen, seine perinatale Arbeit und viele, viele andere ...

Unter »Spiritualität« wollen wir das neugewonnene religiöse Bewußtsein verstehen, deren Anhänger das Wort »Religion« vermeiden, weil es zu stark mit christlichen Vorstellungen belegt ist und weil – wie David Steindl-Rast so treffend gesagt hat – »das Christentum das Religiöse aus der Religion vertrieben« hat. Spiritualität ist, was Mircea Eliade die »Entdeckung des Heiligen« und was Graf Dürckheim das »Numinose« nennt – in den Worten Rainer Maria Rilkes: »Ich finde dich in allen Dingen, denen ich gut und wie ein Bruder bin.«

Es ist ein Bewußtsein, in dem die Verwirklichung einer Vision von Elias Canetti aufscheint: »Es hat immer etwas Anrüchiges, wenn man sich einem Glauben verschreibt, den sehr viele vor einem schon geteilt haben. Es liegt darin mehr Resignation, als sich in menschliche Worte fassen läßt. Der Glaube ist eine Fähigkeit des Menschen, die sich *erweitern* läßt, und jeder, der es vermag, sollte zu dieser Erweiterung beitragen.«

Buddhismus, Hinduismus, Zen, Indianisches, Schamanisches und Animistisches – natürlich auch die Gestalt Jesu Christi (wenn auch weniger das Phänomen des Christentums). Dutzende alter und neuer spiritueller Wege haben sich heute für Millionen von Menschen mit einem Leben erfüllt, das ich als das große geistige Wunder unserer Zeit empfinde. Die Fachtheologen mögen dafür die abschätzend verwendeten Worte »Eklektizismus« und »Sekte« verwenden, aber sie vergessen, daß ihre eigene Religion, das Christentum, in der Zeit seiner Entstehung und seiner größten Kraft – als Urchristentum – genauso »sektenhaft« und »eklektisch« gewesen ist wie die heutigen spirituellen Bewegungen. Hat doch die theologische Forschung bis in Einzelheiten hinein aufgezeigt, in wie starkem Maße das Christentum Persisches, Ägyptisches und Griechisches, Buddhismus, Hinduismus, Gnosis und vielerlei anderes aufgesaugt hat.

## II. Der lebende Meister

Zur neuen Spiritualität gehört auch die Sehnsucht nach dem lebenden Meister. Nicht also einem Meister, der vor Jahrtausenden gelebt hat, sondern einem, der *jetzt* lebt. Jede Generation hat *ihre* Erleuchteten, hat *ihre* Meister, die *ihre* Fragen beantworten, denn ein Meister antwortet nicht bloß der Frage, er antwortet dem Fragenden. Meine oder deine Frage mag eine ewige Frage sein, und die ewigen Fragen sind alle schon beantwortet. Dennoch werden sie immer wieder neu gestellt; weil wir die Antworten hier und jetzt brauchen – von lebendigen Menschen, nicht aus Büchern.

Die großen Meister der Vergangenheit und der Gegenwart haben die gleiche Frage oft verschieden, ja oft gegensätzlich, manchmal gar einander, ja sogar sich selbst widersprechend beantwortet. Besonders häufig tun das die Zen-Meister, aber auch Jesus hat es getan – zum Beispiel wenn er, der so bewegend vom Frieden und von der Liebe sprechen konnte, ein »Feuer« und ein »Schwert« unter die Menschen werfen wollte. Warum dies so sein muß, begründet Osho, indem er sagt: »Ich antworte nicht auf Fragen, sondern den Fragenden.« Es gibt in der modernen Theoretischen Physik ein Gesetz, das eben dies bestätigt: Ein Experiment – also eine »Frage« an die Natur – antwortet nicht bloß der Fragestellung, es antwortet auch dem Experimentierenden – und der ist jedesmal ein anderer.

Selbst dann also, wenn du die gleiche Frage hast wie ich, ist damit, daß meine Frage beantwortet ist, nicht zwangsläufig auch schon deine Frage beantwortet. Deshalb ist eine vor Jahrtausenden gegebene Antwort für den heute Fragenden nicht unbedingt endgültig. Dieses Gesetz – die sogenannte Heisenbergsche Unschärferelation – ist durch Tausende von Experimenten und Beobachtungen bestätigt worden. Es haucht jeder Fragestellung, jeder Anordnung eines Experiments Leben ein. Für einen jeweils Fragenden, Beobachtenden, Experimentierenden lebt letztlich nur die ihm hier und jetzt gegebene Antwort; alles andere ist »tot«.

In einer Zeit, die die »Unschärfe« von ein für allemal gegebenen Antworten wissenschaftlich erwiesen hat, kann es kein Zufall sein, daß die Forderung nach dem lebenden Meister wieder neu gestellt wird – so eindringlich wie seit Jahrhunderten nicht.

Diese Forderung hat zur Folge, daß mit einem Male wieder Meister da sind – große und kleine, östliche und westliche. Das ist in Ordnung; wer es nicht in Ordnung findet, hat falsche Vorstellungen von dem, was ein Meister leisten soll und leisten kann. Ja, auch viele unserer psychologischen Lehrer haben etwas vom Status von »Meistern« oder »Kleinmeistern« gewonnen. Für viele Menschen ist beispielsweise C. G. Jung ein »Meister« – und es ist müßig, darüber zu diskutieren, daß er das nicht ist, wenn man ihn an Meistern wie Ramakrishna, Muktananda, Sai Baba, Osho etc. mißt. Es ist überhaupt müßig, über Meister zu streiten. Der Kopf, der *»mind«*, tut das nur, um dem Streitenden Aufschub zu verschaffen, damit er nicht an die entscheidende Frage geht.

## III. Psychologie oder Spiritualität – (k)eine Alternative?

Wer sich im Zeichen des Neuen Bewußtseins »auf den Weg macht«, geht entweder einen mehr spirituellen oder einen mehr psychologisch-therapeutischen Weg. Es gibt viele Menschen, für die die Wahl zwischen den beiden Wegen zu einer Qual geworden ist. Sie fragen: Was ist für mich richtig – psychologisch-orientierte Therapie oder religiös-orientierte Spiritualität? Viele gehen beide Wege, aber gerade für sie drängt sich früher oder später um so beunruhigender die Frage in den Vordergrund: Welcher Weg ist der richtige?

Auch mir selbst hat sich diese Frage gestellt; deshalb schreibe ich diese Zeilen auch aus persönlicher Betroffenheit. An einem bestimmten Punkt meines Weges hatte ich – inmitten von zahlreichen eigenen Workshops, Seminaren, Vorträgen, Konzerten etc. – ein paar Wochen Zeit, in denen ich etwas für mich selbst tun wollte. Ich überlegte, ob ich nach Esalen in Kalifornien fahren sollte, um einen Fortbildungskurs bei Stan Grof zu belegen, oder zu meinem Zen-Meister nach

Japan. Ich habe mich damals für Stan Grof entschlossen, weil Stans Arbeit auch für meine eigenen Workshops wichtig ist und weil ich meine »Urtöne« im Esalen-Institut in Kalifornien vorstellen wollte. Heute meine ich, daß es damals wichtiger gewesen wäre, einfach zu meditieren – selbst dann, wenn sich die »Urtöne« nicht ganz von allein in den Vereinigten Staaten eingeführt hätten.

Ich kenne viele Menschen, die sich in den letzten Jahren in vergleichbaren Situationen befunden haben. Wie also entscheidet man sich angesichts der Alternative »Psychologie oder Spiritualität«? Versuchen wir zunächst zu klären, was beide leisten können. Der psychologische Weg leistet Therapie. Er befreit uns von Neurosen und Traumata, von Schocks und Blockaden, von Kindheits- und Partnerschädigungen, manchmal auch von karmischer Last. Je gründlicher er das tut – und sowohl die Humanistische als auch die Transpersonale Psychologie leisten da Außergewöhnliches –, desto stärker bindet er den zu Therapierenden eben in transpersonale Erfahrungen ein. Ein ganzer Zweig der Psychologie – der neueste, mit zahlreichen Techniken, Schulen und Gruppierungen – verdankt sich dieser Tatsache, eben die sogenannte Transpersonale Psychologie. Sie begnügt sich nicht – wie die bisherige – damit, dich lediglich wieder »fit« zu machen, damit du in der modernen Megamaschine funktionieren kannst, bis du für die nächste Therapie »fällig« bist. Sie will Befreiung, Individuation, die volle Verwirklichung menschlicher Möglichkeiten.

»Transpersonal« meint »die Person transzendierend«, also: »spirituell«. Viele Menschen, die intensive, oft jahrelange therapeutische Arbeit an sich selbst geleistet haben, haben erfahren, daß die Position des anderen – der Mutter, des Vaters, des Partners – in ihnen selbst beschlossen ist. Das ist bereits der Beginn einer die Person überschreitenden, das erste Aufscheinen einer »Alles-ist-eins«-Erfahrung. Freilich kaum mehr als dies. Wer die Ahnung zur Gewißheit machen will, wird im allgemeinen auf einen mehr spirituell orientierten Weg überwechseln. Die Therapeuten und Psychologen selbst wechseln oft über. Immer mehr von ihnen beziehen auch Meditationen, Zeremonien, Rituale – letztlich also Spirituelles – in ihre Arbeit mit ein.

## IV. Was leistet der spirituelle Weg?

Was nun leistet der spirituelle Weg? Für diejenigen, die durch Kindheit und Werdegang, durch Lehrer, Eltern und Karma gerade nur die »normalen« Schädigungen erfahren haben, die unser aller zwangsläufiges Erbteil sind, leistet er meist das, was der therapeutische Weg leistet, auf eine unmerkliche und unaufdringliche Weise gleich mit, aber er leistet auch mehr. Er vermittelt die »Alles-ist-eins«-

Erkenntnis der Mystiker, die Gewißheit »Gott ist in dir« nicht als Weisheit, die in Büchern steht, sondern als eine gelebte, unwiderlegbare Erfahrung. Er läßt uns nicht nach »Schuld« bei Mutter oder Vater, im Geburtsvorgang oder in der Kindheit, bei Partnern oder Ehegatten forschen, sondern geht davon aus, daß wir selbst es gewesen sind, die sich Eltern und Partner gewählt haben: daß, wenn überhaupt jemand, immer nur wir selber »Schuld« und Verantwortung tragen, denn unser Selbst wählt sich Eltern und Partner mit Bedacht, um durch sie eine Erfahrung machen zu können, die es braucht, um zu wachsen.

Vor allem aber führt der spirituelle Weg in die Stille. In das Schweigen. Indem du dem Schweigen lauschst, wirst du des Leuchtens der Welt gewahr – des Lichtes in dir. Und dieses Licht – das ist das Heilige, das ist Gott. Oft spricht er zu dir: als deine Innere Stimme, als Höheres Selbst.

Gewiß kommt noch vieles andere dazu, aber all dieses andere haben Menschen dazugetan – große, weise, wunderbare, leuchtende, er-leuchtete Menschen, aber eben doch Menschen: Buddha, Jesus, Mahavir, Mohammed – Heilige und Schamanen über die Jahrtausende hinweg bis zu den Erleuchteten unserer Zeit: Ramakrishna, Vivekananda, Rama Maharshi, Aurobindo, Babaji, Osho Shree Rajneesh, Sai Baba, Alice Bailey, Rudolf Steiner und all die anderen ... Jeder mag hier den einen oder anderen besonders herausstellen – vielleicht ihn allein! –, einen anderen womöglich ausklammern, gewiß auch die Liste verlängern. Wer da rechten will, hat nicht verstanden, worauf es ankommt.

»Alle Religionen sind Therapien für die Leiden und Störungen der Seele«, hat C. G. Jung gesagt. Wer wirklich einen spirituellen Weg geht, der gesundet. Er kann sich, meine ich, viele Therapien ersparen. Er gesundet innerlich *und* äußerlich, wie die vielen meditierenden Weisen des Ostens, seit einigen Jahren auch der westlichen Welt, deutlich machen. Ist es nicht auffällig, daß so viele von ihnen gesund und leistungsfähig bleiben bis ins hohe Alter? Auf der Konferenz »Natur und Geist« in Hannover im Mai 1988 war Pater Enomiya-Lassalle, der große Zen-Meditationslehrer, ein überzeugender Ausdruck dieser Tatsache. Weit jenseits der Neunzig, reiste er immer noch um die Welt – von Meditationskurs zu Meditationskurs – und konnte täglich viele Stunden lang aufrecht und konzentriert im Meditationssitz sitzen, ein lebender »Buddha«, während viele der dort anwesenden Intellektuellen, der Wissenschaftler und Nobel-Preisträger, der erfolgreichen internationalen Kongreßredner mit ihren komplizierten Gedankengebäuden schon um die 50 oder 60 so aussahen, wie es Shakespeare mit dem Ausdruck »von des Gedankens Blässe angekränkelt« gemeint hat und wie es der Volksmund tausendmal bestätigt gefunden hat; eben deshalb hat er ja das Shakespeare-Wort zur stehenden Redewendung gemacht.

## V. »Heile mich, Gott!«

Das alles soll nun nicht heißen: Geh gleich den spirituellen Weg, denn der therapeutische ist nur ein Umweg. Für viele ist er notwendig, ja ausreichend, und vor allem: Er leistet, was er zu leisten hat.

Es soll auch nicht die Meinung derer bekräftigen, die stolz verkünden: »Ich habe keine Therapie nötig.« Es gib einen Bereich in *jedem* Menschen, der Therapie nötig hat. Und vor allem: Wir *können* gar nicht spirituell wachsen, wenn wir nicht *vorher* unsere Neurosen, unsere »normalen« frühkindlichen, kindlichen und alltäglichen Schädigungen, Prägungen und Muster erkannt, bearbeitet, geklärt und verwandelt haben. Aber die Therapie kann auch spirituell sein. »Heile mich, Gott!« hat Hiob gerufen – und so viele andere seit ihm! Gott *hat* Hiob geheilt.

Viele moderne Therapeuten machen in ihrer täglichen Arbeit immer wieder – am konkreten Fall des einzelnen Klienten – die Erfahrung des gleitenden Charakters der Übergänge von der Therapie zur Spiritualität. Als erster hat C. G. Jung über diese Erfahrung geschrieben: »Wir sind von unseren autonomen seelischen Inhalten noch genauso besessen, wie wenn sie Götter wären. Man nennt sie jetzt Phobien, Zwänge usw., kurz neurotische Symptome. Die Götter sind Krankheiten geworden, und Zeus regiert nicht mehr den Olymp, sondern den *plexus solaris* und verursacht *curiosa* für die ärztliche Sprechstunde... « Und schließlich lapidar: »Der Mensch hat *entweder* Götter oder *Komplexe.*«

## VI. »Meine Mutter? Ich kenne sie nicht.«

Das Verhältnis, das Buddha oder Jesus zu seinen Eltern hatte, ist genau das, wohin immer wieder auch Therapie und Analyse zielen: frei zu werden von Vater und Mutter, ihren Mustern, Prägungen, Konditionierungen und Neurosen. »Wer ist meine Mutter?« fragte Jesus, als seine Mutter ihn sprechen wollte. »Wer tut, was mein Vater im Himmel will, der ist meine Mutter.« Und Hakuin, der große Zen-Meister, sagte: »Meine Mutter? Ich kenne sie nicht.«

Immer wieder taucht in den spirituellen Überlieferungen der Menschheit der Gedanke des *wirklichen* Vaters und der *wirklichen* Mutter auf. »Vater unser« betet die Christenheit. Und die »Mutter Erde« ist uns allen eine geläufige Metapher –, so geläufig, daß jeder spürt: Es ist mehr als eine Metapher. »Ich bin geboren von der Kraft der Erde, meiner wirklichen Mutter, getragen von ihr und geborgen in ihr«, lautet die Affirmation eines zeitgenössischen indianischen Schamanen. Und eines der apokryphen Evangelien berichtet, wie Josef den jungen Jesus gesucht habe, weil Maria sich um ihn gesorgt hatte. Jesus: »Macht euch keine Sorgen um mich. Ich bin in Geschäften meines Vaters hier.« »In was für Geschäften?« fragte Josef. »Ich bin doch dein Vater.« Jesus darauf: »Mein Vater ist im Himmel – du bist nicht mein Vater.«

Der Kirchenchrist liest solche Stellen, als sei es ein Prärogativ – eine Vorzugsstellung Jesu –, so denken zu dürfen. Aber *jeder* ist Gottes Sohn. *Jede* ist Gottes Tochter. *Jede* ist Jesu Schwester. *Jeder* ist Jesu Bruder. *Jede(r)* hat sich freizumachen von seinen leiblichen Eltern.

Ich habe mir Vater und Mutter gewählt, um erneut inkarniert zu werden: als »Fahrzeuge« in dieses irdische Leben. Ich war frei, welches Fahrzeug auch immer zu wählen, das meinen Wünschen entsprach. Diese Freiheit habe ich immer noch, und wenn mir das Bewußtsein davon abhanden gekommen ist, so muß ich es wieder zurückgewinnen; nur dann kann ich wirklich frei sein. Diese Freiheit wollen beide – Spiritualität und Therapie.

Die Fixierung der klassischen Psychologie und Analysearbeit auf Vater und Mutter, auf Kindheit und Beziehungsumfeld war – in genau diesem Sinne – eine Fixierung: eine Blockierung – ein Nicht-hinaussehen-Können (manchmal wohl auch -Wollen) über die eigene Begrenztheit. Wie will man Blockierte therapieren, wenn man selbst blockiert ist?

## VII. Religio perennis

Viele meiner Leser werden den heute so vieldiskutierten Begriff der *philosophia perennis* kennen: der immer bestehenden, zeitlosen, ewigen Philosophie, die die Basis und Voraussetzung ist für all die vielen philosophischen Schulen und Denkgebäude, die sich daraus – wie aus einer Urzelle – entwickelt haben. In genau diesem Sinne gibt es auch eine *therapia perennis.* Therapien kommen und gehen. Es gibt hier Modeerscheinungen wie überall sonst. Aber die *therapia perennis* besteht. Sie ist keiner Mode unterworfen. Auf sie zielt die moderne Spiritualität, ja, ich möchte sagen: Sie ist ihr eigentliches Wesen. Deshalb tendiert die neue Spiritualität dazu, die verschiedenen religiösen Formen und Äußerungen – all die vielen großen und kleinen Religionen – abzustreifen, als seien sie Kleider, die die *religio perennis* – die ewige Religion – und die *therapia perennis* – die ewige Therapie – lediglich verhüllen. Dieser Enthüllungsprozeß ist, glaube ich, das eigentliche Anliegen des Wassermann-Zeitalters, das jetzt begonnen hat – die Forderung, die an uns alle gestellt ist: der gemeinsame Weg, auf den wir uns zu machen haben. All die vielen einzelnen Wege, die jeder von uns zu gehen hat – die therapeutischen und die spirituellen, die religiösen und all die anderen –, münden letztlich in diesen einen gemeinsamen Weg zur *religio* und zur *therapia perennis.*

## VIII. C. G. JUNGS »MAHARSHI-KOMPLEX«

Unsere inneren und geistigen Wege würden nicht »Wege« heißen, wenn sie sich nicht genauso winden würden wie Wege, die in Kurven und Serpentinen, aufsteigend und fallend, Hindernisse umgehend, durch die Landschaften unserer Erde führen; oft sind gerade die Umwege die landschaftlich schönsten. Dennoch gilt, was Chris Griscom in die Worte faßt: »Die Kraft unseres Wesens, wenn wir uns davon nur durchfluten lassen, ist sehr viel größer als die Wirksamkeit, die irgendeiner bestimmten Tätigkeit entspringt ... Wir müssen also zurückgehen ... nicht aus einer psychologischen Perspektive, nicht aus einer soziologischen Perspektive, sondern auf spiritueller Grundlage.« Es geht darum, »uns mehr als nur der dreidimensionalen Bewußtseinsebene zu öffnen und uns direkt vom schöpferischen Fluß der göttlichen Kräfte erfassen zu lassen«.

Viele Menschen werden durch den psychologischen zwangsläufig auf einen mehr spirituellen Weg geleitet. Aber es gibt auch das umgekehrte Phänomen: Sie bleiben dem psychologischen Weg so sehr verhaftet, daß sie den spirituellen verpassen. C. G. Jung – mehr noch als Freud, der eigentliche Vater der psychologischen Wege unserer Zeit – hat beide Möglichkeiten vorgelebt, denn gewiß hat ihn seine eigene Form der Psychologie zur Spiritualität gewiesen, aber als er 1939 selber nach Indien reiste, um indisches Wesen zu erfahren, hat er gleichwohl den Weg zum größten indischen Weisen seiner Zeit vermieden – zu Rama Maharshi, der uns – wie kaum ein anderer – auf die Bedeutung der Frage »Wer bin ich?« und die Forderung, sie immer wieder neu zu stellen, hingewiesen hat. Jung hat Maharshi umkreist, in immer engeren Bögen, sich ständig fragend: Soll ich oder soll ich nicht zu ihm gehen? Aber dann hat er die Bögen wieder größer werden lassen und hat schließlich Maharshi umgangen. Ja – so meint der holländische Psychologe Amrito Jan Foudraine, der Jungs »Maharshi-Komplex« bis in Einzelheiten hinein untersucht hat –, er hat ihn geflohen. Am Ende hat Jung, der so wunderbar klare Sätze zu schreiben vermochte, die konfusesten Sätze seines Lebens – vielleicht die einzig konfusen – ausgerechnet über Maharshi geschrieben: »Ich hätte gehen sollen. Ich hatte es nicht nötig, zu gehen. Er ist einzigartig. Er ist nicht einzigartig. Er ist ein Erleuchteter, ein *Avatar* und ... er ist folkloristisch, und man kann ihn auch in den Schriften ... wiederfinden.«

Schriften hat Jung ja genug gekannt. Auch eine Schrift aus dem Jahre 1602 mit dem Titel *Theatrum Chemicum*, die er – Maharshi umkreisend – las, als spiele er selber Theater. (Erzähle ich diese Geschichte deshalb, weil sich mein eigenes, eingangs erwähntes Dilemma zwischen Esalen und dem Zen-Meister in ihr spiegelt? Aber spiegelt sie nicht überhaupt das Dilemma vieler spirituell und therapeutisch bewußter Menschen?)

Beides jedenfalls hat uns C. G. Jung auf die ihm eigene exemplarische Weise deutlich gemacht: den psychologischen Weg als *medium* der Annäherung an den spirituellen Weg und die Vermeidung des spirituellen um des psychologischen Weges willen. Beides sind »Wege« für ihn gewesen – *seine* Wege. Denn das ist das Entscheidende: *Wir selbst* sind unser Weg. Nicht nur auf dem beispielhaften Niveau eines großen Mannes wie C. G. Jung, sondern auf *unserem* Niveau, auf dem Niveau jedes einzelnen, wer auch immer er oder sie sein mag.

Können wir nachspüren, daß in C. G. Jungs Umkreisen Maharshis etwas Neurotisches liegt? Ich frage das vorsichtig, auch lächelnd, und bitte meine Leser, es in dieser Weise aufzunehmen: der Ironie, die darin verborgen ist, nachzuspüren. Dieser Mann mit dem glasklaren Blick für Neurosen – was geschah da mit ihm – aus Angst vor einer möglicherweise tiefen spirituellen Begegnung, die sein Weltbild erschüttern, aber auch hätte verändern und erweitern können?

## IX. Religionen trennen

Für alle Wege, die diesen Namen verdienen, ist die Trennung von Körper und Geist kontraindiziert. Können wir nachempfinden, daß diese Trennung letztlich ein Ergebnis des materialistischen und reduktionistischen Denkens des Abendlandes ist? Gibt es sie womöglich deshalb in so ausgeprägter Form vor allem in der westlich-christlichen Welt?

Der Körper ist greifbar, ist »Materie«, aber andererseits ist offensichtlich: Da ist noch etwas anderes – und weil man ein Wort dafür braucht, nennt man es »Geist« – oder »Seele«. Spüren wir heute nicht, daß man, indem man dies tat, erst wirklich den Geist (oder die Seele) vom Körper trennte? Trennen: Das ist das abendländische Ur-Syndrom. Die Ur-Sünde. Sünde ist nur ein anderes Wort für Trennen. Es kommt nämlich von Sondern. Sonderung und Trennung statt Einheit und Ganzheit.

Die Art und Weise, in der das Christentum für die »Seele« sorgt – sie sorgfältig vom Körper abgrenzend, diesen letztlich verteufelnd – und dennoch an die Auferstehung des Fleisches glaubend, die Trennung also erst wieder gutmachend, wenn es zu spät ist: Das alles konnte nur gedeihen in einem Kulturkreis, in dem auch das materialistische und mechanistische – das trennende! – Denken blüht und gedeiht.

Religionen sollten ja eigentlich verbinden. Aber immer wieder haben sie »sondernd« – trennend – gewirkt. Besonders taten dies die großen monotheistischen Religionen – der Islam und das Christentum. Indem man selbst den *Einen* Gott und die *Eine* Wahrheit zu haben glaubt, fühlt man sich sofort allen Menschen überlegen, die Ihn nicht haben. Von dem *Einen* Gott zum Herrschaftsanspruch dessen, der an Ihn glaubt, ist nur kleiner Schritt – das sage nicht ich; die Geschichte sagt es. Deshalb sind Religionen und religiöse Überzeugungen der häufigste Kriegsgrund in der Geschichte der Menschheit gewesen.

Spiritualität – das allen Religionen Gemeinsame – verbindet. Religionen – insofern sie sich von anderen Religionen unterscheiden – trennen. Auch das ist ein Grund, aus dem heute so viele Menschen lieber von Spiritualität als von Religion sprechen.

## X. Wege wie Pflanzen

*No hay caminos,*
*hay que caminar.*
*Es gibt keine Wege.*
*Nur auf dem Weg sein.*
*(Inschrift an der Mauer eines Klosters in Toledo)*

Wege haben etwas Organisches. Wie Pflanzen, die in eine bestimmte Richtung wachsen. Nicht zufällig sind so viele Menschen auf dem Wege, ohne zu wissen, daß sie es sind. Sie wachsen in ihre Wege hinein – wie Reben oder Efeu an Stöcken oder Geflechten emporklettern. Nicht zufällig ist das Wort »wachsen« auch eine spirituelle Metapher.

In meinen Gruppen sage ich manchmal zu Beginn: »Dies ist keine therapeutische Gruppe.« Drei Tage später befindet sich die Hälfte der Gruppe in einem therapeutischen Prozeß. Ich kenne viele Menschen, die mit Überzeugung verkünden: »Mit Religion habe ich nichts am Hut« – dabei befinden sie sich schon lange auf dem spirituellen Weg; auf einem Weg, auf dem sie das Heilige suchen, das Numinose – letztlich: Gott.

Wege winden sich. Sie verändern sich ständig. Deshalb verändern sie auch den, der sie geht. Nicht nur Therapie verändert, auch Religion tut das, muß dies zwangsläufig tun, wenn sie »religiös« ist. Veränderungen aber sind schmerzhaft. Neulich las ich den Satz: »Wo eine Religion nicht weh tut, ist sie keine.« Das ist etwas, was der größere Teil der New-Age-Bewegung noch nicht verstanden hat. Die dort herrschende Vorstellung von Spiritualität wickelt die Welt in eine weiche, rosarote Schmusedecke, unter der Schmerzen nicht vorkommen.

Das New Age ist farbenblind. Es kennt nur eine Farbe – ein helles, lichtes Rosa.

Das ist sicher eine sehr schöne Farbe, aber wie soll ich sehen, daß sie schön ist, wenn ich nicht auch die anderen wahrnehme?

## XI. »Wenn du Buddha triffst ... «

Das eigentlich Gemeinsame der *therapia perennis* und der *religio perennis*, der ewigen Spiritualität, ist, daß sie *in dir* zu geschehen haben – und allein in dir. Kein Jesus und kein Buddha und keiner der alten oder heutigen spirituellen Meister kann dir das abnehmen. Sie können dich rühren – in Liebe und Gnade –, dennoch muß das, was geschehen soll, in dir selber geschehen und von dir selber geleistet werden. Deshalb forderten Meister Eckhart und die Mystiker den »Christus in dir«. Deshalb die erschreckende Zen-Forderung: »Wenn du Buddha triffst, schlag ihn tot!« (- damit du bloß nicht denkst, Buddha könnte dir irgend etwas abnehmen.) Deshalb Angelus Silesius: Christus kann hundertmal im Stall zu Bethlehem geboren sein, wenn er nicht in dir geboren wird, war alles umsonst.

Deshalb nimmt der Sufismus die historischen Religionen und Religionsstifter – Mohammed, Jesus, Buddha, Mahavir und alle die anderen – eigentlich nur zum Anlaß und zum Ausgangspunkt: Sie alle sind gut, nimm dir von ihnen, was du brauchst, aber das Entscheidende geschieht nur, wenn es in dir selbst geschieht. Je mehr du dich fixierst auf irgend etwas, was außerhalb von dir, vor langer Zeit und woanders – im Heiligen Land Palästina, im Mekka und Medina Mohammeds, unter dem Bodhi-Baum Buddhas – geschehen ist, desto mehr wirst du abgelenkt von der entscheidenden Tatsache, daß alles, was da geschehen ist, nur Metapher ist für das, was in dir geschehen muß; du selber hast es zu leisten.

Was ich hier über die bekannten Religionen und ihre Stifter sage, läßt sich unschwer auf die unbekannten und auf die heutige Spiritualität übertragen: Maharshi, Muktananda, Sai Baba, Shree Rajneesh, Maharishi und all die anderen sind Auslöser – so sehen sie sich auch: als Katalysatoren. So radikal wie in den etablierten Religionen nur noch die großen Mystiker diesseits und jenseits der Grenze zum Ketzertum – ja, im Grunde noch viel radikaler, weil sie ja eine zeitgenössische, jedem heutigen Menschen verständliche Sprache sprechen – haben sie deutlich gemacht, daß die eigentliche, heute zu leistende »Revolution« die Revolution in dir selbst sein muß. Das ist der wirkliche Grund, weshalb die bürgerliche Welt und ihre Kirchen diese Menschen als so bedrohlich empfinden und ihnen allenfalls ein Schattendasein gestatten. Wenn einer von ihnen daraus heraustritt, sorgen sie dafür, daß Medien, »Sektenspezialisten« und Politiker mit der ihnen eigenen Effizienz zuschlagen.

Wie alle großen Religionen besitzt das Christentum ein »kollektives Gedächtnis«. Es weiß deshalb in all seinen Kirchen und Formen, daß es nie so tief, nie so innerlich, nie so radikal und kraftvoll gewesen ist wie in der Zeit, in der es selbst Sekte war – in der Zeit der »Urchristen« in den ersten Jahrhunderten nach Christi Geburt. Damals galt es den etablierten Mächten jener Epoche als genauso gefährlich, revolutionär und Unruhe stiftend wie heutige Sekten, sobald sie aus der ihnen zugebilligten Obskurität herauswachsen.

Ich stelle mir vor, was geschähe, wenn eintreten würde, was die Messiaserwartung verkündigt – Jesus kommt wieder auf die Erde: Die etablierten Religionen könnten ihn nicht erkennen. Sie würden ihn als Irreführer, als neuen Sektenführer, als Jugendverderber brandmarken. Gelänge es ihm dennoch, weiten Kreisen bekannt zu werden, würden sie ihn diskriminieren, schlimme Geschichten über ihn verbreiten, ihn ins Gefängnis stecken, ausweisen oder auf andere Weise unschädlich machen.

Mit einem Male würde deutlich: Die Sektenfeindschaft der heutigen christlichen Welt ist eine klassische Neurose: sich ja nicht der eigenen Kindheit bewußt werden – der »Kindheit« des Christentums, von der her das Abendland aufgebrochen ist.

Sich ja nicht dessen bewußt werden, was damals erlitten wurde. Das alles ist verdrängt worden. Es ist wirklich eine ganz reguläre Neurose. Deshalb auch die Verkrampftheit, das Nur-ja-nicht-sich-Öffnen.

## XII. Glaube statt Gott

Religionen bauen auf Glauben, Spiritualität baut auf Erfahrung. Der Glaube an Gott kann eine wunderbare Kraft sein, aber in der Geschichte der westlich-»christlichen« Welt hat er die Erfahrung Gottes verstellt. Der Glaube genügte ja schon. Vor allem Paulus und Luther haben das gemeint, aber im Grunde hat auch die katholische Kirche seit der Gegenreformation die Formel »Allein durch den Glauben!« übernommen. Der Glaube wurde so wichtig, daß er so etwas wie Gott-Ersatz wurde. Es genügte ja schon, an Gott zu glauben, du brauchtest Ihn nicht zu erfahren. Glauben statt Gott.

Immer mehr heutige Menschen empfinden das Neurotische dieser Situation. Die ganze Welt, die Schöpfung, als Kafkas Schloß. Alle flüstern vom Schloßherrn, aber niemand hat Ihn je gesehen. Es ist un-heimlich. Jeder hat Angst.

Früher gab es die Redensart »Ich glaube, da oben fliegt 'ne Taube«, um das Vage und Unsichere des Glaubens deutlich zu machen. Ich weiß, es gibt »felsenfesten« Glauben – und nochmals: der ist etwas Wunderbares –, aber auch der felsenfesteste Glaube kann nicht über das Ungleichgewicht zwischen Glauben und Erfahrung hinwegtäuschen.

Die großen spirituellen Meister aller Zeiten – vor allem die des Ostens –, die alten wie die neuen, haben nur selten vom Glauben gesprochen. Sie erfuhren Gott – und sie vermittelten ihren Anhängern diese Erfahrung. Was einer erfahren hat, das weiß er. Das Reden vom Glauben ist dann nicht mehr so wichtig. Die Glaubensfixation ist eine Spezialität des westlichen Menschen, also des Menschen, in dessen Welt es besonders selten Gotteserfahrungen gibt.

Vor einiger Zeit hat Karlheinz Deschner ein Buch unter dem Titel »Woran ich glaube« herausgegeben. Schriftsteller, Wissenschaftler, Forscher, Historiker, Theologen, Philosophen, Musiker waren um einen Beitrag gebeten worden; auch ich gehörte dazu. Hinterher war ich betroffen. Ich hatte gedacht, ein Buch, das den Titel trägt »Woran ich glaube«, würde von Gott handeln. Nichts falscher als dies. Erst dachte ich, es liegt an der Auswahl der Autoren, die in der Tat so erfolgt war, daß das agnostische Ergebnis vorausgesehen werden konnte. Aber dann begriff ich: Die Frage »Woran ich glaube« hatte präventiv gewirkt. Sie hatte bei den meisten Beiträgen wesentliche Aussagen verhindert. Ganz unmerklich hatte sich das Wort »Glaube« zwischen Gott und die Autoren geschoben. Glaube als Wand.

Auch deshalb vermeiden heute so viele Menschen das Wort »Religion«. Jene Religion, durch die westliche Menschen im allgemeinen die Bedeutung des Wortes »Religion« erfahren haben, ist ihnen zu glaubensfixiert.

Auch das gehört zum Neuen Bewußtsein: Immer mehr Menschen erfahren Gott – und noch mehr Menschen wissen, daß sie Ihn erfahren können, und streben nach dieser Erfahrung. Gewiß, der Glaube kann dabei eine Hilfe sein, aber nicht mehr als dies. Ein Mittel, das sich unverhältnismäßig in den Vordergrund schiebt, kann das Ziel, das es zu erreichen helfen soll, in unverhältnismäßige Ferne schieben. Gott ist nicht so fern, wie die westlich-»christliche« Welt glaubt – und wie Er in der Tat in ihr zu sein scheint. Es ist eine absurde Situation: Indem die christliche Welt glaubte, Gott »herbeiglauben« zu können, hat sie Ihn in immer größere Ferne geschoben. Wenn wir aber wieder beginnen, Gott »herbeizuerfahren«, dann rücken wir Ihn in die größtmögliche Nähe. Nur in ihr können wir Ihn erfahren: in uns.

## XIII. Wachse! Wache auf!

Das Wort Buddha leitet sich von der Wurzel *bodh* her, und die bedeutet »erwacht«.

Alle Wege, die diesen Namen verdienen, haben etwas mit Erwachen – mit Wachwerden zu tun. Ralph Metzner weist in seinem schönen Buch *Hineingehen* darauf hin, daß die Metapher des *Erwachens* in den spirituellen Traditionen der Menschheit häufig gebraucht wird – bei Christen und Hindus, bei Buddhisten, Juden, Sufis, Gnostikern, Moslems: Überall gibt es den Gedanken, daß die Wirklichkeit, die wir mit unseren leiblichen Augen sehen, nur ein Traum ist und daß wir endlich aus dem Schlaf, in dem wir träumen, erwachen müssen. Heraklit: »Die Schlafenden leben jeder in einer Welt für sich; die Erwachten leben in der Einen, Großen Welt.«

Ralph Metzner nimmt an, daß die häufige Verwendung des Ausdrucks »Erwachen« für die Erfahrung des Heiligen, Numinosen, Göttlichen bei Menschen in Europa und Asien, Afrika, beiden Amerikas, ja bei australischen Ureinwohnern unabhängig voneinander und über die Jahrtausende hinweg darin ihren Grund hat, daß sie in menschlicher Sprache am besten noch mit dem morgendlichen Erwachen aus dem Schlaf verglichen werden kann. Aber die Erfahrung des spirituellen Erwachens ist größer und eindrucksvoller. Gerade weil der Ausdruck »Erwachen« für ein spirituelles Erwachen so allgegenwärtig ist, könnte das Wort auch den umgekehrten Weg gegangen sein: Bereits der frühe, der magische und mythische Mensch muß die Erfahrung des spirituellen Erwachens gemacht haben. Ja, er hat sie gewiß öfter gemacht als der »aufgeklärte« westliche Mensch.

Wer lange und intensiv Zen-Meditation geübt hat, dem liegt der Gedanke, daß es Menschen gibt, die sehr häufig – vielleicht gar täglich! – Erleuchtungserfahrungen haben, gar nicht so fern. Und wer die Schriften Jean Gebsers kennt, kann es für möglich halten, daß der frühe Mensch, der die Welt noch sehr viel ganzheitlicher wahrgenommen hat als der heutige, diese Möglichkeit hatte und daß Erleuchtungserfahrungen auch wieder dem kommenden – dem »integralen« – Menschen viel häufiger zuteil werden.

Wer also sagt uns, daß der Gebrauch des Wortes »Erwachen« – und seine Entsprechung in den frühen Sprachen der Menschheit – für das spirituelle Erwachen nicht der ursprüngliche ist? Und daß nicht vielmehr umgekehrt das morgendliche Erwachen die Metapher ist, die uns täglich daran erinnert, daß es ein Erwachen gibt, das uns noch viel wacher macht als alles, was morgens oder nach dem Mittagsschlaf mit uns geschehen mag? Und uns auch daran erinnert, daß es *dieses* Erwachen ist, das eigentlich von uns gefordert wird? Wie uns ja auch unser körperliches *Wachsen* – und in diesem Falle verstehen das sogar noch die meisten Menschen – daran erinnert, daß wir auch ein seelisches Wachsen zu leisten haben. Wer sagt uns, was hier Metapher ist und was »real«, was »nur« Symbol und was konkret ist? Welche Realität ist größer, überzeugender, überwältigender als jene allein »wirkliche« Realität, in die wir hineinwachsen, wenn wir endlich erwacht sind aus dem Traum und dem Schlaf unserer Alltagsexistenz?

Längst schon ist deutlich: Wachse! Wache auf! Geh den Weg! Mache dich auf! Du kannst das nicht tun, wenn du zögerst und dich immer wieder fragst, welches denn nun wohl der richtige Weg für dich sein mag und ob der Weg, den du vielleicht gerade in Erwägung ziehst, nicht womöglich sogar schädlich sein könnte. Wenn du das denkst, dann bleibst du dort, von wo der Weg dich doch fortführen soll – im Kopf, im Intellekt. Denn das kann der wirklich hervorragend: zögern, zweifeln.

## XIV. Der Weg findet dich!

Was von Eltern und Partnern gilt, gilt auch von Wegen: Dein Selbst weiß, welchen es braucht. Dazu freilich ist nötig, daß wir still werden, um auf die Stimme unseres Selbst – auf die Stimme des Herzens – hören zu können. Letztlich können alle äußeren Anstöße nur Hilfe sein – Mittel des Unbewußten, um den Weg, der jeweils beschritten werden soll, ins Bewußtsein zu heben. Deshalb gehört dieses Kapitel in dieses Buch. Alle Hör-Übungen und Hör-Erfahrungen sind letztlich nur Hilfen und Anstöße, uns auf den Weg zu bringen. Keiner weiß, wohin er führt. Der Weg ist das Ziel. Und schon lange vor dem Ziel fließen *religio perennis* und *therapia perennis* zusammen. In Asien gibt es das Wort: »Wenn du einen Guru brauchst, dann findet er dich.« Man muß das nicht nur auf Gurus beziehen. Wenn du einen Weg brauchst, dann findet dich der Weg. Du mußt offen sein und hinhorchen, damit er dich finden kann. Und du mußt Vertrauen haben. Hingabe statt Kontrolle.

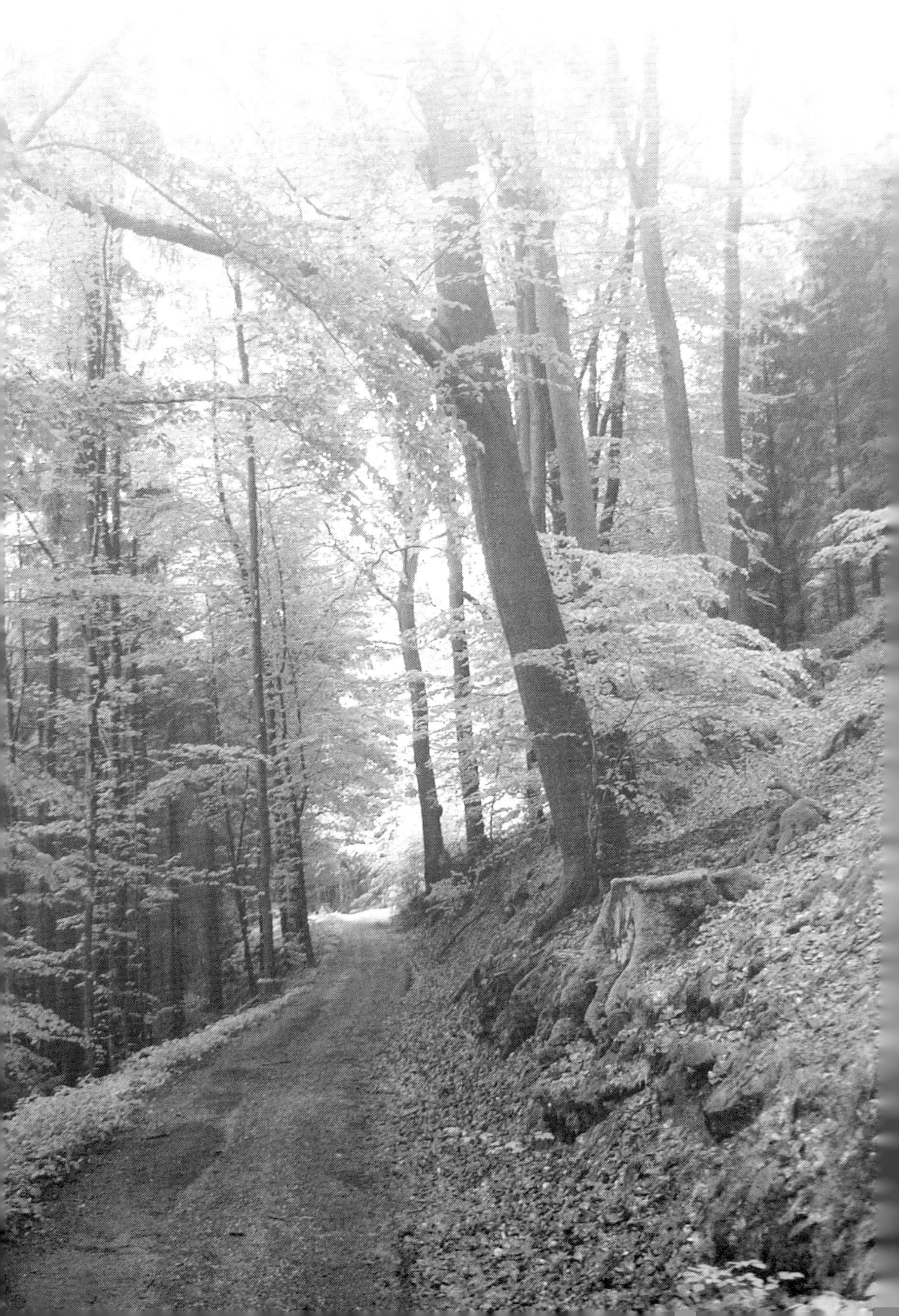

# Hör-Übungen I

**Eine Geschichte aus Bangladesch.** *Es gibt dort viele Überschwemmungen.*

*Eines Tages nahte sich wieder einmal eine Flutwelle vom Ganges-Delta her einem kleinen Dorf. Das Dorf sollte evakuiert werden. In ihm lebte ein weiser, weithin geschätzter, heiliger Mann. Der Bürgermeister ging zu dem Heiligen und sagte: »Wir alle müssen unser Dorf verlassen, auch du mußt das tun, sonst wird die Flutwelle uns ertränken.« Darauf der Heilige: »Mein Leben lang lebe ich in diesem Haus, Gott hat mich bis jetzt geschützt. Er wird mich auch weiterhin schützen. Ich gehe nicht fort.«*

*Das Dorf wurde evakuiert, Die Flutwelle kam, schließlich stand das Wasser bereits bis zum ersten Stock der kleinen Häuser, die es in diesem Dorf gab.*

*Weil die Dorfbewohner ihren Heiligen so sehr liebten, schickten sie ihm ein Boot. Der Heilige schaute aus seinem Fenster, bis zu den Knien im Wasser, und sagte; »Gott schützt mich. Ich gehe nicht fort.«*

*Die Flutwelle stieg weiter, Der heilige Mann floh auf's Dach seines Hauses. Und weil unsere Geschichte eine moderne ist, schickten die Dorfbewohner, die sich ein Leben ohne ihn nicht vorstellen mochten, einen Hubschrauber.*

*Der weise Mann zu dem Rettungspiloten; »Mein Leben lang habe ich in diesem Haus für Gott gewirkt. Ich danke dir, aber ich gehe nicht fort von hier. Gott wird mich schützen.«*

*Die Flutwelle stieg weiter und weiter, und der heilige Mann ertrank.*

*Weil er aber ein Heiliger war, kam er in den Himmel.*

*Wutentbrannt sagte er zu dem Türhüter – vielleicht war es der Erzengel Gabriel – am Eingang: »Ich will sofort zu Gott. Ich muß mich beschweren.«*

*Also brachte man ihn zu Gott. Zornig reckte er ihm seine Faust entgegen: »Mein Leben lang habe ich Dir gläubig gedient, habe Dir viele Menschen zugeführt, und Du läßt mich ersaufen.«*

*Darauf Gott: »Was kann ich denn tun? Erst schicke ich dir den Bürgermeister. Dann ein Boot, dann den Hubschrauber. Was verlangst du denn noch?«*

# Urübung

Stelle dich mit stabil verwurzelten Beinen, die Füße vielleicht zwei Handbreit voneinander entfernt, hin – in Socken oder barfuß. Erde dich. Fühle den Boden unter dir. Stelle in deinem Bewußtsein eine Verbindung zwischen dir und der Erde her – selbst wenn du im zehnten Stock eines Hochhauses wohnst.

Wenn du das getan hast, fühle deine Körpermitte. Spüre ein- oder zweimal, wie der Atem kommt und geht, ein Zyklus von ein und aus.

Wenn der Atem dich das nächste Mal füllt, breite die Arme aus und sage innerlich:

*Ich bin frei.*

Geht der Atem wieder, führe die Arme nach vorn auf deinen Körper – die linke Handfläche auf den Bauch, die rechte auf den Herzraum – und sage in dir:

*Ich bin Liebe und Freude.*

In der Stille, die darauf folgt, bevor der Atem wieder kommt, spüre in dir, es kaum innerlich aussprechend, in dich hineinlauschend:

*Ich höre.*

Mache diese Übung dreimal, siebenmal, elfmal – oder einfach so oft, wie es für dich stimmt. Mache sie oft. Vor, vielleicht auch nach jeder Übung dieses Buches. Deshalb heißt sie Urübung. Wenn du alle (oder die meisten) Übungen als zusammenhängenden Kurs machst, mache die Urübung täglich – am besten morgens.

Mache sie möglichst jedesmal am selben Platz. Zum Beispiel am Fenster (wenn es nicht zu kalt ist, am geöffneten). Mache sie langsam, aber dehne sie nicht künstlich aus. Halte nie in einer der drei Phasen den Atem an, um die betreffende Phase länger zu machen. Lasse den Atem fließen, so wie er im Augenblick zu dir kommt und von dir geht. Versuche nicht, den Atem zu zwingen oder »bewußt« irgendwohin oder besonders tief zu atmen. Vertraue darauf, daß tief in der Welt und so in dir ein altes Wissen lebt, das genau weiß, wie der Atmen zu kommen und zu gehen hat – du mußt es nicht denken, vertraue einfach. Atme.

Du kannst die Übung auch im Meditationssitz machen.

Für viele wirkt sie dann stärker – mehr wie eine intensive Meditation. Probiere das aus.

Senke in der zweiten und dritten Phase (*Ich bin Liebe* und *Freude* und *Ich höre*) den Kopf, und schließe die Augen. Vielleicht empfindest du Demut, Hinhören auf deine Innere Stimme, die göttliche Stimme in dir.

In der ersten Phase (*Ich bin frei*) kannst du, wenn das für dich stimmt, die Augen offen lassen – und überhaupt ganz weit und geöffnet sein –, als seiest du offen für die Welt und das ganze Universum – in jener Liebe und Freude, die du in der nächsten Phase verinnerlichst.

Auch solltest du, wenn du magst, gelegentlich klären, wovon du frei sein möchtest: von deiner Mutter oder deinem Vater, einem Partner, einem Karma oder einer alten Last, einem früheren Leben, einem Schmerz, einer Enttäuschung, Wut, Zorn, Aggression ... Du kannst dies in einer Meditation klären – hinhörend auf dich und deine Innere Stimme.

Setze aber von diesen Detail-Anweisungen nur jene um, die für dich stimmen. Das Entscheidende ist deine ureigene Erfahrung mit dieser Übung, nicht die Übung an sich.

Es ist eine Übung, die aus der Sud-Tradition kommt. Die Sufis arbeiten gern mit zwei oder drei verschiedenen Mantras, die sie »*Wazifas*« nennen – das eine gebrauchen sie beim Ein-, das andere beim Ausatmen, das dritte in der Atempause. Sie verbinden die zwei oder drei Wazifas auch gerne mit bestimmten Körperbewegungen – wie Ausbreiten der Arme, Augen öffnen, Augen schließen, Kopf senken. Die drei Sätze, die du in den drei Phasen der Urübung innerlich sagst, ähneln »*Wazifas*« im Sinne der Sufis.

Höre auf, die Urübung zu machen, sobald du sie nicht mehr mit innerem Sinn erfüllen kannst und sie etwas Mechanisches gewinnt. Besser: Setze für ein paar Tage aus, bis du die Übung wieder mit Bewußtheit und Leben füllen kannst.

Du kannst diese Übung und ihren vitalisierenden Effekt erweitern. Entweder mit einem Partner, dann klopft ihr euch gegenseitig ab, oder du machst sie alleine. Diesen Teil der Übung mache jedoch VOR der Atem- und Affirmationsübung. Du öffnest damit deinen Körper und Geist für die Energien, die im dann folgenden Teil fließen.

Stehe wieder schulterbreit, weich in den Knien.

Klopfe mit den zu einer lockeren Faust geformten Händen deinen ganzen Körper ab: Beginnend an den Füßen, die Beine hoch, Po und Becken, Bauch und Brust (hier im Uhrzeigersinn über dem Brustbein klopfen, das regt die Thymusdrüse an), die Schultern, den Nacken, die Arme herab, mit der einen Hand die jeweils andere Hand.

Kreise mit dem Becken. Erst in die eine, dann in die andere Richtung. Beckenkreisen regt die unteren Energieebenen (Chakren) an.

Gähne wie ein Löwe. Mund weit öffnen und die Zunge rausstrecken. Das öffnet energetisch den Halsbereich (und die Stimme ist mit dem Hören assoziiert).

## Zusammengefasster Übungsablauf

### Urübung

1. Stehe stabil, Füße schulterbreit.
2. Spüre die Erde!
3. Spüre deine Mitte!
4. Laß den Atem kommen und gehen.
5. Mit dem nächsten Einatem breite die Arme weit aus und sage:
   *Ich bin frei.*
6. Wenn der Atem geht, führe die Linke Hand zum Bauch, die rechte Hand zum Herzen und sage:
   *Ich bin Liebe und Freude.*
7. In der Stille, die folgt, bevor der nächste Einatem kommt, sage Dir:
   *Ich höre.*
8. Wiederhole die Übung sooft Du willst.

**Variation Urübung**

1. Zum Beispiel im Meditationssitz statt im Stehen.
2. In der ersten Phase (*Ich bin frei*) kannst du, wenn das für dich stimmt, die Augen offen lassen.
3. Senke in der zweiten und dritten Phase (*Ich bin Liebe* und *Freude* und *Ich höre*) den Kopf, und schließe die Augen.
4. Kläre, wovon du frei sein möchtest und denke daran, wenn du sagst »Ich bin frei.«

## Mit jeder Pore, mit jeder Zelle – hören!

Suche dir für diese Übung eine Musik aus, die du magst. Sie sollte eher langsam als schnell sein. Wenn sie gesungen ist, sollten die Worte des Textes möglichst unverständlich sein, damit sie dich nicht ablenken. Es sollte *keine* Musik sein, die du schon oft gehört hast und in der du jeden einzelnen Takt und Ton kennst. Dennoch solltest du gehört und erfahren haben: Diese Musik mag ich.

Beginne die Übung damit, daß du die Musik, die du gewählt hast, einmal aufmerksam anhörst. Höre sie so, wie du normalerweise Musik hören würdest. Du kannst dabei am Fenster stehen. Oder in deinem Zimmer herumgehen. Oder im Lehnstuhl sitzen – wie immer du gewohnt bist, Musik zu hören. Nur solltest du bei diesem ersten Anhören der Musik noch nicht liegen.

Nun breite eine Decke auf dem Boden aus, dämpfe das Licht, zünde eine Kerze an, vielleicht auch ein Räucherstäbchen, lege unnötige Kleidungsstücke ab, auch Schuhe und Strümpfe, damit die Schallwellen nicht nur deine Ohren, sondern auch deine Haut erreichen können. Es wäre schön, wenn es so warm in deinem Zimmer ist, daß du nackt sein kannst. Lege dich auf die Decke, und lenke zunächst deine Aufmerksamkeit auf deinen Atem. Laß deinen Atem kommen und laß ihn wieder gehen, versuche nicht tiefer zu atmen oder den Atem zu lenken. Laß dich einfach vom Atem führen.

Laß dir Zeit dafür.

Sei mit deinem Bewußtsein dort, wo dein Atem ist. Dann ziehe den Atem bewußt nach oben – tue also etwas, was man normalerweise nicht tun sollte: Atme ein paar Atemzüge lang nur in den Brustraum. Und dann ziehe den Atem entschlossen noch weiter nach oben. In der Vertiefung am unteren Ende deines Halses – dort wo manche Menschen den »Adamsapfel« haben – sitzt dein Hör- und Stimm-Chakra. Dort hinein atme und konzentriere dein Bewußtsein auf die geheimnisvolle Kraft dieses Chakras, das dort sitzt, wo dein Körper am schmälsten und dünnsten ist. Normalerweise, wenn wir von »Körper« sprechen, meinen wir das, was mit unserem Oberkörper beginnt und von dort nach unten geht, also alles, was unterhalb unseres Kopfes ist.

Wenn wir den Kopf meinen, sagen wir nicht »Körper«, sondern »Kopf«. Wir unterscheiden also »Körper« und »Kopf«. Der Hals verbindet beide. Dort geht die »Stofflichkeit« deines Körpers in die »Geistigkeit« deines Kopfes über. Es ist von tiefer Bedeutung, daß an dieser Stelle dein Stimm- und Hör-Chakra sitzt. Denn auch das Ohr überführt ständig – bei jedem Hörvorgang – Materielles in Geistiges.

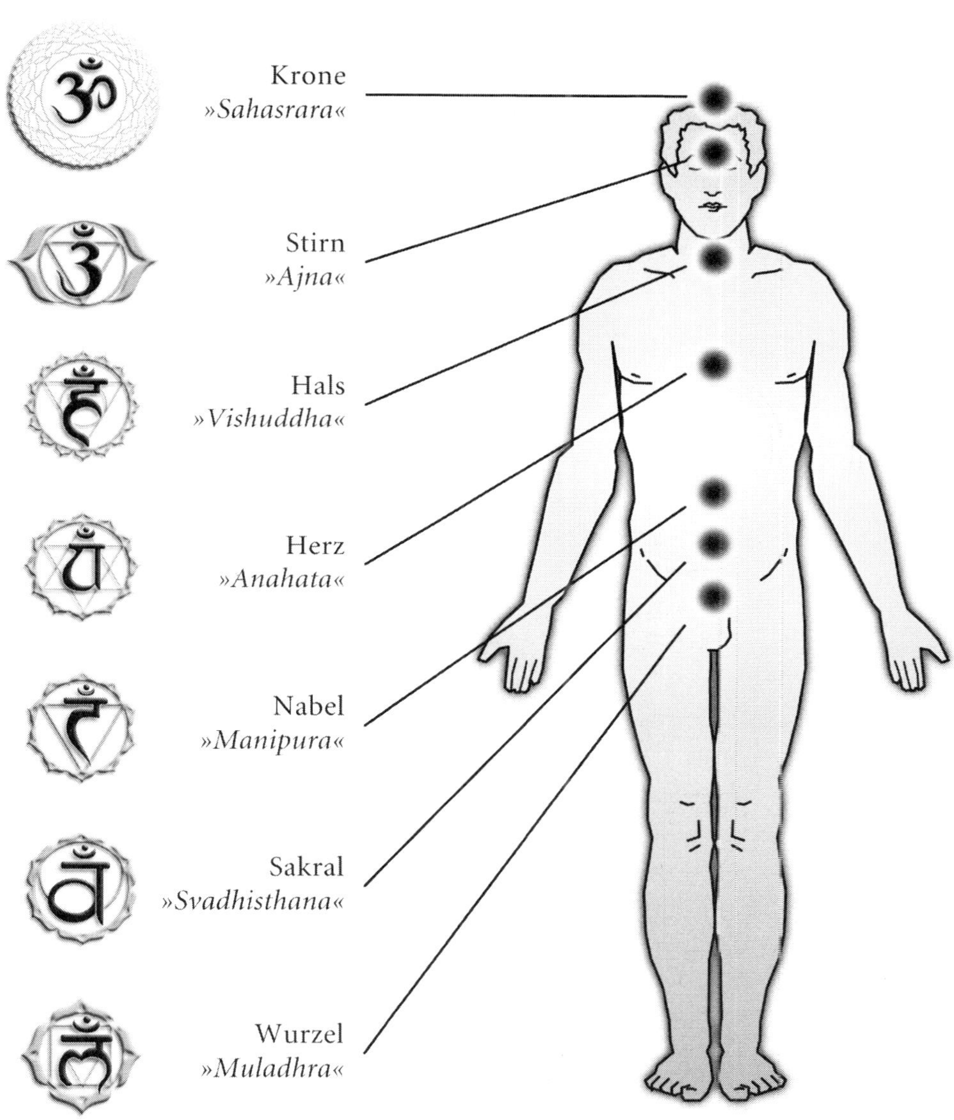


Die sieben Hauptchakren

Atme einige Minuten lang in dein Hals-Chakra – oder einfach in den oberen Brustraum. Atme intensiv, stärker, als du es normalerweise tust – auch ein wenig schneller, aber »hechle« nicht. Bleibe – trotz des schnelleren Atems – ruhig und habe Vertrauen.

Dann spielst du die gewählte (und bereits vorbereitete) Musik noch einmal. Stelle deinen CD-Spieler so, daß du ihn mit einer kleinen, mühelosen Bewegung oder einer Fernbedienung – ohne aufzustehen – in Gang setzen kannst.

Höre. Und beobachte, was geschieht. Und atme weiter – schneller als gewöhnlich – in dein Hals-Chakra. Es macht nichts, wenn du das – vor lauter Hören – mal vergißt. Wenn du es dann merkst, atme wieder intensiv in das Hals-Chakra ...

Wenn ich diese Übung in meinen Workshops mache, frage ich hinterher die Gruppenteilnehmer (ich frage das nach *jeder* Übung): »Wie war das für euch?«

Frage auch du dich selbst: »Wie war das für mich?«

Sei so bewußt und genau, wie du kannst. Wie war der Unterschied zwischen dem ersten »normalen« Hören und dem zweiten Hören mit der Fülle deines »Pranas« (deiner feinstofflichen Energie) und deines Bewußtseins im Hör- und Stimm-Chakra? Formuliere den Unterschied in Worten, die du in Gedanken aussprechen solltest.

Die meisten Menschen, die diese Übung ausführen, machen die Erfahrung, daß das zweite Hören sehr viel intensiver war als das erste. Hier ein paar Aussagen, die ich beim »Feedback« nach dieser Übung gehört habe: »Ich habe die Musik nicht bloß mit den Ohren gehört, ich habe sie erfahren: Ich habe mit dem Körper gehört.« »Es ist, als ob die Haut gehört hat – jede Pore und jede Zelle.« »Es war, als ob mich die Klänge gestreichelt haben.« »Es war so intensiv, daß es ein wenig unheimlich war. Einen Augenblick hatte ich Angst.« »Ich hatte das Gefühl, daß meine Ohren so groß wurden wie mein ganzer Körper.« »Ich glaube, ich war auch sexuell etwas erregt – als hätte ich auch dort gehört.«

Wenn uns jemand sagt: »Ich höre mit jeder Zelle«, dann reagieren wir darauf im allgemeinen in zwei verschiedenen Formen. Das eine ist die Kopfreaktion – sie sagt: »Das ist Quatsch. Ich weiß doch, daß ich nur mit den Ohren hören kann – basta.« Dennoch schwingt in den meisten von uns eine verwandte Saite mit, wenn uns jemand von einem Konzert oder einer tiefen Hörerfahrung berichtet: »Ich habe mit jeder Zelle und mit jeder Pore zugehört.« Wir spüren einfach: So war es. Wir verstehen das, weil jeder schon Ähnliches erfahren hat.

Man hat taubstummen Kindern Induktoren auf Rücken und Kreuz gelegt und in diese Induktoren die Impulse von Musik geleitet. Die Kinder hatten die gleichen Gefühlsempfindungen, die die betreffende Musik auch bei hörenden Menschen auslöst. Sie »hörten« also durch ihre Haut, ihr Fleisch und ihre Knochen – durch Poren und Zellen.

Durch Poren und Zellen hören: Vielleicht »hörte« Helen Keller so, die berühmte amerikanische Autorin, die taubstumm und blind war und gleichwohl in ihren Büchern darüber schrieb, daß Musik sie tief bewegt habe. Vielleicht »hörte« auch Eugen Sutermeister so, ein Bremer Pfarrer für Taubstumme, der selbst taubstumm war und dennoch Konzerte besuchte und hinterher – in Taubstummen-Sprache – von der Musik erzählte und diese sogar kritisierte.

Die eigentlichen Hörzellen in unserem Innenohr sind die sogenannten Corti-Zellen – benannt nach dem italienischen Anatom Alfonso Corti, der sie 1851 beschrieben und selber noch *Papilla sensoria* genannt hatte. Es ist überhaupt die früheste spezialisierte – einem genau definierten Zweck dienende – Zelle in der Evolution des Lebens auf diesem Planeten. Bevor also die Evolution irgendeine andere Zelle spezialisiert hat – vor Millionen von Jahren –, hat sie die Corti-Zelle geschaffen; das also wollte sie zuerst: Hören! Die Corti-Zelle ist nicht sehr verschieden von der einfachen Zelle eines Einzellers, nur daß ihr Kern nach unten verrutscht ist und sie oben sogenannte Zilien, kleine nervenartige Fühler – »Urnerven« –, trägt. Sie ist dem Einzeller so ähnlich, daß deutlich ist: Dieser hat sie überhaupt nur entwickeln können, weil er selber schon hören kann. Deshalb hat er – vor Millionen von Jahren – durch ganz minimale evolutive Veränderungen die Corti-Zelle geschaffen, und zwar gleich so vollkommen, daß die sich seither nicht mehr verändern mußte. Die Corti-Zelle, die wir in der Cochlea unseres Innenohres tragen, ist immer noch die gleiche, die die Protozoen und Metazoen – die in einem flüssigen Milieu schwimmenden, aus nur ganz wenigen Zellen bestehenden »Urtierchen« – zu Beginn der Evolution gebildet haben!

Wir sehen also: Sogar unter den Gesichtspunkten der phylogenetischen Evolutionsforschung ist es sinnvoll, wenn jemand sagt: Ich höre mit jeder Zelle.

Mit jeder Zelle hören: Du kannst das um so intensiver tun, wenn du dir zu Beginn dieser Übung deutlich machst, daß deine verschiedenen Sinneswahrnehmungen – Riechen, Fühlen, Schmecken, Sehen, Hören – spezialisierte und spezifische Wahrnehmungsmöglichkeiten auf einer gleitenden Skala darstellen; ihre gemeinsame Aufgabe ist: wahrnehmen – im ursprünglichen Sinne dieses Wortes: sich Wahrheit nehmen. Das ist das Primäre. Auf welche Weise sie du dir nimmst, ist eine Zweckmäßigkeitsentscheidung deines Organismus.

Deshalb ist es auch sinnvoll, wenn viele Menschen von einer Musik sagen, sie sei »leuchtend«. Oder sie sei »warm«. Oder sie habe diese oder jene Farbe. Rainer Maria Rilke hat von einer Musik gesagt, sie »dufte«.

Stelle dir Fragen wie: Welche Farben hat diese Musik? Welche Formen? Welche Strukturen? Erforsche, ob du die Musik sehen kannst.

Versuche, sie zu fühlen. Wie fühlt sie sich an? Weich oder hart? Rauh oder schmiegsam? Fest oder biegsam? Welche Konsistenz besitzt sie?

Wie riecht sie? An welche Gerüche erinnert sie dich? Gibt es vielleicht Gerüche in ihr, die du nie zuvor gerochen hast – und die du dennoch beim Hören dieser Musik als Gerüche empfindest?

Wie schmeckt sie? An welche Speise erinnert sie dich? Kannst du – die Musik hörend – einen dir bekannten oder unbekannten Geschmack entdecken?

Wie ändern sich die Farben, während du hörst? Welche Art Glanz und welche Art Dunkelheit nimmst du wahr?

Auf diese Weise wird deine Hör-Erfahrung ganzheitlich. Du siehst, schmeckst, riechst, fühlst – hörend! Ganzheitliche Erfahrungen vermitteln immer auch eine Ahnung von Einswerden und Einssein – sie weisen zumindest in diese Richtung – ähnlich wie Meditation oder die Ekstase von Liebe und Sexualität.

Mache diese Übung, bevor du an die nächsten Hör-Übungen dieses Buches gehst, noch zwei weitere Male. **Aber spiele die Musik, die du gewählt hast, nie zwischendurch nur einfach so als Hintergrundmusik.** Spiele sie nur, wenn du diese Übung machst.

Du kannst auf diese Weise erfahren, wie sich dein Hörbewußtsein wandelt. Wie es größer – weiter – offener – sensibler – umfassender wird. Du bereitest dich auf diese Weise gut für die folgenden Hör-Übungen vor.

Wenn du die Übung zum wiederholten Mal machst, kannst du, bevor du dich hinlegst, um die Musik zu »atmen«, auch mit Bewegungen deines Körpers auf sie reagieren. Fange mit kleinen Bewegungen an. Vielleicht magst du nur die Finger oder die Hand bewegen. Vielleicht wollen deine Bewegungen im Lauf der Zeit größer werden.

Manche Menschen öffnen die Arme – und schließen sie dann vor der Brust, als wollten sie die Klänge umarmen.

Manche fühlen den Impuls, die Musik zu tanzen.

Erforsche, wie das für dich ist. Könnte es sein, daß dich das Tanzen zu sehr nach außen leitet? Fort vom wahren Sinn dieser Übung? Du kannst darauf auf folgende Weise reagieren: Wenn du die Übung zweimal (oder noch öfter) gemacht hast, fragst du dich: Was will mir diese Musik sagen? Versuche, dies in einem einzigen Satz auszudrücken. Und tanze diesen Satz. Du wirst auf diese Weise auch verstehen lernen, warum du gerade diese Musik gewählt hast.

Sätze, die Teilnehmer meiner Gruppen zu verschiedenen Musikstücken gebildet haben, sind: »Ich bin voller Demut und Dankbarkeit.« Oder: »Ich bin Liebe.« Oder: »Ich bin voller Licht.« Oder: »Mein Körper ist schwer, aber er wird immer leichter.« Solche Aussagen kann man durch Körperbewegungen tänzerisch ausdrücken. Vergiß aber dabei nie das Entscheidende: Höre! Mit jeder Zelle! Mit jeder Pore! Auch wenn du tanzt, kannst du darauf achten, ab und zu stark und intensiv in dein Hör-Chakra zu atmen. Du wirst merken:

Wenn du das nicht tust, geht die Hörerfahrung schnell wieder auf das Normal-Maß zurück.

Du kannst dir diese Erfahrung auch in deinem alltäglichen Leben zunutze machen. Wenn du in ein Konzert gehst und besonders intensiv hören willst, komm ein paar Minuten früher, sammle dich und atme stark und intensiv in dein Hör-Chakra. Tue das auch, sooft du kannst, während des Konzertes.

Probiere einmal, wie es ist, wenn du einem Menschen sehr bewußt und sorgfältig zuhören willst und dabei in dein Hör-Chakra atmest. Es könnte sein, daß deine Gespräche mit anderen Menschen auf diese Weise eine andere Qualität gewinnen. Nicht umsonst wird das Hör-und-Stimm-Chakra auch Kommunikations-Chakra genannt.

Ich kenne Paare, die auf diese Weise Probleme lösen, die sie miteinander haben. Sie haben es sich zum Grundsatz gemacht: Bevor einer aufbraust und dadurch womöglich eine Auseinandersetzung oder ein Streit beginnt, atmet er oder sie erst ein paarmal in das Kommunikations-Chakra. Sie haben die Erfahrung gemacht, daß sie nicht nur einander besser zuhören, sondern sich auch besser und sorgfältiger ausdrücken können. Der Vorwurf »Du hörst mir ja überhaupt nicht zu!« ist seltener in ihrer Beziehung geworden. Und der Anlaß zum Streit ist oft schon nach zwei oder drei Atemzügen nicht mehr so unüberwindlich, wie er eben noch schien. Übrigens ist es zweckmäßig, in solchen Fällen nicht direkt in das Stimm-Chakra zu atmen, sondern in den oberen Brustraum. Das ist der Raum zwischen Herz-und-Stimm-Chakra: Auf diese Weise werden beide Chakras angesprochen. (Mehr über Chakras in »Mantrisches Chakra-Ritual«, dessen Beschreibung auf der nächsten Seite beginnt.)

Zuletzt: Mach diese Übung nicht mit »tierischem Ernst«. Mach keine Übung dieses Buches mit »tierischem Ernst«. Mach sie mit Freude.

## Zusammengefasster Übungsablauf

### Mit jeder Pore, mit jeder Zelle – Hören!

1. Ruhiger Raum, gemütliches Licht, Düfte, passende Musik.
2. Höre ein Musikstück deiner Wahl, so wie Du immer Musik hörst.
3. Lege Dich entspannt auf den Boden und laß den Atem eine Weile kommen und warte bis er von selbst wieder geht und von selbst wieder kommt und geht.
4. Während du hörst, atme ein wenig schneller und lenke die Aufmerksamkeit deines Atems in dein Halschakra. Atme tiefer und schneller, aber nicht hektisch. Bleibe voller Vertrauen und höre weiterhin deine Musik.
5. Spiele das Musikstück von vorhin nun ein weiteres Mal – ohne aufzustehen – und atme weiter bewußt in dein Halschakra.
6. Nachdem das Stück vorbei ist, laß den Atem wieder kommen und warte bis er wieder geht und wieder von selbst kommt und wieder geht ...
7. Frage Dich: Wie war die Übung für mich? Was habe ich wahrgenommen?

# Durch Klingen und Lauschen die Energiezentren aktivieren – Mantrisches Chakra-Ritual

Mantras – so sagt ein bekanntes Konversationslexikon – »bestehen aus einer Vermischung von Wörtern mit sinnlosen Silben«. Unschwer zu erkennen, daß auch Definitionen aus einer »Vermischung von Wörtern mit sinnlosen Silben« bestehen können. In der Sanskrit-Wurzel man steckt das englische Wort »man«, auch das deutsche »Mensch«, das lateinische »mens« (Geist). Tram ist die Hilfe, die beschirmende Kraft, das Werkzeug, die Kraft des Menschen. Lama Govinda, der große buddhistische Weise deutscher Herkunft, bezeichnet Mantras als »Werkzeuge des Geistes«. Als solche haben sie Millionen meditierender Menschen über die Jahrtausende hinweg erfahren – Millionen auch bei uns, seit es in der westlichen Welt mehr Meditierende gibt als im Osten.

Mantras sind nichts ausschließlich Ost-Asiatisches. Es gibt sie in allen spirituellen Traditionen der Menschheit. Fachleute haben sie in den sich wiederholenden Patterns der westafrikanischen Yoruba-Kulte genauso gefunden wie bei indianischen Schamanen und Heilern und natürlich auch im Christentum. Worte wie *»Amen«, »Halleluja«, »Kyrie Eleison«* etcetera werden nun schon zwei Jahrtausende lang mantrisch gebraucht.

Die folgende Übung – sie ist eher ein Ritual – läßt dich die Wirkung von Mantras erfahren. So eindringlich und unwiederbringlich, daß niemand, der sich auf sie einläßt, hinterher zweifelnd fragen wird, was denn schon eine einzige Silbe, ein einziges »sinnloses« Wort bewirken könne. Du wirst erfahren, was es auslöst. Und was einer erfahren hat, das weiß er. Daran kann auch sein Kopf nicht mehr zweifeln – selbst dann, wenn der Intellekt nicht begreifen kann, was da geschieht.

Was wirklich geschieht, ist folgendes: Unsere Chakras erfahren die Wirkung von Mantras. Sie »er-hören« Mantras.

Chakras sind die Energiezentren unseres feinstofflichen Körpers. Die alten Brahmanen mit ihrer Liebe zu großen Zahlen meinten, der menschliche Körper habe 99 000 Chakras. Im Grunde ist jeder Akupunkturpunkt ein »Mini-Chakra«. Es gibt sieben Haupt-Chakras (siehe die Tabelle auf Seite 76/77) – vom tiefsten, dem Muladhara-Chakra (zwischen Geschlecht und Anus gelegen), bis zum Sahasrara (auf der »Krone« unseres Schädels), wo wir als Baby durchlässig waren und wieder durchlässig werden müssen, damit die geistige Kraft durch uns fließen kann.

## DIE CHAKRAS …

| Name | Sitz |
|---|---|
| 1. Wurzel-Chakra<br>»*Muladhara*« | Zwischen Anus und Geschlecht |
| 2. Sex-, Sakral-Chakra<br>»*Svadhisthana*« | Zwischen Geschlecht und Nabel |
| 3. Nabel-Chakra<br>»*Manipura*« | Solarplexus |
| 4. Herz-Chakra<br>»*Anahata*« | Etwas über Herzhöhe in Brustmitte |
| 5. Hals-Chakra<br>»*Vishuddha*« | Kehlkopf, unterer Hals |
| 6. Stirn-Chakra<br>»*Ajna*« | Zwischen den Augenbrauen<br>(Drittes Auge) |
| 7. Kronen-Chakra<br>»*Sahasrara*« | Am höchsten Scheitelpunkt |

Die Chakras sind durch »*Nadis*« miteinander verbunden. »*Nadi*« heißt Fluß, Kanal, aber auch Ton und Schall (!). Die alten Brahmanen sprachen von 72 000 Nadis in unserem feinstofflichen Körper. Wir konzentrieren uns in dieser Übung auf den Hauptkanal – den »*Brahma-Nadi*« – den göttlichen »Fluß«: die sogenannte *Sushumna*, die durch unsere Wirbelsäule fährt – vom untersten zum obersten Chakra.

»Chakra«, Sanskrit, heißt Rad. Die Hindu-Weisen sagen, daß sich an unseren wichtigsten Energiepunkten leuchtende Räder befinden. Wenn die Räder stillstehen, ist das betreffende Chakra lahmgelegt.

Im Bereich unserer unteren Chakras ruht eine Schlange, die *Kundalini*. Sie muß aufsteigen, um die höheren Chakras erreichen zu können. Dort zwischen Wurzel- und Sex-Chakra schläft Shakti, unsere weibliche Energie und Liebeskraft. Auf der

### ... UND IHRE MANTRAS

| Bedeutung | Sinneseindruck | Mantra | Farbe |
|---|---|---|---|
| Erde, Materie, Überleben | Riechen | *Luum* | Rot |
| Sexualität, Feuchtes, Gesundheit, Kraft | Schmecken | *Voong* | Orange |
| Wille, Ego, dessen Reinigung, Feuer | Sehen | *Reem* | Gelb |
| Liebe, Ja zur Schöpfung | Fühlen, Mitleiden | *Yaam* | Grün |
| Kommunikation, Kanal-Sein, Verwandeln | Hören, Sprechen, Singen | *Hiing* | Blau |
| Klarheit, Wahrheit, Licht | Wahrheit erkennen | *Aim* | Violett |
| Eins-Sein, Gott ist in mir, Erleuchtung | Eins-Werden | *Aum* | Purpur |

*Kundalini* reitet sie aufwärts, um Gott Shiva, ihren Geliebten, der im Kronen-Chakra wohnt, zu erreichen. Es ist ein schönes Bild: Wenn Shakti und Shiva sich im Kronen-Chakra vereinigen, dann strömen die Liebe, das Glück, die Lust und die Ekstase dieser Vereinigung über den Menschen, in dessen feinstofflichem Körper dies geschieht.

Die Hindu-Weisen haben jedem Chakra ein Mantra zugeordnet. Es gibt dazu eine schöne Legende. Gott Shiva schuf die Welt tanzend. Er trommelte dabei – auf seiner Trommel, die die Form eines Stundenglases hat; man kann das auf vielen indischen Bildern und Statuen sehen. Aus der Trommel fielen Buchstaben – das komplette Alphabet (ich nehme an, es war das Sanskrit-Alphabet). Unten auf der Erde lag die schöne Shakti – ihr Körper so groß wie die Erde – oder mindestens so groß wie Indien. Die Buchstaben fielen auf ihren Leib – in sinnvoller Ordnung. Die Lettern Y-A-M fielen auf Shaktis Herz; so fand das Herz das ihm »gehörende« Mantra: »Yam«. Die Buchstaben V-0-O-N-G fielen auf Shaktis Scham; so fand die Sexualität ihr Mantra – und so fort: Auf jedem von Shaktis Chakras formten sich Buchstaben, die aus Gott Shivas Trommel fielen – und damit hatte jedes Chakra ein Mantra, das zu ihm ge-hört. Auf das es hört!

Diese Mantras wenden wir im »Mantrischen Chakra-Ritual« an – wobei zu bedenken ist, daß in der Vorstellung der meisten indigenen Völker der Welt der Name einer Sache und der Klang dieses Namens das gleiche sind. Deshalb heißt eine Sache, wie sie heißt, weil dies ihr Klang ist. Der Name wird dem Klang abgehorcht. Eben deshalb kann Resonanz entstehen: zwischen dem Klang des Mantras, das von einem Menschen ausgesprochen wird, und dem Klang des betreffenden Chakras. Klang (das meinen nicht nur die alten Völker, sondern auch viele Wissenschaftler) ist eine Urkraft. Resonanz potenziert Energie. Ein solcher Potenzierungsvorgang wird durch unser Ritual ausgelöst.

Unsere Übung hat zum Ziel, die Chakras zu lehren, auf ihre Mantras zu hören. Sie ist Jahrtausende alt. In dieser oder ähnlicher Form wird sie von Therapeuten in der ganzen Welt angewandt.

Es ist schön, die Übung mit einem Partner zu machen. Für diese Form habe ich auch die Anweisungen hier formuliert. Später wird deutlich werden, daß man sie auch allein mit sich selber machen kann, und in jeder möglichen Kombination. Beim Kongreß »Natur und Geist« in Hannover 1988 habe ich sie mit 130 Menschen gemacht.

Bereitet euch vor: Breitet eine Decke auf dem Boden aus, dämpft das Licht, legt den Telefonhörer neben den Apparat, sorgt für Ruhe, zündet eine Kerze an, vielleicht ein Räucherstäbchen, stellt, wenn ihr wollt, einen euch wichtigen Gegenstand an eure Seite – einen Buddha, ein Kruzifix, ein Bild, ein Mandala. (Dies übrigens könnt ihr auch bei anderen Hör-Übungen – wenn es euch sinnvoll erscheint – tun.)

Besprecht, wer von euch beiden der oder die »Gebende« und wer der oder die »Nehmende« ist. Habt keine Sorge, gebend zu sein. In dieser Eigenschaft empfangt ihr genausoviel wie als Nehmende(r).

Wenn ihr wollt, tanzt ein paar Minuten. Wenn du allein bist, tanze allein. Sorgt dafür, daß ihr für den Schluß der Übung Musik zum Tanzen habt. All dies muß vorbereitet werden, damit ihr später nicht abgelenkt werdet.

Dann legt sich der Empfangende so auf die Decke, daß der Gebende ihn von allen Seiten seines Körpers, auch vom Kopf und von den Füßen her, leicht erreichen kann. Der Empfangende liegt auf dem Rücken – in bequemer Kleidung – wenn ihr wollt, nackt – die Hände neben dem Körper – die Beine leicht geöffnet. Er empfängt von jetzt an nur noch.

Macht diese Übung im Bewußtsein, daß sie ein »Geschenk der Liebe« ist. Als solches soll sie gegeben und angenommen werden. Ihr beschenkt euch. Du beschenkst dich.

Der Gebende setzt sich im leichten Meditations- oder Fersensitz auf die linke, die Herzseite seines Partners. Gebender und Empfangender begrüßen einander mit dem Gasho, dem Gruß des Respekts und der Liebe (mit den vor der Brust zusammengelegten, nach oben weisenden Handflächen) und verneigen sich voreinander.

Wenn ihr wollt, sprecht auch noch einen spirituellen Text oder ein Gebet, das euch wichtig ist. Schließt die Augen. Laßt ein paar Minuten lang den Atem kommen und gehen.

Dann legt der Gebende seine linke Hand auf das Erd- oder Wurzel-Chakra, *Muladhara* (am Damm zwischen Geschlecht und After). Wenn ihr einander nicht sehr vertraut seid, könnt ihr die Hand auch etwa zehn Zentimeter über diesem intimen Punkt halten. Wenn du die Übung an dir selber machst, kannst du die Hand auflegen oder drüberhalten.

Nochmals: Der Empfangende tut nichts. Er empfängt. Er hört. Seine Chakras hören. Sein Bewußtsein ist in dem jeweiligen Chakra – dort, wo der Partner die Hand auflegt. Er spürt den Fluß der Energie.

Nun spricht der Gebende eine zum Erd-Chakra gehörende Affirmation – mit ruhiger, warmer Stimme:

»Ich bin Erde...
Wie ein Baum wachse ich aus der Erde...
Meine Wurzeln sind tief in der Erde...
Ich liebe meine Mutter, die Erde...«

Dann singt der Gebende dreimal das Mantra des Erd-Chakras auf einem gleichbleibenden Ton (der Empfangende singt nicht mit):
*Luum – Luum – Luum.*

Atmet, das heißt (und das meine ich von jetzt an immer, wenn ich von »Atmen« spreche) nehmt das Kommen und Gehen eures Atems bewußt wahr.

Dann wandert die Hand des Gebenden aufwärts zum zweiten Chakra, dem Sexual- oder Sakral-Chakra (Svadhisthana) zwischen Bauchnabel und Schamhaaren. (Beachtet, daß das Sex- auch Sakral-Chakra heißt; Sexualität also ist heilig.) Bewahrt weiterhin das Bewußtsein, daß ihr euch ein Ritual der Liebe schenkt. Der Gebende spricht eine zum Sakral-Chakra gehörende Affirmation:

»Ich bin Sexualität... Ich bin Hingabe...
Meine Sexualität ist heilig...,
denn sie verbindet mich
mit allen Menschen auf diesem Planeten.

Dann singt der Gebende dreimal das Mantra dieses Chakras:

*Voong – Voong – Voong.*

Nehmt euren Atem wahr. – Nun wandert die Hand des Gebenden zum Nabel-Chakra (Manipura) auf der Höhe des Solarplexus. Deine Affirmation lautet:

»Ich bin Feuer...
Ich WILL...
Ich habe ein Ego ich reinige es...
Ich brenne...«

Das dazugehörige Mantra, das der Gebende dreimal singt und das der Empfangende mit wachsender Bewußtheit aufnimmt und »er-hört«, lautet:

*Reem – Reem – Reem.*

Nehmt euren Atem wahr. – Die linke Hand des Gebenden wandert zum Herz-Chakra (Anahata) in die Mitte der Brust, etwas höher als das Herz. Spüre, Gebende(r), die Energie in deiner Hand, und fühle, wie sie hineinfließt in den feinstofflichen Körper deines Partners. Die Affirmation dazu lautet:

»Mein Herz ist voll Liebe...
Ich bin Liebe...
und meine Liebe verbindet mich
mit allen Wesen in diesem Universum,
in dem ich lebe und liebe...
Ich sage ja.«

Das Mantra, das die/der Gebende daraufhin singt, ist:

*Yaam – Yaam – Yaam.*

Nun gleitet die Hand des Gebenden zum Kehl-Chakra (Vishuddha), am unteren Ende des Halses, unterhalb des Kehlkopfs. Mann nennt es auch das Hör- und das Stimm-Chakra. Aber es ist noch viel mehr. Sprechen und Hören bedeutet Kommunikation. Ich habe bereits darauf hingewiesen, daß dieses Chakra sich an der engsten Stelle des Körpers befindet, durch die die meisten Nervenverbindungen, Meridiane, »Kanäle« und so weiter in konzentrierter Dichte fließen. Es ist von tiefer Bedeutung, daß gerade dort das Hör-Chakra sitzt – an der Stelle der Verbindung zwischen Körper und Kopf, der Vermittlung zwischen Materie und Geist. Der Gebende sollte die Stelle am Kehlkopf nur ganz leicht berühren – vielleicht nur mit einem oder zwei Fingern – und darauf achten, ob die Berührung dem Empfangenden unangenehm ist. Gegebenenfalls kann man auch die Hand etwas über dem Vishuddha-Chakra halten. Dazu gehört folgende Affirmation:

»Ich verbinde Körper und Kopf.
Materie und Geist. Unten und Oben.
Himmel und Erde, Gott, mich und die Menschen.
Ich höre. Und ich teile mich mit.
Ich bin Ohr. Und bin Stimme.
Ich bin in Kommunikation mit dem Universum.
Ich bin Kanal.«

Das Mantra, das du dann dreimal singst oder sprichst, lautet:

*Hiing – Hiing – Hiing.*

Nehmt das Kommen und Gehen eures Atems bewußt wahr. Dann wandert deine linke Hand voller Liebe und Bewußtheit aufwärts über Kinn, Mund, Nasenspitze und Nasenrücken deines Partners zum sechsten, dem Ajna-Chakra am »Dritten

Auge« (an der Hypophyse knapp oberhalb der Augenbrauen in der Verlängerung der Nasenwurzel). Du sprichst die Affirmation:

»Ich bin Klarheit und Wahrheit...
Mein Bewußtsein ist leuchtend und rein...
Ich bin Licht... «

Das Mantra hierzu lautet:

*Aim – Aim – Aim.*

Nehmt euren Atem wahr. – Weiter wandert deine Hand hinauf zum Kronen-Chakra (Sahasrara) auf der Scheitelmitte in der Höhe der Fontanelle. Du kannst dabei deine Position verändern – kannst das auch vorher schon tun – und langsam an der Seite deines Partners Richtung Kopf rücken. Es ist schön, wenn du, um das Kronen-Chakra berühren zu können, unmittelbar über deinem Partner sitzt – an der Spitze seines Leibes. Die hier zu benutzende Affirmation lautet:

»Ich bin eins...
bin eins mit dem Universum...
eins mit Gott...
Gott ist in mir...
Ich bin auch göttlich... «

Und das Mantra dazu:

*Aum – Aum – Aum.*

Nun löst du langsam deine Hand von deinem Partner. Laß ihm Zeit. Atmet. Nach einer Weile fragst du:
»An welcher Stelle deines Körpers empfindest du jetzt – in diesem Moment – die stärkste Energie?... Lege deine Hand auf diese Stelle... Auf das Chakra, in dem du jetzt die stärkste Energie fühlst... Laß dir Zeit.«

Der Empfangende spürt in sich hinein – horcht in sich hinein. Nach einer Weile wird er die Hand auf das betreffende Chakra legen.
Es ist zweckmäßig, die »Herzhand«, also die linke Hand, zu nehmen (wie auch der Gebende nach Möglichkeit jeweils die linke Hand auflegen sollte).

Dann legt der Gebende seinerseits die linke Hand auf die linke Hand des Empfangenden. Er spricht dreimal das zu dem betreffenden Chakra gehörige Mantra, also zum Beispiel, wenn der Empfangende die Hand auf den Ort des Herz-Chakras gelegt hat, das Mantra Vaam – eventuell auch die dazugehörige Affirmation.

Dann – aber, bitte, laß dir Zeit – rutschst du zu den Füßen hinunter, legst beide Hände auf beide Fußsohlen deines Partners und sprichst/singst langsam in einem atmenden Rhythmus dreimal (oder auch öfter):

*Om – Om – Om.*

Warte, bis dein Partner die Augen aufschlägt. Der Empfangende hat so viel Zeit dafür, wie ihm genehm ist. Dann könnt ihr Blickkontakt herstellen, euch beieinander bedanken, vielleicht euch umarmen und über diese Erfahrung sprechen: Habt euer kleines privates »Mini-Sharing«. Danach (aber nicht sofort – atmet zunächst bewußt oder tanzt zusammen) könnt ihr die Übung, wenn ihr wollt, in umgekehrter Weise machen: Der Empfangende kann der Gebende werden.

Gehe schöpferisch mit diesem Ritual um. Wende es so an, wie es dir entspricht. So wie du es brauchst. Je öfter du es anwendest, desto größere Erfahrung und Freiheit wirst du darin finden.

Du brauchst nicht jedesmal beim Kronen-Chakra zu enden. Wenn du deine Energie in ein bestimmtes Chakra lenken willst, dann steigst du erst die Leiter der Chakras aufwärts und dann wieder abwärts bis zu dem Chakra, das die Energie am meisten braucht.

Zum Beispiel: Wenn du den Boden unter den Füßen zu verlieren glaubst, keinen Realitätssinn mehr zu haben meinst, immer nur in höchsten Höhen schwebst, dann steigst du die Leiter der Chakras hinab – vom Kronen-Chakra zum Erd-Chraka. Deine Schluß-Affirmation könnte dann lauten:

»Ich bin Erde...
Ich stehe mit beiden Beinen
auf dem Boden der Tatsachen...
Ich bin voller Realitätssinn...
Ich liebe meine Mutter, die Erde... «

Dann sprichst oder singst du dreimal das Mantra *Luum.*

Du mußt dich nicht sklavisch an die hier vorgeschlagenen Affirmationen halten. Du kannst sie so variieren, wie es für dich richtig ist. Du brauchst nur zu wissen, daß das unterste Chakra der Erde und der Realität gehört, das zweite der Gesundheit und Sexualität, das dritte der Kraft und dem Feuer unseres Ichs, das vierte der Liebe, das fünfte dem Ohr, der Stimme und dem Kanal-Sein, das sechste der Wahrheit und dem Licht und das siebente dem Einssein mit Gott und dem Universum (siehe auch die Tafel auf Seite 108/109). Wenn dir dies bewußt ist, kannst du die Affirmationen aus deinem eigenen Gefühl und Bedürfnis heraus sprechen. Du wirst spüren, daß du um so tiefer kommst, je überzeugter du den Text als deine eigene Affirmation – als dein ganz eigenes, ganz persönliches Anliegen – unabhängig von der Vorlage sprechen kannst. »Lerne« ihn also nicht mechanisch.

Nehmen wir einmal an, du hättest einen »Auftritt«, mußt vor einer Gruppe von Menschen sprechen, singen oder ein Instrument spielen. Dann legst du dich – und das kannst du auch allein tun – vorher zu Hause hin, steigst zunächst die Leiter der Chakras aufwärts – und dann wieder abwärts, bis zu deinem Kommunikations-Chakra (dem fünften) und sprichst/singst intensiv in dieses Chakra hinein: Hiing.

Oder nehmen wir an, du gingest in eine Auseinandersetzung, in der du deinen Standpunkt verteidigen mußt: Dann steigst du zuerst die Leiter der Chakras aufwärts und leitest danach die Energie wieder abwärts in dein drittes, dein Willens-und-Feuer-Chakra. Du wirst hinterher spüren: Du »brennst« voller Kraft und Durchsetzungsvermögen. Ein Gruppenteilnehmer, der in einer gerichtlichen Auseinandersetzung steckte: »Ich konnte mich viel besser verteidigen, als mein Anwalt das konnte. Ich brauchte ihn nicht mehr.«

Oder nehmen wir an, du erhoffst dir ein besonders schönes Liebeserlebnis: Dann beginnst du mit deinem Kronen-Chakra und steigst die Leiter der Chakras abwärts – über Wahrheit und Klarheit, über Stimme und Laut, über dein Herz, das voller Liebe ist, über deinen Solarplexus, dessen »Ich« vor Verlangen brennt, und endest auf deinem Sakral-und-Sex-Chakra. Jedesmal sprichst oder singst du das entsprechende Mantra und kannst, wenn du willst, auch eine Affirmation dazu sprechen; auf jeden Fall solltest du das bei dem Chakra tun, bei dem du endest. Damit ist auch deutlich: Du kannst dieses ganze mantrische Chakra-Ritual auch für dich allein machen – ohne einen Partner. Mache dir ein Fest daraus – ein ganz persönliches Chakra-Fest.

Weiterhin ist damit deutlich: Statt der Frage: »An welcher Stelle empfindest du jetzt – in diesem Moment – die stärkste Energie?« kannst du auch die »Komplementär-Frage« stellen: »An welcher Stelle empfindest du jetzt – in diesem Moment – die schwächste Energie?« Und dann singst du mit besonderer innerer Energie das dem betreffenden Chakra ge-hörende Mantra – wenn du willst, auch öfter als dreimal, um es auf diese Weise zu öffnen und zu stärken. Du kannst deinem Partner auch Licht in das geschwächte Chakra schicken – oder, wenn du das Ritual allein machst, dir selbst in dieses Chakra Licht schicken.

Vermeide es, auf der »Leiter« der Chakras herumzuspringen. Gehe entweder aufwärts oder abwärts – oder verbinde beides in einer von Chakra zu Chakra führenden Folge. Aber spring nicht herum. Man spricht von einer »Treppe der Chakras«. Wer auf einer »Treppe« zwei oder drei Stufen auf einmal nimmt, kann leicht fallen. Es ist sinnlos, mit deinen höheren Chakras zu arbeiten, wenn die unteren nicht frei kreisen. Dir fehlt dann die Basis. Du arbeitest »ohne Netz«.

Schenke dir dieses Ritual – schenkt es euch – nie ohne ein Gefühl der Liebe. Spürt, wie eure Chakras die Mantras und das, was sie sagen und bewirken können, in einem wörtlichen Sinne »er-hören«. Er-hört euch!

Seid sparsam mit dem Ritual. Niemand unterschätze die Kraft von Mantren und Chakras! Wenn ihr nicht unter therapeutischer Aufsicht steht, wendet es nicht öfter als einmal pro Woche an. Setzt aus, wenn ihr das mehrmals hintereinander getan habt. Horcht auch an den Tagen nach dem Ritual in euch hinein. Fragt euch, was sich verändert hat. Macht euch die Veränderung bewußt. Wenn ihr zu zweit seid, sprecht darüber. Wenn du allein bist, schreibe dir das, was du erfahren hast und was sich verändert hat, auf. Und bitte: Mach dieses Ritual – und alle Hör-Übungen dieses Buches – nie in Hetze. Laß dir auch hinterher Zeit. Höre Musik. Tanze.

*Anregung: Tantrisch, Shanti Luy*

## Zusammengefasster Übungsablauf:

## Mantrisches Chakra-Ritual

Ruhiger Raum, gemütliches Licht, Düfte, passende Musik.

1. Zur Einleitung kann getanzt werden.
2. Ein Partner in Rückenlage, Beine leicht auseinander.
3. Der andere Partner bequem zur Herzseite des Liegenden sitzend.
4. Verneigt Euch voreinander!
5. Wenn gewünscht: Ein Gebet sprechen.
6. Den Atem eine Weile kommen und gehen lassen.
7. Gebender sagt: Linke Hand über dem Wurzelchakra »Ich bin Erde... Wie ein Baum wachse ich aus der Erde... Meine Wurzeln sind tief in der Erde... Ich liebe meine Mutter, die Erde...«
8. Gebender singt: *Luum - Luum - Luum.*
9. Linke Hand zum Sakralchakra zwischen Bauchnabel und Schamrand.
10. Ich bin Sexualität... Ich bin Hingabe... Meine Sexualität ist heilig..., denn sie verbindet mich mit allen Menschen auf diesem Planeten.
11. *Voong - Voong - Voong.*
12. Linke Hand zum Solarplexus-Chakra.
13. »Ich bin Feuer... Ich WILL... Ich habe ein Ego, ich reinige es... Ich brenne...«
14. *Reem - Reem - Reem.*
15. Linke Hand zum Herzchakra.
16. »Mein Herz ist voll Liebe... Ich bin Liebe... und meine Liebe verbindet mich mit allen Wesen in diesem Universum, in dem ich lebe und liebe... Ich sage ja.«
17. *Yaam - Yaam - Yaam.*
18. Linke Hand über dem Halschakra – vorsichtig, nicht oder nur sehr sanft berühren.
19. »Ich verbinde Körper und Kopf. Materie und Geist. Unten und Oben. Himmel und Erde, Gott, mich und die Menschen. Ich höre. Und ich teile mich

mit. Ich bin Ohr. Und bin Stimme. Ich bin in Kommunikation mit dem Universum. Ich bin Kanal.«

**20.** *Hiing - Hiing - Hiing.*

**21.** Linke Hand über dem dritten Auge »Ich bin Klarheit und Wahrheit... Mein Bewußtsein ist leuchtend und rein... Ich bin Licht... « Das Mantra hierzu lautet:

**22.** *Aim - Aim - Aim.*

**23.** Linke Hand über dem Scheitelpunkt – Kronenchakra.

**24.** »Ich bin eins... bin eins mit dem Universum... eins mit Gott... Gott ist in mir... Ich bin auch göttlich ... «

**25.** *Aum - Aum - Aum.*

**26.** Hand vom Partner lösen. In Ruhe atmen.

**27.** Fragen: »An welcher Stelle deines Körpers empfindest du jetzt - in diesem Moment - die stärkste Energie?... Lege deine Hand auf diese Stelle... Auf das Chakra, in dem du jetzt die stärkste Energie fühlst... Laß dir Zeit.«

**28.** Der Empfangende horcht in sich hinein.

**29.** Der Empfangende legt seine linke Hand auf das entsprechende Chakra.

**30.** Der Gebende legt seinerseits seine Linke auf die Linke des Empfangenden und singt das dem Chakra zugehörige Mantra dreimal.

**31.** In Ruhe bewegt sich der Gebende dann an die Fußsohlen, legt hier die Hände auf und singt.

**32.** *Om Om Om.*

**33.** Der Empfangende beendet.

**34.** Ihr besprecht Eure Wahrnehmung.

**35.** Und tauscht gegebenenfalls die Rollen.

# WIE DU AUS KLANG DIE WELT NEU ERSCHAFFST (EINMAL GOTT BRAHMA SEIN)

*»Atmen, du unsichtbares Gedicht!*
*Immerfort um das eigne Sein*
*rein eingetauschter Weltraum.*
*Gegengewicht,*
*in dem ich mich rhythmisch ereigne.«*

*Rainer Maria Rilke*

Eine indische Legende erzählt: Gott Brahma atmete. Indem er atmete, entstand ein Ton. Dieser Ton war *Om*, das Ur-Mantra, mit dem Gott die Welt schuf. Die Schöpfung entstand aus Gott Brahmas *Om*.

Ähnliche Vorstellungen gibt es in vielen spirituellen Traditionen der Menschheit. Im Johannes-Evangelium heißt es: »Im Anfang war das Wort.« Und das Wort – natürlich – ist zunächst einmal Ton – und Klang. Die Upanischaden, das uralte Buch indischer Weisheit, sagen, welcher Klang im Anfang war: *Om*.

Es mag interessant sein, sich so etwas intellektuell deutlich zu machen. Wichtiger ist, es zu erfahren.

Die folgende Übung kann dir eine Ahnung dieser Erfahrung vermitteln.

Du sitzt in einer dir vertrauten Meditationshaltung. Du schließt die Augen. Du erdest dich. Du fühlst deine Verbundenheit mit der Erde. Du atmest durch dein Kronen-Chakra ein und läßt bei jedem Ausatmen die Energie aus deinem Basis-Chakra in die Erde fließen, auf diese Weise Verbindung herstellend zwischen dem Universum, dir und der Erde.

Jetzt erst beginnt die eigentliche Übung. Sie hat verschiedene Stadien.

Das *erste Stadium* besteht darin, daß du dir die Ohren zuhältst. Am besten, du schließt sie mit einem Finger, zum Beispiel den Zeigefinger tief in den Gehörgang pressend, damit du wirklich nichts – aber auch gar nichts! – hören kannst. In einer alten Meditationsübung des japanischen Zen wird die Frage gestellt:

Wenn du auslöschst Sinn und Ton,
Was hörst du dann?

Die Zen-Mönche nennen eine solche Übung ein Koan. Stelle dir diese Frage. Dein in den Gehörgang dringender Zeigefinger hat »Sinn und Ton gelöscht«.

Was hörst du dann?
Was hörst du dann?
Was hörst du dann?

Meditiere diese Frage einige Minuten lang.

*Zweites Stadium:* Du löst die Finger aus deinen Gehörgängen und horchst. Was hörst du jetzt? Zunächst einmal wirst du Befriedigung feststellen. Du bist froh: Endlich kann ich wieder hören. Horche eine Weile. Laß dir Zeit. Mindestens drei Minuten.

Dann – *drittes Stadium* – lenke deine Höraufmerksamkeit auf deinen Atem. Du atmest durch die Nase ein und aus und hörst, was es dabei zu hören gibt. Du hörst, wie aus der Stille, die du eben noch sehr bewußt wahrgenommen hast, Atem wird. Höre dem leisen Kommen und Gehen deines Atems mit großer Bewußtheit zu – in der Tendenz, mit deinem Atem deinen Ohren gleichsam »entgegenzukommen«, damit du den Atem besser hören kannst.

*Viertes Stadium:* Du atmest durch die Nase ein und durch den Mund aus. Lasse den Unterkiefer richtig faul nach unten hängen. Horche, was es zu hören gibt. Du wirst bemerken, daß dein Atem auf diese Weise stärker zu hören ist. Wenn du stärker ausatmest, wird nach einigen Atemzügen zwangsläufig auch das Einatmen lauter. Du kannst es noch lauter machen, wenn du nach einiger Zeit auch beim Einatmen durch den Mund atmest. Beobachte dies. Höre es. Je aufmerksamer du lauschst und atmest, desto stärker kannst du spüren: Da »schläft« ein Ton in deinem Mund. Er liegt auf deiner Zunge wie eine Speise. Es ist fast so, als ob du ihn schmecken kannst. Du kannst ihn noch nicht hören, aber du kannst ihn schmekken. Du fühlst dies um so deutlicher, je stärker und je mehr du atmest.

*Fünftes Stadium:* Lasse den Ton, der in der Höhlung deines Mundes schläft, geboren werden. Lasse diesen Impuls von deinem Gehirn über deine Nervenbahnen in deine Mundhöhle und den Atem fließen. Du wirst bemerken: Ganz allmählich kommt der Ton. Zu Anfang wird er ganz leise sein. Horche darauf – wie leise, wie gehaucht, »geatmet«, er auch immer klingen mag.

Achte darauf (auch bei allen anderen ähnlichen Hör-Übungen mit Tönen!), daß der Ton an deinem Atem »angelehnt« bleibt, von ihm »gestützt« wird. Erst atmest du ein wenig aus, dann entsteht aus dem Atem der Ton. Der Übergang zwischen Atem und Ton sollte bruchlos sein. Damit er das ist, müssen deine Lippen und dein Unterkiefer ganz locker sein. Mach ein paar Kaubewegungen, wenn sie nicht locker genug sind. Oft hilft es auch, wenn du die Verbindung zum Bauch spürst – wie eine breite Röhre, die von unten nach oben führt und in deinem Mund endet. So vermeidest du auch, daß der Ton nasal wird, das heißt, daß du ihn durch die Nase machst.

Wie gesagt: Der Ton ist zuerst sehr leise. Du wirst das Bedürfnis haben: Ich möchte ihn lauter hören. Folge diesem Bedürfnis, lasse ihn lauter werden.

*Sechstes Stadium:* Lasse den Ton, der da entsteht, ein *Om* sein. Im Anfang ist das *Om* leise. Laß es allmählich lauter werden. Singe dieses *Om*. In einer dir angenehmen Lautstärke. Singe es im Rhythmus des Atems, aus dem es entstanden ist. Singe dieses *Om* etwa fünf Minuten lang. Wenn du Freude daran hast, auch länger.

*Siebtes Stadium:* Allmählich verwandelst du das *Om* in Gesang. Verändere es. Dehne es. Verkürze es, verbinde es mit anderen Vokalen und Konsonanten. Verlasse es. Ersetze es durch andere Laute. Mache Gesang daraus. Lasse diesen Gesang wachsen. Gib ihm Kraft.

Singe vorzugsweise lange Töne. Es ist gut, wenn deine Melodien – zumal am Anfang – nur aus wenigen Tönen bestehen, sagen wir aus drei bis fünf Tönen. Laß Pausen zwischen den Melodiephasen zu.

(Wenn du die Übung mit anderen Menschen machst, wirst du bemerken, daß jeder auf seine Weise das *Om* in Gesang verwandelt und daß dieser Gesang gleichwohl eingebunden bleibt in den Klang einer Gemeinschaft. Versuche nicht zu dominieren. Singe die Töne, die deinen Gesang bilden. Bleibe bei dir, aber bleibe gleichzeitig auch eingebunden in die Gemeinschaft. Hab keine Angst, daß du »falsche« Töne singen könntest, die sich zu denen der anderen Singenden vielleicht »disharmonisch« verhalten. Wenn sie das tun, ist es in Ordnung. Bedenke: Es gibt keine »falschen« Töne. Je länger ihr singt, desto mehr wird euer Gesang zu einem »harmonisch« wirkenden Ganzen zusammenwachsen. Hab keine Angst. Sei mutig!)

Singe einfach weiter. Atme dabei. Singe im Rhythmus des Atems, im Atem, aus dem dein Ton, dein *Om* und dein Gesang entstanden sind. Dein Atem ist Ton und Gesang geworden. Jetzt bist du Ton und Gesang. Deshalb ist das indische Wort

»Atma« dem deutschen Wort »Atem« verwandt. Das »Atma« ist das Selbst. Du erfährst jetzt diese lebendige Beziehung zwischen dem Selbst und dem Atem. Bei jedem Ton, den du singst.

Nach einer Weile kannst du beginnen, deine Hände im Rhythmus des Gesanges zu bewegen. Du kannst auch deinen Oberkörper dazu wiegen, wenn es dir gefällt. Singe auf diese Weise etwa zehn Minuten oder auch länger.

*Achtes Stadium:* Laß deinen Gesang wieder einmünden in das *Om*, aus dem er erstanden ist. Singe eine Weile *Om*.

*Neuntes Stadium:* Lasse schließlich dieses *Om* leiser werden. Nimm es immer mehr zurück. Atme immer bewußter. Lasse das *Om* ganz allmählich zurücktauchen in den Atem, aus dem es am Anfang der Übung entstanden ist. Eben noch war es Atem – dann wurde es *Om* – dann Gesang – nun ist es wieder *Om* – und wird leiser und leiser, und schließlich ist es nur noch Atem. Du atmest wieder durch die Nase ein und durch den geöffneten Mund aus.

*Zehntes Stadium:* Jetzt schläft der *Om*-Ton wieder in der Höhle deines Mundes. Wie ein Kind in der Bauchhöhle seiner Mutter. Laß den Ton dort schlafen und schmecke ihn. Er liegt auf deiner Zunge. Du kannst ihn nicht hören, aber du kannst ihn schmecken.

Umfächle ihn mit dem Wind deines Atems, als wolltest du ihn damit zur Ruhe bringen.

*Elftes Stadium:* Atme immer weiter auf diese Weise. Nach zwei oder drei Minuten schließt du den Mund. Horche eine Weile auf deinen Atem. Es gibt jetzt viel weniger zu hören als beim Atmen mit dem geöffneten Mund. Horche deshalb um so bewußter. Du wirst merken: Da ist immer noch etwas zu hören. Der Ton schläft inzwischen ganz fest, so fest, daß du dich kaum noch erinnerst: Da war doch eben ein Ton. Atme. Horche!

Laß dein Atmen immer mehr zum Schweigen werden. Zur Stille. Atme so leise, daß du kaum noch deinen Atem hören kannst... Horche um so aufmerksamer...

Und jetzt atmest du so leise, daß du den Atem überhaupt nicht mehr hören kannst. Was hörst du dann?

*Zwölftes Stadium:* Im vorletzten Stadium dieser Übung schließt du wieder die Ohren. Du bohrst die Spitze eines Fingers wieder fest in den Gehörgang und stellst dir die Frage des Anfangs:

Wenn du auslöschst Sinn und Ton,
Was hörst du dann?
Was hörst du dann?

Meditiere darüber, während du dir die Ohren zuhältst. Mindestens fünf Minuten. (Aber schau bei dieser Übung nie auf die Uhr. Fühle die Zeitabläufe.)

*Letztes Stadium:* Wenn du dann wieder deine Finger aus den Ohren löst, mache dir bewußt, was du erfahren hast. Aus der absoluten Stille wurde das Schweigen, aus dem Schweigen der Atem, aus dem Atem der Ton, aus dem Ton das *Om*, aus dem *Om* der Gesang. Also: Dein *Om* wurde schöpferisch. Der Gesang wurde stärker und stärker. Und dann führtest du ihn wieder zurück in das *Om*; die ganze Leiter des inneren und hörbaren Geschehens ging dorthin zurück, wo sie begonnen hatte: vom *Om* zum Atem. Vom Atem zum Schweigen. Und vom Schweigen zur Stille.

Vielleicht hast du erfahren, wie alles, was da entstanden ist, aus der Stille kam. Und wie das Viele, was entstand, auch wieder in das Schweigen zurückführt.

Mache dir auch bewußt, was in deinem Gesang geschehen ist. Die Töne, die du gesungen hast, waren wie ein Spiegel dessen, was in dir ist. Du hast in diesen Spiegel geschaut. Was hast du gesehen?

Verweile nach dieser Übung in Stille. Bewahre das Bewußtsein, daß du an einem kleinen Schöpfungsprozeß teilgenommen hast: daß du ein Mini-Schöpfer gewesen bist. Als ich die Übung einmal in einem Workshop in der damals noch bestehenden DDR machte, sagte ein Gruppenteilnehmer hinterher: »Wir sind eben alle ein ganz klein wenig Gott Brahma gewesen.«

Du spürst: Alles kommt aus der Stille – alles führt in die Stille. Du erfährst die schöpferische Kraft der Stille. (Erinnere dich auch an die Ausführungen über Stille und Schweigen in dem Kapitel »Ich höre – also bin ich«.)

Es ist schön, diese Übung mit mehreren Menschen zu machen; dann kann einer die Anweisungen geben, und du brauchst den vorstehenden Text nicht so sehr zu »verinnerlichen«. Andererseits: Gerade wenn du ihn verinnerlichst, »funktioniert« diese Übung besonders gut.

(Eine Variante dieser Übung kann darin bestehen, daß du zwischen das *Om* [6. Stadium] und den Gesang [7. Stadium] ein *Amen* einschiebst. Singe es etwa so lange, wie du das *Om* gesungen hast. Variiere es – wie es in den vielen, vielen *Amen*, die es in der Kirchenmusik der westlichen Welt gibt, variiert wurde. Entwickle den freien Gesang aus dem *Amen* – und lasse ihn sinngemäß auch wieder in ein *Amen* münden. Gehe aus diesem *Amen* in das *Om* des achten Stadiums.)

## Zusammengefasster Übungsablauf

## Aus Klang die Welt neu erschaffen (Einmal Gott Brahma sein)

**1.** Meditationshaltung.

**2.** Finger ins Ohr.

**3.** *Stadium Eins* mit geschlossenen Ohren: Wenn du auslöschst… was hörst Du dann?

**4.** *Stadium zwei:* Finger aus den Ohren: Koan wiederholen. Was hörst du dann?

**5.** *Stadium drei:* Durch die Nase ein- und ausatmend. Lausche Deinem Atem. Was hörst Du dann?

**6.** *Stadium vier:* Durch die Nase ein, den Mund aus. Was hörst Du dann?

**7.** *Stadium fünf.* Nase ein, Mund aus. Beim Ausatmen lasse einen Ton erwachen.

**8.** *Stadium sechs:* Lasse den Ton aus deinem Mund zu einem Om werden.

**9.** *Stadium sieben:* Lasse aus dem Om Gesang werden.

**10.** *Stadium acht:* Lasse aus dem Gesang wieder das OM werden.

**11.** *Stadium neun:* Om wird leiser, wird wieder Ton.

**12.** *Stadium zehn:* Ton wird zum Atem.

**13.** *Stadium elf:* Atmen wie in Stadium drei.

**14.** *Stadium zwölf:* Schließe die Ohren und stelle die Frage: Was hörst Du dann?

**15.** *Stadium dreizehn:* Reflektiere diesen Schöpfungsprozeß.

# OHR-WAHR-NEHMUNG (LIEBST DU DEIN OHR?)

Kennst du überhaupt dein Ohr? Ganz genau? Berührst du es gelegentlich? Weißt du, wie es sich anfühlt? Wann hast du zum letzten Mal dein Ohr gefühlt?

Gelegentlich kannst du folgende Zwischenübung machen:
Stelle dich mit leicht geöffneten Beinen hin und drücke dabei die Knie nicht durch. Erde dich. Fühle, wie eine Verbindungslinie von deinem Kronen-Chakra durch die Wirbelsäule und durch das Erd-Chakra hinunter in die Erde führt. Fühle ein paar Minuten lang deine Verbundenheit mit der Erde.

Dann beginne die Hände zu reiben, bis sie ganz warm werden. Nun führe deine rechte Hand an dein rechtes Ohr. Beginne mit dem Ohrläppchen. Spüre, wie zart es ist. Wie reich und differenziert in seiner Form und Konsistenz! Fühle es – bis in Einzelheiten hinein.

Dann gehe mit einem Finger tief in das Tal zwischen Kopf und Ohransatz hinein. Wir haben viele »Täler« an unserem Körper. Keines ist uns so wenig bekannt wie dieses. Fühle es. Spüre seine gesteigerte Sensibilität. Fahre ganz langsam dieses Tal aufwärts, nimm jede Einzelheit wahr, die dabei wahrgenommen werden kann. Nimm sie doppelt wahr – sowohl über deinen Finger wie über die Fülle der Nervenendungen, die in diesem Tal enden.

Danach beginnst du erneut unten am Ohrläppchen und folgst langsam den Windungen deines Ohres – zunächst ganz außen. Fühle mit zwei Fingern diese erstaunliche Mischung aus Weichheit und Festigkeit deiner äußeren Ohrmuschel.

Laß dir Zeit dafür. Erforsche deine Ohrmuschel wie ein Land, das du kaum oder gar nicht kennst.
Folge den Windungen, wie sie zielstrebig nach innen rühren – ganz langsam – tastend – behutsam. Ab und zu kannst du den Finger von deinem Ohr lösen und nur noch die Härchen spüren, die da – vielleicht – bei dir wachsen.

Dann gehst du weiter auf deiner Erkundungsfahrt. Du kommst an die Grenze, an der die zarte Bewegung deines Fingers nicht nur fühlbar, sondern auch hörbar wird. Erforsche diese Grenze. Taste dich an sie heran. Geh danach mit dem Finger wieder zurück. Geh erneut an diese Grenze – überschreite sie vorsichtig und geh wieder zurück. Spiele mit dieser Grenze, an der Fühlbares in Hörbares übergeht. Gewinne ein Bewußtsein dafür, daß dies eine interessante Grenze ist. Denn sie bedeutet, daß alles Fühlbare in Hörbares und alles Hörbare in Fühlbares übergehen kann – grundsätzlich und überall.

Dann dringe weiter ein – bis an die Grenze, die dir angenehm ist – so tief wie möglich. Manche schaffen es bis fast ans Trommelfell. Nimm den kleinsten und dünnsten deiner Finger.

Dringe zögernd ein. Geh manchmal wieder ein paar Millimeter zurück und danach erneut tiefer. Erforsche dies mit gesteigerter Bewußtheit. Nimm alles mehrfach wahr: an deinem Finger fühlend, in deinem Ohr fühlend und durch dein Ohr lauschend.

Schließlich gehst du den gleichen Weg wieder zurück. Laß dir auch dafür Zeit. Mit dem Gefühl der Verabschiedung. Du löst dich allmählich von deinem Ohr – folge den Windungen immer weiter nach außen, bis du wieder am Ohrläppchen bist.

Nimm Dir eine kurze Weile Zeit und spüre nun dein Ohr.

Reibe erneut beide Hände, bis sie wieder ganz warm werden, dann lasse dich auf die gleiche Erfahrung mit der anderen Hand und mit dem anderen Ohr ein.

Es ist gut, wenn du dich auch am Schluß wieder erdest, damit du nicht gar zu »abgehoben« bist. Spüre die Linie, die von deiner Wirbelsäule durch dein Erd-Chakra in den Boden führt. Verlängere diese Linie nach oben in deine beiden Ohren hinein. Damit eine Verbindung entsteht: von deinem Ohr bis hinunter in die Erde. Kreise ganz leicht um diese Linie. Schwinge um sie. Das Labyrinth in deinem Innenohr ist auf direkte Weise mit den Gleichgewichtsrezeptoren in deiner Wirbelsäule und in deinen Fußsohlen verbunden; sonst könntest du nicht aufgerichtet im Gleichgewicht stehen.

Nun lausche.
Lausche in alle Richtungen.
Lausche in die Gegenstände um dich herum.
Lausche in den Raum, der dich umgibt. Lausche in all seine Winkel.
Lausche durch seine Wände hindurch. Lausche zum nächsten Baum hin, zum nächsten Haus.

Du kannst lauschen mit deinen Ohren – aus der Mitte deines Kopfes hinaus.
Lausche bis zum Horizont und lausche in das Universum.
Dann lausche auch mit deinem Bauch.
Und lausche mit dem Herzen.
Nun lausche.

Genieße diese Übung. Du machst sie nur dann richtig, wenn du sie wirklich genießt. Wenn du sie richtig machst, hat sie mit Liebe zu tun.

*Anregung: Jadranka Marijan*

## ZUSAMMENGEFASSTER ÜBUNGSABLAUF

### OHR-WAHR-NEHMUNG (KENNST DU DEIN OHR?)

1. Erde dich, lockere Knie, beweglich im Becken, Verbindung von Wurzel- und Scheitelchakra spüren.
2. Hände aneinander reiben, bis sie schön warm sind.
3. Erkunde dein rechtes Ohr mit der rechten Hand.
4. Nachspüren.
5. Reibe deine Hände warm.
6. Erkunde dein linkes Ohr mit deiner linken Hand.
7. Hände vor dem Körper zusammenführen und nachspüren.

# Tanz mit hörendem Körper, Tanz mit hörendem Geist (Blinde Kuh)

Du benötigst ein dunkles Tuch, mit dem du dir die Augen verbinden kannst. [Besser noch sind die Augenmasken, siehe Anhang, die es einem erlauben, die Augen aufzulassen, und man ist trotzdem in vollkommener Dunkelheit. Der Effekt für das Hören und Lauschen ist wirklich beeindruckend! Anm. d. Hrsg.] Du kannst die Übung mit einem Partner machen, aber ebensogut auch allein. Sie besteht aus vier Phasen und dauert mindestens eine Stunde – kann aber auch leicht eineinhalb Stunden dauern – das hängt von dir und der Intensität ab, mit der du dich einläßt.

*Erste Phase:* Du tanzt mit verbundenen Augen zu einer langsamen Musik. Wähle eine Musik, auf die du mit verbundenen Augen tanzen kannst, die also keine plötzlichen und heftigen Bewegungen fordert. Es ist schön, zu klassischer Musik zu tanzen! Das Tanzen zu klassischer Musik steigert deine Sensibilität. Es verhält sich zum Tanzen auf andere Musik etwa so, wie sich in der Homöopathie höhere zu niederen Potenzen verhalten. Aber du kannst auch eine Meditationsmusik wählen – oder langsame Rock- oder Jazzmusik. Schau dich vorher um in dem Zimmer, in dem du die Übung machst. Präge dir Ecken, Vorsprünge, Hindernisse ein.

Dann verbinde dir die Augen. Tue das so, daß du nicht irgendwo »hindurchlinsen« kannst. Beginne zu tanzen. Aber leg dir vorher auch noch die – später erwähnte – weitere Musik bereit, die du für die letzte Phase dieser Übung brauchst. Du mußt sie finden können, ohne die Augenbinde abnehmen zu müssen. Versteht sich, daß du die Binde von jetzt an bis zum Ende der Übung nicht mehr lösen darfst. Auch schnell mal drunter »hervorlinsen« ist verboten – du brauchst sonst die Übung gar nicht erst zu machen. Es ist also notwendig, daß du den ganzen Ablauf vorher verinnerlichst.

Du tanzt. Verlagere dein Bewußtsein in den Bauch. In meinen Gruppen tanzen oft dreißig oder vierzig Menschen in den nicht sehr großen Räumen, in denen solche Gruppen meist stattfinden – und dennoch gibt es kaum Zusammenstöße. Je mehr du mit deinem Innersten verbunden bist, desto sicherer und sensibler wirst du. Es ist, als ob deine Aura spüren würde, wenn du dich irgendwelchen Hindernissen näherst, und dich davor bewahrt, irgend etwas herunterzureißen. (Aber natürlich solltest du vorher Porzellan, Vasen, Gläser, Kunstgegenstände und andere gefährdete Sachen beiseite räumen!)

Wenn du die Übung mit einem Partner machst und deinen Partner gelegentlich berührst, nimm die Berührung an, als sei sie ein Streicheln, aber lasse dich nicht ein auf sie. Bleib bei dir. Drücke alle Expressivität der Musik mit deinem Körper aus. Folge ihren Wegen und Verzierungen, dem Geflecht und Gerank ihrer Melodien und Nebenmelodien, als seist du selbst die Musik. Spüre, welche Gefühle in dir hochkommen, wenn du in dieser Weise »musikalisiert« wirst.

*Zweite Phase:* Sie beginnt, wenn das Musikstück vorüber ist. Für diese Phase mußt du dich zunächst »erden«. Es ist eine bekannte Yoga-Übung: Du stehst aufrecht, die Füße knapp schulterbreit und fühlst bewußt den Boden unter den Füßen. Du kannst ihn auch dann fühlen, wenn du diese Übung in einem Hochhaus machst. Fühle, wie du mit der Erde verbunden bist. Wie du aus ihr herauswächst – wie ein Baum. Der Baum hat Äste und Zweige, trägt Blätter, Blüten und Früchte, aber mit seinen Wurzeln ist er in der Erde. Sei dieser Baum.

Wenn du deine »Geerdetheit« etwa eine Minute lang bewußt wahrgenommen hast, »chantest« du zunächst den Vokal »A«. Vokalisiere ihn, singe ihn. Beginne mit dem, was dieser Vokal deinem Gefühl nach für die Mehrheit der Menschen ausdrückt: Verwunderung – Lust – Zufriedenheit – wohliges Sich-Strecken – Anbetung – Lachen – Aha! – Ah -!... Aber dann entwickele ein A, das deinem eigenen Verhältnis zu diesem Vokal entspricht. Gehe ganz und gar hinein in dein persönliches A.

Flüstere oder singe oder schreie oder bete oder weine es – was immer deinem Gefühlszustand und deinem Verhältnis zu dem Vokal A entspricht. Wenn du die Übung mit einem oder mehreren Partnern machst, laß dich nicht beeinflussen durch sein A – und auch später nicht durch das, was im weiteren Verlauf der Übung folgt. Höre auf dich! Nimm diese Übung nach innen hörend wahr.

Nach einer Weile gibst du die A-Energie durch deinen Bauch und die Beine zurück an den Boden. Du kannst buchstäblich fühlen, wie diese Energie durch deinen Unterkörper und durch die Beine und die Füße in den Boden fließt. Du erdest dich wieder.

Dann machst du das gleiche mit dem Vokal I.

Wieder findest du zunächst das, was dieser Vokal nach allgemeinem Verständnis ausdrückt: Liebe – Singen – Helligkeit – Höhe – Freude, aber auch: »Igittigitt« ... Dann finde wieder dein eigenes I. Laß dir Zeit damit. Laß dich ganz und gar ein auf das I und seine Energie.

Wenn du eine Weile I gesungen hast, gibst du den I-Klang durch den Unterkörper und die Beine zurück an den Boden, du erdest dich wieder.

Als nächstes nimmst du das O. Es steht im Bewußtsein der meisten Menschen für Schmerz – Überraschung – Staunen – Lust – Offenheit – Ekstase – Trance... Es ist rund wie ein Osterei, aber auch rund wie die Null... Drücke dies aus und finde dann wieder dein persönliches O. Richte Energie darauf – viel Energie!

Nachdem du das O eine ganze Weile gesungen hast, gib auch die O-Energie zurück an den Boden und erde dich.

*Dritte Phase:* Hock dich auf den Boden, und stelle dir vor, du seist ein Tier. Es sollte ein Tier sein, das Geräusche macht: ein bellender Hund – eine muhende Kuh – ein wieherndes Pferd – eine miauende Katze – ein singender Vogel – ein heulender Wolf – eine summende Biene – ein nächtlicher Uhu – ein rufender Wal ... Denke nicht lange nach darüber nach: Wähle das erste Tier, das dir einfällt.

Spiele dieses Tier nicht nur, sondern: Sei dieses Tier! Krieche im Raum herum, bringe die Laute des Tieres hervor und benimm dich ganz und gar so, als wärst du jetzt dieses Tier. Wenn du die Übung mit einem Partner machst, laß dein Tier seinem Tier begegnen. Beobachte, was dabei geschieht. Ob sich die Tiere miteinander anfreunden. Ob sie Spaß miteinander haben, miteinander spielen und schmusen. Oder ob sie im Gegenteil einander bedrohen, die Zähne fletschen, aufeinander losjaulen, Grimassen schneiden... vielleicht empfinden sie beides: Spaß – aber auch Abneigung und Wut. Beißt der Hund die Katze?
Achte darauf, daß deine Augenbinde nicht verrutscht und du in keinem Augenblick dieser Erfahrung »schummeln« kannst.

Laß dich auf »dein« Tier so ein, daß du spürst: Dieses Tier fordert dich. Du darfst ruhig ein wenig erschöpft sein nach dieser Phase der Übung. (Ich weiß, für manche beginnt die Erschöpfung schon beim Sich-Einlassen auf die Vokale.)

Wenn du eine Weile Tier gewesen bist, erde dich wieder. Gib das Tierische an dir, das dir auf diese Weise in besonderem Maße bewußt geworden ist, zurück an die Mutter Erde.

*Vierte Phase:* Du drückst deine Gefühle aus. Laß uns für diese Übung, wenn du sie privat ohne eine therapeutische Aufsicht machst, lediglich zwei Gefühle wählen: Liebe und Freude.

Beginne mit Liebe. Drücke aus, was Liebe für dich bedeutet. Du bist jetzt nicht mehr an einen einzelnen Vokal gebunden. Jetzt kannst du alle Vokale und alle Konsonanten wählen – und alle Sounds und Klänge und Geräusche, die du hervorzubringen vermagst. Laß dich ganz und gar auf das Gefühl deiner Liebe ein. Vielleicht sind es sexuelle Laute, die du ausdrücken möchtest. Oder kindliche. Oder mütterliche. Oder einfache Laute, die Geborgenheit bekunden. Vielleicht hat deine Liebe eine schreiende, gar eine brüllende Qualität.

Nimm deine Hände zu Hilfe. Berühre dich. Streichle dich. Liebkose dich. Umarme dich selbst. Du weißt: Nur der kann andere lieben, der auch sich selber lieben kann.

Laß dir Zeit, um so viel Liebe auszudrücken, wie es dir möglich ist. Und dann gibst du die Liebesenergie nicht etwa an die Erde zurück. Du breitest deine Arme weit aus, als wolltest du deine Liebe mit der ganzen Welt teilen.

Wenn du dies eine Weile getan hast, fülle das Gefäß, das du bist, mit dem anderen Gefühl dieser Übung: mit Freude! Fühle, wie Freude in dich hineinfließt, als seist du ein Pokal, der gefüllt wird. Drücke dies aus. So laut oder so leise du magst oder kannst. Sei Freude!

Singe Freude! Flüstere sie! Schreie sie! Rufe sie! Dröhne sie! Lache sie! Und höre alles, was du singst, flüsterst, schreist, rufst, dröhnst, lachst, in wacher Bewußtheit.

Jede deiner Bewegungen sei Freude. Gehe auch mit deiner Freude bis an die Grenze dessen, was du auszudrücken vermagst. Hab keine Angst – geh ruhig über diese Grenze hinaus. Es ist ja deine Freude. Sie kann nicht größer sein als du – wie auch deine Liebe nicht größer sein könnte als du.

Wenn du ganz ausgefüllt bist mit Freude und ganz und gar Freude bist, dann gib auch dieses Gefühl nicht an die Erde ab, sondern – tanze es. Spiel eine Musik, die Freude ausdrückt – und die du vorher schon gewählt und vorbereitet hast, damit sie bereitliegt. Während du die Freude tanzt, löse die Augenbinde, wirf sie in irgendeine Ecke des Raumes und tanze, solange du kannst oder magst.

Hinterher, wenn die Übung beendet ist, lasse die Erfahrung in dir ausschwingen und nimm wahr, was sie dir gebracht hast. Du hast dich beobachtet, du weißt, was geschehen ist. Wunderst du dich über die Stärke deiner Gefühle? Über die Tiefe deines Erlebens? Könnte das damit zu tun haben, daß deine Augen verbunden waren? Daß du nicht gleich alles nach außen gelenkt hast? Daß du in dich hineingehört hast? Womit sonst könnte es zu tun haben? Wie war es für dich, als du die Augenbinde gelöst und wieder gesehen hast? Hast du möglicherweise intensiver gesehen? Hast du Farben und Formen intensiver wahrgenommen? Noch mehr Freude empfunden? Wie lange ist das Gefühl der Freude in dir wachgeblieben?

Hast du eine Ahnung davon gewonnen, daß du noch viel mehr Liebe ausdrükken kannst, als du normalerweise ausdrückst? Ja, daß deine Fähigkeit, Liebe auszudrücken, begrenzt ist und daß du an der Ausweitung dieser Grenzen arbeiten kannst?

Wenn du die Übung mit deinem Partner gemacht hast, mache auch das Feedback mit ihm oder ihr. Und wenn dir die Gefühle der Liebe und Freude nicht genug sind und du meinst, daß man auch andere Gefühle – Wut, Trauer und so weiter – in dieser Weise erfahren, erforschen, zulassen und intensivieren sollte, dann bedenke, daß es besser ist, dies in einer Gruppe und unter Aufsicht zu tun.

Bleibe eine Weile bei deinem Feedback: Wie erinnerst du dich an deine Kreativität im Spiel mit den verschiedenen Vokalen? Bist du erstaunt über das Ausmaß dieser Kreativität? Der Lebendigkeit, die du in dir entdeckt hast? Könntest du etwas von dieser Kreativität und Lebendigkeit in dein alltägliches Leben hineinnehmen? Kreativer und lebendiger werden? Bewußter und fröhlicher?

Beobachte, wie sich diese Erfahrungen verändern – vielleicht auch vertiefen, wenn du die Übung öfter machst. Tue das ruhig ein paarmal, bevor du weitergehst. Sie kann, wenn du inzwischen andere Hör-Übungen gemacht hast, ganz neue Dimensionen gewinnen.

Welche Gefühle du auch wählst, du wirst überrascht sein, mit welcher Intensität und Kraft du sie durch das einfache Mittel der Augenbinde zulassen und erfahren kannst. Vielleicht gewinnst du auf diese Weise eine Ahnung davon, daß es das Übergewicht unserer Augensteuerung ist, das uns daran hindert, unsere Gefühle mit der ihnen innewohnenden Kraft zu erleben, und uns so flach und gefühlsschwach dahinvegetieren läßt, wie wir das normalerweise tun. Wenn du dies einmal in der Unmittelbarkeit erfahren hast, in der das durch diese Übung möglich ist, wirst du vielleicht – und das ist in der Tat der Sinn der Übung – dazu übergehen, künftig gelegentlich die Augen zu schließen und dich selbst zu befragen und deinen Gefühlen jene Kraft und Ursprünglichkeit zu gestatten, die ihnen durch das Übergewicht unserer Augen-Programmiertheit verstellt sind.

*Anregung: Shanti Luy*

## Zusammengefasster Ablauf

### Tanz mit hörendem Körper, Tanz mit hörendem Geist

1. Lege Dir die passende Musik für ein sehr freudvolles Stück zum Tanzen für einen späteren Teil dieser Übung bereit, so daß Du sie mit verbundenen Augen auflegen kannst.
2. Lege dir eine andere, langsamere Musik zum Tanzen auf.
3. Präge dir deine Umgebung ein.
4. Die Augen mit einem dunklen Tuch verbinden.
5. Tanze mit verbundenen Augen zu deiner Musik.
6. Nach dem Musikstück: Erden.
7. Chante den Vokal: A.
8. Gib nach einer Weile das A durch Bauch und Beine zurück in die Erde.
9. Dann mache das gleiche mit dem Vokal I.
10. Variiere mit O.
11. Gehe in die Hocke. Spiele ein tönendes Tier.
    Partnervariation: Laß die Tiere sich tönend begegnen.
12. Nach der Tierübung erde dich wieder und gib das Tierwesen zurück an die Erde.
13. Drücke deine Gefühle stimmlich aus: Erst Liebe,
14. nach einer Weile dann das Gefühl Freude.
15. Wenn du voller Freude bist, spiele die Musik ab, die du in Punkt 1 vorbereitet hast und
16. Tanze deine Freude!
17. Während Du deine Freude tanzt, entferne die Augenbinde.
18. Tanze weiter so lange du Lust hast.
19. Nehme wahr, wie sich dein Fühlen und Ausdrücken ohne Sehen verändert zeigte.

# Hörwanderung mit dem Inneren Ohr – und dem Inneren Auge*

Fast jeder weiß heutzutage, was Visualisieren ist: ein Sehen mit dem Inneren Auge – jenes innere Sehen, das uns häufig verlorengeht, wenn wir uns gar zu abhängig vom äußeren Sehen machen.

Der Visualisierende muß selber was tun. Er schafft seine eigenen Bilder. Je kreativer wir dabei vorgehen, desto freier und souveräner fühlen wir. Viele Therapeuten arbeiten mit der Technik des Visualisierens. Sie erzielen bei ihren Klienten wunderbare Erfolge damit – bis hin zur Heilung von Krebs.

Du kannst auch mit den Ohren »visualisieren«. Vielen mag das schwierig vorkommen. Aber ebenso gewiß gibt es auch Menschen, für die es schwer ist, mit dem Inneren Auge zu visualisieren.

Wenn du mit einem Partner übst, dann kann einer von euch die Rolle des Hör-Reisenden übernehmen, der andere die des vorlesenden Begleiters: Der eine liegt, der andere liest den Ablauf der Reise vor. Nach der Reise könnt ihr eine Weile ausklingen lassen und dann die Rollen tauschen.

Laß dir Zeit für die Übung, sie darf ruhig vierzig Minuten oder länger dauern.

Dann sorge für Ruhe, auch was dein Telefon betrifft. Stelle dir, wenn du willst, eine Kerze auf, vielleicht ein Räucherstäbchen, setze dich in Meditationsstellung – oder lege dich hin – und erlebe Folgendes:

Du bist im Gebirge. – Du gehst in ein wunderschönes Tal hinein. Da sind sanft geschwungene Berge und Abhänge, rechts vielleicht ein wenig steiler als links – grüne Wälder und saftige Wiesen. – Durch das Tal fließt ein Fluß. Er fließt dir entgegen – links von dir. Du wanderst in das Tal hinein. Langsam. Du läßt dir Zeit. – Die Berge werden steiler. Du hörst das Fließen des Flusses – sein Rauschen und Strömen. Der Fluß steht im Zentrum deiner Aufmerksamkeit. Von jetzt an, bis du ihn verläßt.

Du hörst den Fluß. Sorgfältig und genau. Alles Übrige dient diesem Hören.

---

* *Hier steht für dich eine Hördatei zum Download bereit. Beachte hierzu den Download-Hinweis am Ende des Buches*

Je weiter du wanderst, desto schmaler wird der Fluß. Desto mehr wird er zu einem breiten Gebirgsbach. Er sprudelt. Das hört sich anders an als das milde Fließen am Eingang des Tales, durch das du wanderst.

Der Hang rechts von dir wird steiler. – Bald stürzt er fast senkrecht herab. – Du hörst nun auch von rechts ein leises Rauschen. Dir wird bewußt: Da kommt ein Bach den Berg herunter. Er mündet in den Fluß links von dir.

Das Rauschen von rechts wird schnell stärker. – Jetzt siehst du den Bach. Er ist viel schmaler als der Fluß auf deiner linken Seite, aber weil er fast senkrecht vom Felsen herabstürzt, ist er lauter.

Du hörst beides: Das Rauschen von links. – Und das wilde Stürzen von rechts.

Jetzt bemerkst du: Der Bergbach stürzt direkt über deinem Wege in den Fluß – ein Wasserfall, eine Kaskade. Dir wird deutlich: Wenn ich jetzt weitergehe, werde ich ganz naß werden. Aber wenn du nicht weitergehst, mußt du umkehren. Das möchtest du nicht.

Du machst dir einen Spaß aus dem Hindernis. Alles was du in dieser Übung erlebst, macht dir Spaß. Es ist ein warmer Sommertag. Du ziehst deine Kleider aus und legst sie – schön übereinander geschichtet, Stück für Stück – auf einen sauberen Stein, den du rechts am Felshang entdeckst. Du brichst ein paar Zweige – hörst das Knacken des brechenden Holzes –, legst sie darüber, damit deine Kleider nicht gar so auffällig daliegen. Du denkst, ich kann sie mir ja auf dem Rückweg wieder anziehen.

Dann trittst du unter den sprudelnden Bergbach. Sofort bist du umgeben von einer Glocke des Rauschens. Des Strömens, Fließens, Stürzens.

Wasser macht viele verschiedene Laute. Die hörst du.

Die Kälte hat dich erschreckt. Aber jetzt merkst du: So kalt ist es gar nicht. Es ist angenehm frisch. Die Wasserstrahlen prallen auf deine nackte Haut. Wie Funken. Wenn du durch das strömende Wasser, das dich umgibt, ins Sonnenlicht schaust, siehst du die Funken. Du bist gebadet in strahlendem Wasser und fließendem Licht.

Dir wird bewußt: Ich werde rein. Ganz und gar rein. Wenn du willst, kannst du innerlich sagen: Bach, reinige mich!

Du kannst dies auch als Gebet sagen: Reinige mich! Du sprichst mit dieser Bitte eine göttliche Kraft an.

Du drehst und wendest dich unter dem stürzenden Bergbach. Dein Dich-Drehen und -Wenden wird immer fröhlicher. Vielleicht magst du es eine tanzende Qualität gewinnen lassen. Du tanzt deine Reinigung. Du genießt sie, fühlst dich glücklich dabei. Der laut stürzende Bach ist deine Tanzmusik.

Wenn du weißt: Jetzt bin ich ganz und gar rein, verläßt du die funkelnde Glocke aus Wasser. Du gehst weiter.

Du bist jetzt nackt, doch das stört dich überhaupt nicht. Es erscheint dir natürlich und selbstverständlich. Du genießt die Sonne und das leichte Wehen des Sommerwindes auf deiner Haut.

Während du weitergehst, wird das Rauschen des rechts hinter dir in den Fluß stürzenden Bergbaches leiser, dafür wird das Rauschen des Flusses links von dir wieder lauter.

Nach einer Weile hörst du den Bergbach nicht mehr. Du nimmst wieder ganz und gar das Rauschen des Flusses wahr.

Da ruft jemand deinen Namen. Du hörst das Rufen von weit her – den Klang deines Namens: der »sound«, der für die meisten Menschen der schönste ist, den sie kennen.

Das Rufen wird lauter, kommt aus näherer Entfernung. Du begreifst, hast sofort begriffen, der Mensch, der dich ruft, ist jemand, den du magst oder liebst. Wenn dir keiner einfällt, den du magst oder liebst, weißt du: Da ist trotzdem jemand. Denn er oder sie hat dich ja gerufen.

Über den Fluß links von dir geht eine Brücke – eine ganz einfache: ein Baumstamm – oder ein Brett. Über diese Brücke naht sich dir der Mensch, der dich gerufen hat.

Jetzt ist er auf der Brücke, und du rufst ihm zu: Paß auf! Fall nicht rein!

Dann ist der Mensch auf deiner Seite des Flusses – erreicht deinen Weg –, und ihr umarmt euch.

Ihr geht jetzt gemeinsam. Der größere von euch schwingt den Arm um den Kleineren. Ihr sagt nichts. Ihr hört auf das Rauschen und Brausen des weiterhin schmaler werdenden und schneller fließenden Bergflusses links von euch. Je schneller er durch das Tal drängt, desto lauter wird er.

Nach einer Weile öffnet sich rechts von euch eine Bergwiese: lockend mit ihrem saftigen Grün und vielen, vielen bunten Bergblumen. Weiß. Gelb. Blau. Auf diese Wiese geht ihr, ihr verlaßt also den Weg.

Ihr schaut das Grün an, die Halme der Gräser, die Farben der Blumen – und steigt langsam aufwärts.

An einer günstigen Stelle, wo die Wiese einen kleinen Buckel bildet, legt ihr euch hin.

Aus der Ferne hört ihr noch das Rauschen des Flusses. Ihr hört die Vögel – hört ein feines und leichtes Wehen des Sommerwindes durch die Gräser der Wiese.

Und dann hört ihr – aber bitte, laß dir Zeit! – aus der Ferne die Glocke einer Kirche. Es ist nur ein einziger Glockenschlag. Du hörst ihn, so leise er ist, in dem gesteigerten Bewußtsein, das du in der halben Stunde, in der du diese Übung bereits machst, gewonnen hast. Du hörst deshalb auch die unmittelbar darauffolgende Stille. Als habe der Ton in dir ein gesteigertes Bewußtsein von Stille geschaffen.

Nach einer Weile tönt die Glocke ein zweites Mal. Jetzt ist sie sehr viel lauter. Als stünde die Kirche des Bergdorfes, in deren Turm die Glocke schwingt, unmittelbar neben euch. Du hörst die Kraft des Tones. Und wieder hörst du darauf um so bewußter und stärker die Stille. Du bemerkst: Die Stille ist genauso »laut« wie eben noch der Glockenton.

Schließlich erklingt der Ton dieser Glocke ein drittes Mal, aber jetzt seid ihr mitten in diesem Ton. Als schwinge die Glocke unmittelbar über euch. Vielleicht hat sie sich behutsam über euch gestülpt. Ihr beide – du und dieser Mensch, der dich gerufen hat – seid in der Mitte dieses mächtigen Klanges. Als wärt ihr dieser Klang.

Der Klang ist so mächtig, daß er noch lange nachdröhnt. Ihr dröhnt mit ihm. Jeder Muskel, jede Zelle eures Körpers dröhnt mit.

Die Stille, die aus dem Verklingen des Dröhnens aufsteigt, hat etwas Wunderbares. Als sei sie nicht von dieser Welt. Ihr genießt sie. Als habe der Ton euch geläutert. Als läutere euch nun die Stille.

Als reinige sie dich. Wie dich vorher der Bergbach gereinigt hat.

Du bist erfüllt von Stille und Reinheit.

Nach einer Weile steht ihr auf und geht weiter. Ihr nähert euch dem Dorf, in dem die Kirche steht, deren Glockenklang ihr gehört habt... Zunächst seht ihr nur ein einziges Haus – weit dahinter die Kirche. In dieses Haus – das weißt du sofort – wollt ihr hinein. Ihr braucht noch eine Weile, bis ihr es erreicht habt. Ihr hört eure Schritte im Gras der Wiese. – Dann seid ihr da. Du öffnest die Haustür. Sie knarrt laut und vernehmlich.

Dein Begleiter schließt sie hinter euch – wieder knarrt sie und quietscht sie. Ihr hört eure Schritte auf dem Holzfußboden eines alten Bauernhauses.

Du merkst: Jetzt trägst du wieder Kleider. Schließlich kannst du nicht nackt in ein fremdes Haus gehen. Du lächelst darüber, denn du kannst dich nicht erinnern, daß du dich wieder angezogen hast. Du erinnerst dich, daß du vor langer Zeit deine Kleider auf einen Stein am Fluß gelegt hast. Sie müssen dort immer noch liegen. Du hast nicht die Absicht, sie je wieder anzulegen. Du trägst jetzt neue und reine Kleider.

Wie ist das eigentlich mit deinem Begleiter? Hatte er oder sie Kleider an? Oder war er oder sie auch nackt? Es ist deiner Fantasie und deinem Wunschdenken überlassen, wie du das haben möchtest. Du lächelst über diese Möglichkeit. -

Ihr öffnet eine Tür, die von dem Gang, dessen Holzfußboden ihr – hörbar – beschreitet, in ein Zimmer führt. Ihr tretet ein – in euren neuen Kleidern. Auf dem Tisch des Zimmers steht eine Kanne mit heißem, dampfendem Kaffee oder

Tee, wenn du magst. Auf einem Teller liegt ein einfacher, bäuerlicher Kuchen – oder was immer du jetzt gerne magst.

Du schlägst die Augen auf. Schaust dich in dem Raum, in dem du diese Übung gemacht hast, um. Bist noch ein wenig abwesend und erstaunt. – Wenn du willst, trinkst und ißt du jetzt genau das, was du dir eben vorgestellt hast.

Wenn der Mensch, den du dir vorgestellt hast, ein lebendiger Mensch ist und sich in deiner Reichweite befindet, kannst du ihn anrufen und ihm erzählen, was du gerade mit ihm erlebt hast.

Vielleicht möchtet ihr diese Erfahrung auch mal in Wirklichkeit teilen? Oft sind nur wenige Abstriche nötig, damit das geschehen kann. Aber mach dir nichts vor: Auch deine Vorstellung war Wirklichkeit – hatte ihre eigene Wahrheit. Sie wirkt. Du spürst das daran, daß du jetzt in einer ganz anderen Stimmung bist als vorher.

Was für eine Stimmung ist es?

Wie gesagt: Laß dir Zeit für die Übung – sie kann, ja sollte nicht unter vierzig Minuten dauern.

Machst du die Übung alleine, lies die folgende Geschichte zweimal, dreimal. So oft, bis du sie verinnerlicht hast. Wenn du dir die Einzelheiten nicht merken kannst, mache dir deine eigenen Einzelheiten. Wichtig sind nur: das Tal – die beiden Bäche, der breitere links, der hinabstürzende rechts – die Reinigung in Wasser und Licht – die dich rufende Stimme – das Klangbad in der klingenden Glocke – die neuen Kleider – das Haus, in das ihr tretet...

## Zusammengefasster Übungsablauf

### Hörwanderung mit dem Inneren Ohr – und dem Inneren Auge (Dauer: min. 40 Minuten)

1. Die Hör-Reise durch mehrmaliges Lesen verinnerlichen, oder den Download nutzen (siehe Hinweis am Ende des Buches)
2. Die Hörreise mit wechselnden Rollen als Partnerübung: Einmal liest du vor und dein Partner reist, dann reist Du, während dein Partner liest.
3. Für Ruhe sorgen.
4. Gemütliche Atmosphäre einrichten (Kerzen, Düfte).
5. Sitzen oder liegen, ganz nach deiner Vorliebe.
6. Die Hör-Reise.
7. In welcher Stimmung bist Du nach der Reise?

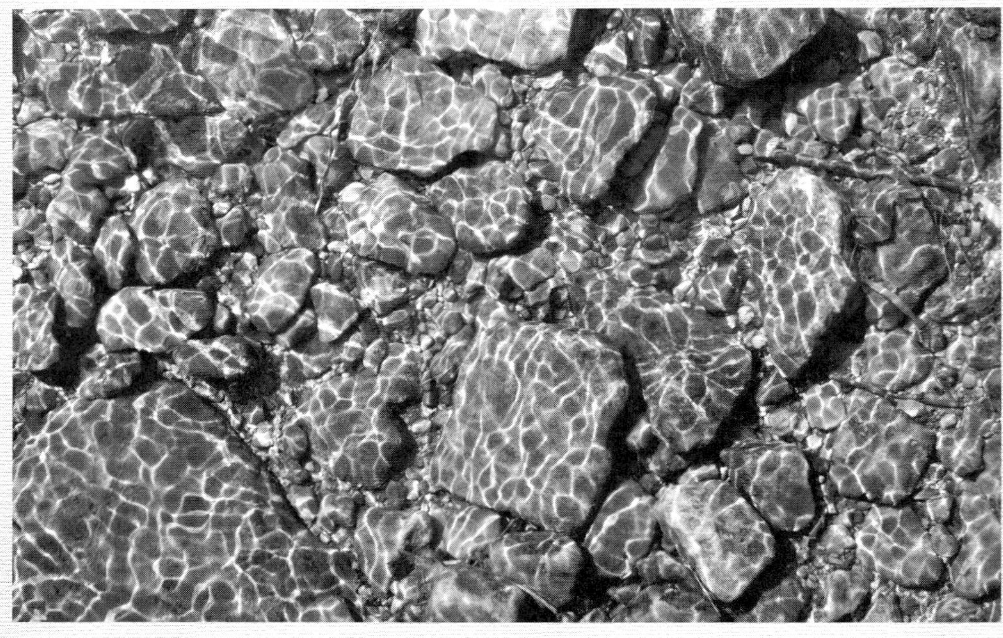

# Wo in deinem Körper schwingt der Ton?

## I.

Stehe. Erde dich. Atme. Spüre wie der Atem dich bewegt. Betone ein wenig das Ausatmen. Bis du spürst, daß im Ausatmen ein »Ton« »schläft« – in der Art, wie ich es bei der Gott-Brahma-Übung beschrieben habe.

Laß dein Ausatmen allmählich ein leichtes Seufzen werden. Gestatte dir einige Male dieses Seufzen. Dann laß das Seufzen einen Ton werden.

Frage dich: Wo schwingt der Ton in deinem Körper? Wenn du das erspürst hast, entspanne dich. Atme einige Male normal, ohne einen Ton hervorzubringen.

## II.

Dann atme wieder bewußt. Spüre das »Schlafen« des Tones beim Ausatmen in deinem Mundraum. Mache allmählich einen mittelhohen Ton – einen, der in deinem Brustraum schwingt. Fühle ihn dort resonieren, bevor du ihn in deine Bauchregion hinuntergleiten läßt. Der Ton wird dabei tiefer. Dann laß ihn mit einem Seufzer verklingen.

## III.

Entspanne dich. Atme wieder einige Male normal, ohne einen Ton hervorzubringen. Mache dasselbe noch mal, aber diesmal mit einem Ton, der ein wenig höher ist und in der Halsgegend resoniert. Nachdem er das einige Male getan hat, laß ihn wieder fallen, bis er – tiefer werdend – über die Brust in den Bauch hinuntergeht und mit einem Seufzen verklingt.

Nimm, während du dies tust, in aller Bewußtheit wahr, wo der Ton in deinem Körper vibriert.

## IV.

Entspanne dich. Atme einige Male normal, ohne einen Ton hervorzubringen.

Nun geh noch weiter in die Höhe und laß den Ton in deinem »Dritten Auge« schwingen. Laß ihn danach wieder hinabgleiten – über Hals und Brust tiefer werdend bis in den Bauch. Dort verklingt er wieder mit einem Seufzer.

## V.

Entspanne dich. Atme wieder normal, ohne einen Ton hervorzubringen. Zuletzt machst du einen noch höheren Ton – einen ganz feinen, hohen, fast ein wenig pfeifenden –, den du in deinem Kronen-Chakra vibrieren fühlst. Laß ihn dort eine Weile vibrieren. Dann wird er wieder tiefer und gleitet hinunter durch alle vorher genannten Regionen, bis er im Bauch endet und mit einem Seufzer ausklingt. Lege dich auf den Boden und entspanne dich.

## VI.

Wenn du irgendwo Schmerzen hast oder dich an irgendeinem Punkt deines Körpers schlecht fühlst, dann finde auf die oben beschriebene Weise den Ton, der in dieser Gegend deines Körpers resoniert. Und mache mindestens zehnmal diesen Ton. Du kannst das tun, wenn du Halsschmerzen oder Kopfschmerzen hast. Ein Kursteilnehmer erzählte mir, er mache es mit Erfolg bei Zahnschmerzen.

Es ist eine Art innerer Massage der schmerzenden oder sich schlecht anfühlenden Stelle deines Körpers durch einen Ton.

## VII.

Versuche, dir Folgendes bewußt zu machen: Töne waren dein erstes nachhaltiges Erfolgserlebnis, nachdem du geboren wurdest. Irgendwann schriest du zum ersten Mal – und deine Mutter schaute nach dir. Das war eine nachhaltige Erfahrung. Du hast sie von Anfang an begriffen: Ich schreie – und jemand kommt.

Vielleicht war es nicht deine Mutter. Vielleicht kam überhaupt niemand. Vielleicht lagst du im Krankenhaus in einem großen Raum, in dem auch viele andere Kinder schrieen. Irgendwann haben alle diese Kinder diese Erfahrung gemacht:

Schließlich kommt doch jemand. Ich brauche nur aus Leibeskräften lange genug zu schreien, dann wird jemand kommen. Wenn niemand kommt, dann haben die Menschen deiner Umgebung dir ein für dich wichtiges Erfolgserlebnis versagt.

Damals hast du erfahren – und dies war die erste Erfahrung deines Lebens, die du durch eine eigene Aktion auslösen konntest: Wenn ich nicht zufrieden bin mit der Situation, in der ich mich befinde, dann kann ich durch Schreien – durch Töne – diese Situation positiv verändern: Jemand nimmt mich auf den Arm, legt mich trocken, die Mutter stillt mich, jemand gibt mir die Flasche. Danach befandest du dich in einer anderen Situation. Du schriest – und dadurch trat diese andere Situation ein.

Es muß dir – in diesem frühen Stadium deines Lebens – vorgekommen sein wie Zauberei. Du schreist – und dadurch wird deine kleine Welt anders.

Sehr bald begriffst du auch, daß du nicht bloß zu schreien brauchst; auch durch andere Töne, die du hervorbringst, konntest du deine kleine Welt verändern. Auf diese Weise wurde es sinnvoll für dich, die Töne, die du hervorbringst, zu differenzieren. So sinnvoll, das du diese Töne immer mehr verändert hast. Dein Interesse, sprechen zu lernen, speiste sich aus dieser Erfahrung.

Und nun, nachdem du dir dies alles sehr lebendig deutlich gemacht hast, gehe zurück in dein heutiges Erwachsenenleben.

Nehmen wir einmal an, du bist traurig. Oder du hast Liebeskummer. Oder du hast dich über deinen Partner oder deine Partnerin geärgert. Dann bilde einen Ton

– oder auch mehrere Töne, die ganz tief an diese Trauer, an diesen Liebeskummer, an diesen Ärger, an deine Wut herangehen. Als hülltest du Trauer, Liebeskummer, Ärger, Wut mit einem Ton ein.

Probier das einmal aus. Probier das eine ganze Weile. Vielleicht machst du die Erfahrung, du kannst deine Welt noch immer durch Töne verändern. Aber die Übung funktioniert nur, wenn du dir Zeit läßt für sie – dich vorher erdest, eine Weile atmest, stille wirst.

*Anregung: Anuprada und andere*

## Zusammengefasster Übungsablauf

### Wo in deinem Körper schwingt der Ton?

**1.** Atme.

**2.** Atme aus und lasse dabei einen Seufzen entstehen.

**3.** Atme.

**4.** Atme aus und lasse aus dem Seufzen einen Ton werden.

**5.** Beobachte wo im Körper der Ton schwingt. Mehrfach!

**6.** *Atme entspannt und normal weiter.*

**7.** Atme aus und lasse einen Ton mittlerer Höhe in deiner Brust resonieren - mehrfach!

**8.** Lasse den Ton während des Ausatmens tiefer werden und in den Bauch sinken – und mit einem Seufzer verklingen.

**9.** *Atme entspannt und normal weiter.*

**10.** Atme aus und lasse einen höheren Ton (als den vorherigen Brustton) in deinem Hals resonieren - mehrfach!

**11.** Lasse den Ton tiefer werden und in den Bauch sinken – und mit einem Seufzer verklingen

**12.** *Atme entspannt und normal weiter*

**13.** Atme aus und lasse einen Ton mittlerer Höhe in deinem »dritten Auge« (zwischen den Augenbrauen) resonieren.

**14.** Lasse den Ton tiefer werden und über den Hals, über die Brust in den Bauch sinken.

15. *Atme entspannt und normal weiter.*
16. Atme aus und lasse einen hohen Ton in oder knapp über deinem Scheitelpunkt resonieren.
17. Lasse den Ton tiefer werden und über den Hals, über die Brust in den Bauch sinken.

Hast Du Schmerzen oder Unwohlsein an einer bestimmten Stelle in dir, dann finde mit dieser Methode die Stelle und lasse deine Stimme in ihr resonieren. Wiederhole diesen Ton an dieser Stelle mindestens zehn Mal.

Wenn dich tiefe innere Gefühle bewegen, die du artikulieren willst, dann kannst du mit dieser Methode auch Wut, Kummer, Schmerz, aber natürlich auch Liebe, Freude, Hoffnung, Lust zum in dir schwingenden Ton werden lassen.

Dieses Tönen befreit die Gefühle aus dem Gefängnis der Körperlichkeit.

# Hör-Inspirationen II

***Ein Indianer** besucht einen Stadtmenschen, Die beiden gehen durch die Straßen, Autos, LKWs, Busse, Trams – viel Lärm. Der Indianer: »Hörst du – da zirpt eine Grille.« Der weiße Mann: »Du mußt dich täuschen, hier gibt's keine Grillen. Hier zirpt auch keine.«*

*Nach ein paar Schritten tritt der Indianer an eine Mauer. Ein paar wilde Weinranken hängen herab. Der Indianer hebt ein Blatt: Da sitzt die Grille.*

*Jetzt, nachdem der weiße Mann sie gesehen hat, kann er sie auch hören.*

*Die beiden gehen weiter. Der Weiße: »Kein Wunder, daß du bessere Ohren hast. Du bist der Natur so viel näher.« Darauf der Indianer: »Du täuschst dich.« Unauffällig läßt er ein 50-Cent-Stück aus seiner Tasche auf den Boden fallen. Es klimpert ein wenig auf dem Asphalt. Ein paar Menschen bleiben stehen, schauen sich um, einer bückt sich, steckt das Geldstück ein, geht weiter,*

*Der Indianer: »Das Geldstück war nicht lauter als die Grille.«*

*(nach Frederik Hetmann)*

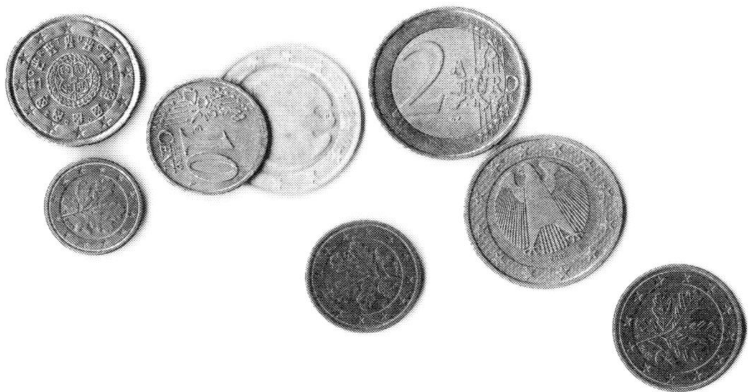

# Der Wal und der Adler

Schauen wir auf die uns umgebende Tierwelt. Fast überall beobachten wir: Tiere, die besonders gute Augen haben, sind sehr oft auch besonders gute – nicht selten auch besonders gierige – Raubtiere. Es sind Tiere von starker Aggressivität, die dazu tendieren, allein auf Beutezug zu gehen, oft auch weitgehend allein zu leben.

Tiere mit einem besonders hochentwickelten Hörsinn andererseits sind häufig gekennzeichnet durch ein stark ausgeprägtes Sozialverhalten. Sie sind auffällig wach und verfügen auch im Schlaf jederzeit über eine gesteigerte Wahrnehmungsfähigkeit. Sie gehen bemerkenswert sensibel und rücksichtsvoll mit ihren Artgenossen um – oft auch mit anderen Arten.

Es gibt Ausnahmen von dieser Regel. Generell aber und auf die meisten Arten bezogen gilt: Je schärfer das Auge, desto größer die Aggressivität. Je empfindlicher das Ohr, desto sensibler das Sozial- und Gruppenverhalten.

Besonders deutlich wird dies bei den Fischen. Die meisten haben das, was man in der Fachsprache der Optiker »Fischaugen« nennt. Ihr Bild ist unscharf in die Breite gezogen; wirklich scharf ist es nur in der Nähe; Weitsicht ist kaum oder gar nicht möglich – mit Ausnahme der eigentlich aggressiven Arten. Haie und Barracudas zum Beispiel können weit sehen. Wale erkennen Partner, Beute, Hindernisse auditiv; so orten und finden sie sie. Ihr visuelles Wahrnehmungsvermögen setzt erst ein, wenn sie sich unmittelbar vor ihren Zielen befinden.

Schauen wir uns zwei Arten näher an: einerseits die Raubvögel – etwa den Adler – andererseits Wale und Delphine (womit in diesem Beitrag die ganze Gruppe der Cetacea – zu der auch die Tümmler gehören – gemeint ist; bei den Walen allein etwa 90 Arten, darunter Blauwale, Grauwale, Pottwale, Orcas, Buckelwale, Pilotwale, Spermwale etc.).

Bedenken wir, was es bedeutet, daß der Adler ein beliebtes Symbol auf Emblemen und Wappen machtbewußter Staaten und Städte ist. Aber nur selten ist jemanden der westlichen Welt auf den Gedanken gekommen, einen Wal oder einen Delphin in sein Wappen aufzunehmen.

Berühmt ist das Delphin-Fresko im sogenannten »Zimmer der Königin« im Palast in Knossos auf Kreta. Menschen früherer Zeitläufe ist die Symbol-Trächtigkeit von Delphinen und Walen noch bewußt gewesen. Die Griechen haben sich ihr Schicksal jahrhundertelang vom Orakel in Delphi – von den dort amtierenden Priesterinnen, deren älteste die Pythia gewesen ist – weissagen lassen. Schutzherr dieses Orakels war der Gott Apollo, der gern die Gestalt eines Delphins annahm. Forscher nehmen an, daß die Delphin- und Wal-Symbole zumeist auf eine matriarchale Zeit zurückgehen. In patriarchaler Zeit wurden sie verdrängt oder unverstanden und nur aus Respekt weitergeschleppt – wie im Falle des Orakels zu Delphi, vielleicht weil sich dessen Weissage-Potential immer wieder bestätigt hat.

Wale haben die größten Gehirne aller Lebewesen auf der Erde, größere auch als der Mensch. Der Anteil des Neo-Cortex – des am meisten entwickelten Teils des Gehirns – ist bei den Walen ähnlich groß wie beim Menschen.

Als dies bekannt wurde, waren die reduktionistisch denkenden Zoologen und Evolutionsforscher alten Stils in Verlegenheit. Das Gehirn galt und gilt ihnen als Sitz menschlicher Überlegenheit – und da war nun ein Tier, das ein noch größeres Gehirn hatte als der Mensch und dennoch nichts zu tun schien, was gehirnspezifische Überlegenheit signalisiert. Es verwendet keine Werkzeuge, hat keine Technik, baut keine Maschinen, führt keine Kriege... Also, so meinten die Zoologen alten Schlags, ist ihr großes Gehirn zu nichts nutze. Es ist überflüssig, ein Mißverständnis der Evolution.

Später, als die vor allem von Gregory Bateson angeregte systemische Biologie an Boden gewann, fanden die Wissenschaftler zu einer anderen Fragestellung: Wenn die Wale so große Gehirne haben wie die Menschen und gleichwohl keine Häuser und Städte bauen, keine Industrie und Wirtschaft entwickeln, dann müssen sie ihr Gehirn für etwas anderes verwenden... Die Evolution hätte es sonst nicht geschaffen. Sie hätte keine Anreize gefunden, es zu entwickeln. Wofür gebrauchen Wale ihr Gehirn?

Die neue Disziplin der Wal-Forschung antwortet: Wale benutzen ihre Gehirne in erster Linie für zweierlei – für Sozialisation und Kommunikation. Wale haben das sensibelste, bewußteste, behutsamste, vorsichtigste und dennoch freieste Gruppenverhalten entwickelt, das irgendeine Spezies auf dieser Welt besitzt. Sie kennen kaum Konflikte, und wo es sie gibt, lösen sie sie so gerecht und behutsam wie keine andere Art.

Wale entwickeln nur ganz wenig Aggressivität. Sie brauchen sie nicht. Der Blauwal – das größte Tier, das jemals auf diesem Planeten gelebt hat (größer noch als die größten Dinosaurier) – ernährt sich am liebsten von Krill, einem garnelenähnlichen Lebewesen von selten mehr als vier Zentimeter Länge. Die Wale folgen dem Krill – dem verdankt sich die Wal-Wanderung –, sie schwimmen in die Krillfelder hinein, öffnen das riesige Maul – und dann fließt der Krill buchstäblich in ihre Körper hinein – über eine Zunge, die allein schon größer ist als ein großer Elefant. Bei einem ausgewachsenen Tier ist ein Schluck Wasser 70 Tonnen schwer. Pro Tag enthält das aufgenommene Wasser (das, da es sich um Salzwasser handelt, auch wieder ausgeschieden wird) vier Tonnen Krill – acht Millionen kleine Krabben, die durch ein Sieb, das beim Blauwal größer ist als ein ganzes Tennisnetz, zurückgehalten werden.

Dafür ist im Durchschnitt drei bis vier Stunden »Arbeit« – sprich »Maulöffnen« – pro Tag erforderlich. Es ist klar, daß ein Lebewesen, das sich auf solche Weise ernährt, wenig Aggressivität entwickelt.

Es ist das wahre »Schlaraffenland«, als »Schlaraffen-Meer« verwirklicht, nirgendwo sonst auf dem Lande oder im Meer so ideal wie hier.

Tragen wir Menschen deshalb die Idee eines »Schlaraffenlandes« in uns? Wale sind Säugetiere. Ihre DNS ist der unseren bemerkenswert ähnlich. Tragen wir Gene in uns, in denen die Erfahrung eines »Schlaraffen-Meeres« seit Millionen von Jahren codiert ist? Gibt es deshalb die Idee des Schlaraffenlandes in allen Kulturen und Erdteilen?

Die Wal-Spezies, die noch verhältnismäßig am meisten Aggressivität entwickelt, ist der Orca, aber auch da ist inzwischen deutlich: Orcas sind verspielte, liebenswürdige Tiere. Die Geschichten vom »Mörderwal«, die Seeleute jahrhundertelang erzählt haben, waren »Seemannsgarn«. Sie brauchten ein »Ungeheuer der Meere«, und da kam ihnen der riesige, unheimlich ausschauende Orca gerade zupaß.

Dennoch: Orcas sind die »Monarchen der Meere«. Sie nehmen in den Ozeanen der Welt eine ähnliche Stellung ein wie der Mensch auf dem Festland. Der neuseeländische Walforscher Paul Spong nimmt an, daß der Orca »wahrscheinlich ein Geschöpf ist, das in seiner Welt nur wenige oder gar keine Angst auslösende Erfahrungen macht. Vielleicht kennt es tatsächlich keine Angst. Ich frage mich manchmal, wie das Leben der Menschen aussähe, wenn wir keine Angstwesen wären.«

Wir Menschen haben unser Leben so konditioniert, daß die Erfahrungen von Angst und Überlegenheit untrennbar miteinander verbunden sind. Das ist deshalb so, weil wir unsere »monarchenhafte« Stellung durch Unterdrückung und Herrschaft erkämpft haben. Die Orcas gewannen sie durch Anpassung.

Die meisten Delphin- und Walarten reagieren auch dann nicht aggressiv, wenn sie gereizt werden. Die Forscher haben den Eindruck: Sie können das gar nicht verstehen, daß jemand sie reizen möchte. Ist Aggressivität nicht – oder kaum – vorgesehen in ihrem Nervensystem, gibt es dafür keine Codierungen?

Unsere menschliche Auffassung, daß ein ursächlicher Zusammenhang zwischen Gehirn und Aggressivität bestehe, ist ein Irrtum – zweckmäßig, um uns selbst zu beruhigen, und genährt durch das gängige Mißverständnis der Darwinschen Evolutionslehre. Es gibt Tiere, die noch viel aggressivere, mörderischere Verhaltensmechanismen entwickelt haben als Menschen, und trotzdem haben sie nur ein ganz kleines Gehirn. Der Hai zum Beispiel hat ein Hirn nicht größer als das einer Katze.

Wale sind »allergisch« gegen Täuschungen. Walforscher meinen: Wale »lügen« nicht und dulden auch keine »Lügen«. Sie sind in dieser Hinsicht wacher und bewußter als Menschen. Paul Horn, bekannt als einer der großen Flötisten der

Welt, hat jahrelang mit einem Wal namens Haida in einer Wal-Station auf Vancouver Island (in British Columbia/West Canada, wo er lebt) musiziert – und auch Schallplattenaufnahmen mit ihm gemacht. Eines Tages kam er auf den Gedanken, einmal auszuprobieren, wie Haida reagieren würde, wenn er ertränke. Er ließ sich ins Wasser fallen, strampelte, schrie um Hilfe und tat all die Dinge, die Ertrinkende zu tun pflegen. Haida kam sofort angeschwommen, nahm Paul auf seinen riesigen Rücken und trug ihn an Land. Paul Horn wollte das filmen, er hatte auch seine Kamera vorher aufgestellt, auf das Wasser gerichtet und in Betrieb gesetzt, aber hatte vergessen, die Schutzkappe vom Objektiv zu nehmen. Nachdem nun die Rettungsaktion so gut geglückt war, dachte er, er könne es ja ein zweites Mal versuchen, dürfe aber diesmal natürlich nicht vergessen, die Kappe vorher abzunehmen. Gesagt, getan. Die Kamera lief, das Objektiv war frei; Paul ließ sich ins Wasser fallen, strampelte, schrie; Haida kam angeschwommen und versetzte Paul mit seiner riesigen Flosse einen empfindlichen Schlag. Paul Horn: »Ich verstand es als Backpfeife. Als wolle er mir sagen: Mit mir kannst du das nicht machen!«

Ähnliche Geschichten erzählen viele Walforscher und Walforscherinnen: Wale merken, wenn sie getäuscht werden, und dann reagieren sie »sauer«. Vielleicht ist deshalb ihr Gruppenverhalten so ausgewogen und rücksichtsvoll?

Wale leben bereits sechzig Millionen Jahre auf diesem Planeten, fünfzehn- bis zwanzigmal länger also als wir Menschen. Das ist eine große Leistung, wie sofort deutlich wird, wenn man bedenkt, daß wir Menschen schon nach noch nicht einmal einer Million Jahre unseres Hierseins dabei sind, uns wieder auszurotten. Man braucht Gehirn dazu – aber ironischerweise braucht man es zu beidem: sowohl zum Überleben eines so sensiblen und hochentwickelten Organismus, wie ihn die Wale besitzen, über Millionen Jahre hinweg, wie zur Selbstzerstörung nach 700 000 oder 800 000 Jahren, wie bei uns Menschen. Das eine Beispiel steht für die nichtaggressive Verwendung von Gehirn, das andere für die aggressive. Ohne Zweifel sind ja die meisten Phänomene, die um die Wende unseres Jahrhunderts das Überleben des homo sapiens gefährden, Kopfgeburten des menschlichen Gehirns. Wissenschaft hat mit Gehirn zu tun, und siebzig bis achtzig Prozent der Wissenschaftler der westlichen und östlichen Welt arbeiten an der Entwicklung neuer Waffen. Die höchste Konzentration von Wissenschaftlern in der Welt gibt es in Los Alamos in New Mexico, wo nun schon fast ein halbes Jahrhundert lang, seit der Entwicklung der Atombombe, immer neue Waffen entwickelt werden. Zeigen Wale uns, daß »man« Gehirn auch anders verwenden kann? Zeigen sie uns dies deutlicher und erfolgreicher als wir Menschen?

Wale sind kommunikativ so begabt, wie der Mensch es erst durch Elektrizität und Elektronik zu werden im Begriff ist. Wale können eine Botschaft in elf Stunden einmal um die Erde schicken – wobei man sich deutlich machen muß, daß der

Schall unter Wasser fünfmal so schnell reist wie durch die Luft – nämlich mit einer Geschwindigkeit von 1,6 Kilometer pro Sekunde.

Blauwale können die lautesten Töne unter allen Lebewesen erzeugen – bis zu 190 oder 200 Dezibel, lauter somit als eine Düsenmaschine oder ein Preßluftbohrer (bis ca. 170 Dezibel). Ein starker Walbulle kann mit seinem Gesang mühelos Hunderte von Kilometern überbrücken. Manche Forscher meinen, sie benutzen die Schallreflektionen, die entstehen, wenn verschieden reflektierende Wasserschichten aufeinanderstoßen. Wenn sie das wirklich können, ist es vorstellbar, daß ein einziger Buckel- oder Blauwal über Entfernungen rufen kann, die der Breite des Pazifiks entsprechen.

Das noch faszinierendere Phänomen liegt in der Genauigkeit der Rückmeldung. Wenn Menschen eine Botschaft auf die Reise schicken, von Land zu Land oder auch nur von Familienmitglied zu Familienmitglied, ist sie schon nach wenigen Zwischenstationen so verändert, daß man sie oft kaum noch wiedererkennen kann; innerhalb ganz kurzer Zeit wird aus der Botschaft ein Gerücht. Oft muß man große Mühe aufwenden, um zu ermitteln, was ursprünglich gemeint war. Die Botschaften der Wale kann man auch dann noch wiedererkennen, wenn sie einmal um die Erde gegangen sind. Wale können schon seit Millionen von Jahren eine message um die Erde schicken. Der Mensch kann es erst seit Erfindung der Telegraphie, also seit etwa einhundert Jahren. Wir brauchen dazu eine hochentwickelte Technologie.

Wenn ein Lebewesen eine solche Leistung ohne Technologie schafft, liegt nicht ein höherer Entwicklungsstand darin, als wenn ein anderes Lebewesen – der Mensch – dies nur durch einen großen Aufwand an Technik und materieller Hilfsmittel vollbringt?

Wale und Delphine haben einen Tonumfang, der bis 80 000 Hertz reichen kann, also viermal größer ist als der Tonbereich menschlicher Stimmen und menschlicher Hörfähigkeit. Sie können also mittels Lautgebung viermal so viel Information transportieren wie Menschen, ja, da die Differenzierungsmöglichkeiten in Richtung auf die hohen und höchsten Frequenzen zunehmen, noch viel mehr.

Da aber viele Arten zwei verschiedene Apparate zur Lauterzeugung besitzen, bedeutet dies, daß sie weit mehr als viermal – manche Forscher nehmen an: 10- bis 14mal – so viele Informationen in der Zeiteinheit übermitteln können wie Menschen.

Da bereits die menschliche Informationskapazität ungeheuer groß ist, muß das Informationspotential von Walen und Delphinen jede menschliche Vorstellung übersteigen. Um das Vermögen dieser Tiere wenigstens annähernd vorstellbar zu machen, wählte ein Walforscher den folgenden Vergleich: Wale und Delphine können in einem halbstündigen Gesang so viele Informationseinheiten unterbringen, wie in der ganzen Odyssee enthalten sind – und Menschen brauchen tage-, wahrscheinlich wochenlang, um die Odyssee zu lesen. Forscher meinen, in der Struktur bestimmter Wal-Phrasen Fragen erkannt zu haben, die von anderen Walen beantwortet werden. Die Gesänge der Buckelwale sind im allgemeinen zwischen sieben und dreißig Minuten lang; daß es wirklich »Gesänge« – wirklich bestehende »Lieder« im menschlichen Sinne – sind, kann man daran erkennen, daß diese Gesänge danach auf die Note genau wiederholt werden können. Bei den Menschen sind nicht einmal erfahrene Improvisatoren – etwa Jazzmusiker oder Orgelimprovisatoren – in der Lage, spontan eine halbe Stunde lang zu improvisieren und anschließend das, was sie eben improvisiert haben, notengetreu zu wiederholen. Forscher nehmen an, daß in den Gesängen kodierte Informationen für bestimmte soziale Verhaltensformen und -muster enthalten sind.

Wale haben Hit-Songs. In dem riesigen Raum etwa zwischen den Aleuten im Norden und Feuerland im Süden, Hawaii im Westen und Baja California im Osten singen sie (wie die amerikanischen Wal-Forscher Roger und Katy Payne nachgewiesen und dokumentiert haben) in einem Jahr bevorzugt die gleichen »Song-Pattems«, die gleichen Phrasen. Im nächsten Jahr singen sie ganz andere, und es scheint oft, als hätten sie die »Songs« des Vorjahres fast oder ganz vergessen. Aber sie haben auch »Evergreens«, die jahrelang »modern« bleiben.

Wale singen aus dem gleichen Grunde wie Menschen – nicht nur, um sich selbst auszudrücken, sondern auch um zu »feiern«. Sie singen zusammen, werfen sich Töne, Rhythmen, Phrasen zu und schleudern ihre riesigen Leiber dazu hoch aus dem Wasser, als seien sie federleicht und als tanzten sie zu ihrer eigenen Musik. Jeder Beobachter kann spüren, was da ausgedrückt wird: Freude.

Wale und Delphine haben eine ungeheuere Spielfähigkeit, sicher die am höchsten entwickelte auf diesem Planeten. Da sie nur wenige Stunden täglich für ihren Lebensunterhalt »arbeiten« müssen, haben sie viel Zeit zum Spielen. Spielen braucht Gehirn – und entwickelt Gehirn. Forscher nehmen an, daß auch dies zur Entwicklung ihrer so überraschend großen Gehirne beigetragen hat.

Spielen schafft Freude – und kann ohne Freude nicht geschehen. Und vor allem: Spielen heißt kommunizieren.

Wale und Delphine lieben Menschen – in einer quasi-verzweifelten Intensität, die auf Liebe besteht, Liebe zu ihrem größten und im Grunde einzigen Feind – zu dem Lebewesen, das dabei ist, sie auszurotten. Es ist eine absurde Situation – als wollten sie Liebe gerade dort nicht aufgeben, wo sie am schwierigsten ist, und als wollten sie unbedingt, daß uns, die Menschen, diese Liebe erreicht.

Jesus forderte: Liebe deine Feinde! Menschen schaffen das nur in Ausnahmefällen. Wale leben es. Spielerisch.

Wale lieben es, Menschen zu retten und ihnen zu helfen. Seit der biblischen Zeit des Propheten Jona im Bauche des Wales gibt es Dutzende von Geschichten darüber. Früher wurden sie oft in den Bereich der »Seemannsfabel« verwiesen, aber inzwischen sind viele solcher Geschichten über jeden Zweifel hinaus verifiziert.

Zweiunddreißig Jahre lang – von 1914 bis 1946 – hat ein Delphin Schiffe durch den Marlborough Sound – den engen Meeresarm, der die Süd- von der Nordinsel Neuseelands rennt – gelotst. Als sei er der fest angestellte Lotse dieser gefährlichen Meeresgegend. Er erwartete die Schiffe am Peloruskanal – am Eingang des Sunds –, schwamm ihnen voraus und verließ sie erst wieder auf der anderen Seite. Die neuseeländische Regierung drohte mit einer Geldstrafe von 100 Pfund, wenn jemand dem Tier etwas antun würde.

Eine junge Frau, die nach einem Schiffbruch vor der Küste von Mocambique durch ein Gebiet schwimmen mußte, in dem es von Haien wimmelt, berichtet, daß sie ihr Leben nur dem Schutz zweier Delphine verdankt. Dabei hatte sie bei dem Schiffsunfall eine Schnittwunde am Bein; Blut sickerte heraus – was Haie erfahrungsgemäß besonders gierig macht.

Vor Eleuthera, einer Insel der Bahamas, geriet ein Schiff in Seenot. Es war von den Wellen eines großen Sturmes leckgeschlagen und hatte schon Schlagseite. Sein Funkgerät war defekt. Es war dichter Nebel, aber Vollmond. Das Schiff suchte das Leuchtfeuer von Eleuthera, das in einem 15-Sekunden-Rhythmus aufleuchtet. Mit einem Male sah die Besatzung unmittelbar vor dem Bug in dem hellen, sich auf den Nebelpartikeln reflektierenden Mondlicht einen alle 15 Sekunden wiederkehrenden Lichteffekt. Er kam von Delphinen, die ihre glitzernden Körper im Licht des Mondes aus dem Wasser warfen – genau im Rhythmus des Eleuthera-Feuers. Sie schwammen so lange vor dem Schiff her, bis die Seeleute in dem dichten Nebel das wirkliche Leuchtturmsignal erkennen konnten.

»Seemannsgarn«, mag der eine oder andere Leser sagen. Aber das Schöne an der Geschichte ist: Das leckgeschlagene Schiff war ein Forschungsschiff. Es war von hochkarätigen Wissenschaftlern besetzt – von genau jener Art Wissenschaftlern, die diese Erfahrung, hätte irgend jemand anderer sie gemacht, in das Reich der Fabel verwiesen hätten.

Wale und Delphine lieben es, mit Menschen zu spielen und zu singen. In Baja California – auch bei Labrador oder vor Hawaii – ist es zu einer beliebten Beschäftigung geworden: mit einem Boot hinauszufahren, wenn die Wale vorbeiziehen, und Flöte zu spielen oder Gitarre. In Kürze ist der Spieler umringt von vielen springenden, kreisenden, tanzenden, singenden Leibern. Melodiefetzen fliegen hin und her, als würden Fragen gestellt und beantwortet – und gerade auf Seiten der Wale geschieht dies mit einer seltsamen Beharrlichkeit, hinter der die Frage aller Fragen zu stehen scheint: Versteht ihr denn nicht, was wir euch sagen wollen? Das berichten die Walforscher übereinstimmend: Sie haben das Gefühl, die Wale und Delphine hätten eine Botschaft für die Menschen. Es scheint etwas zu geben, was sie uns unbedingt sagen wollen. Sie scheinen nicht begreifen zu können, daß wir sie nicht verstehen.

Offenbar wollen sie die Kommunikation mit Menschen. Delphine und viele Walarten geben ihre Laute und Signale meist unter Wasser von sich. Wenn Menschen kommen, tauchen sie auf und machen ihre »sounds« über Wasser. Wozu, wenn nicht, um von den Menschen besser gehört zu werden?

Vielleicht verstehen die Tiere uns besser als wir sie. Die Leute, die in den großen »Marinelands« – den Wal- und Delphinbecken – in Kalifornien Wale dressieren und mit ihnen, zum Entzücken der Zuschauer, die schwierigsten Kunststücke vollführen, haben oft diesen Eindruck. Eine junge Frau, die mit Delphinen arbeitet, hatte die Tiere dazu gebracht, um sie herum im Kreise in die Luft zu springen. Nun wollte sie einen Schritt weitergehen und wollte zwei Tiere dazu bringen, sich gleichzeitig rechts oder links von ihr synchron mehrmals zu überschlagen. Sie sagt: »Ich dachte es nur, da taten sie's schon.«

John und Antonietta Lilly, die in der Erforschung der Wal-Sprache und der Kommunikation mit Walen besonders erfolgreich waren, haben mehrfach darauf hingewiesen: Wale und Delphine sind kommunikativ begabter als Menschen. Sie verstehen uns besser als wir sie. Viele Walforscher haben den Eindruck, sie hätten das, was wir Menschen den »sechsten Sinn« nennen. Deshalb scheinen sie Zusammenhänge zu verstehen, denen wir Menschen mit unserem fast ebenso großen Gehirn verständnislos gegenüberstehen. Die moderne Neurologie hat deutlich gemacht, daß der Mensch – zumal der rationale, westliche Mensch – vorrangig mit der linken Gehirnhälfte arbeitet und das Potential der rechten nur unzureichend nutzt. Vielleicht gebrauchen Wale ihr ganzes riesiges Gehirn? Vielleicht haben sie deshalb so lange überlebt? Und vielleicht sind sie deshalb kommunikativ so besonders begabt? Und vor allem: Vielleicht meinen deshalb immer mehr Walforscher, daß nicht der Mensch, sondern der Wal das am weitesten entwickelte Lebewesen sei, das es auf unserem Planeten gebe.

Die Walforscherin Adrienne Morgan (auffällig übrigens, daß unter den Walforschern so viele Frauen sind – in so bemerkenswertem Gegensatz zu den meisten anderen Wissenschaftsdisziplinen) berichtet: »Das Wasser um uns herum war angefüllt mit dem Pfeifen der Delphine... Während wir untertauchten, herumwirbelten, uns drehten und pfiffen, nahmen sie daran teil. Mein Freund Simon tauchte circa sechs Meter tief und drehte sich dabei um sich selber. Delphine folgten ihm und spielten mit. Jedesmal, wenn ich untertauchte, war ich von pfeifenden, frohlockenden Delphinen umringt, manchmal auf jeder Seite einer... Unsere Farben und Geräusche hielten die Delphine während etwa dreiviertel Stunden bei uns. Ich habe in meinem ganzen Leben noch nie etwas so Schönes erlebt. Wir stimmten später alle darin überein, daß wir uns beim Tauchen mit ihnen völlig sicher und beschützt gefühlt hatten. Wenn sich ein Taucher auf der Wasseroberfläche befand, kamen Delphine und sprangen neben ihm aus dem Wasser. Sie zeigten ungeheure Neugier und Verspieltheit. Ich glaube, es war die größte Ekstase, die ich je hatte... Ich werde es, solange ich lebe, nie vergessen!«

Immer wieder taucht dieser Gedanke in den Schilderungen der Walforscher auf: Es war wie Liebe. Es war Ekstase. Schöner noch und stärker als die Ekstase der Sexualität.

Es ist aufregend zu verfolgen, wie Wale selbst miteinander sprechen. Man hört eine tiefere und eine höhere Stimme – Sound-Muster fliegen hin und her, der eine fragt, der andere antwortet, entwickelt ein Muster weiter, gibt es zurück, empfängt es, leicht verändert, noch ein weiteres Mal, variiert es erneut in Duktus, Höhe oder Metrum, kürzt es oder verlängert es... Manchmal entsprechen die Linien, die ausgetauscht werden, einander exakt in Hebungen und Senkungen. Man meint, Trochäen zu hören – oder Hexameter oder Jamben –, und bemerkt voller Erstaunen, daß sich dann auch der Gesprächspartner eine Weile an Trochäen, Hexameter oder Jamben hält. Wenn so etwas in menschlicher Sprache geschieht, spricht man von Poesie. Es ist sehr schwierig für Menschen, auf solche Weise miteinander zu kommunizieren und sich jeweils exakt an die Metren und Strukturen des Gesprächspartners zu halten. Für Wale scheint darin keine Schwierigkeit zu liegen. Sprechen Wale poetisch miteinander? In Versen und Reimen?

Es gibt eine Delphinart, deren Haut fast die gleiche Beschaffenheit wie menschliche Stimmbänder hat. Sind Delphine Stimmband von Kopf bis Schwanz? Vibrieren sie, schwingen sie wie überdimensionale Stimmbänder?

Walforscher weisen darauf hin, daß ein Zusammenhang besteht zwischen der Klang- und Hörsensibilität der Wale einerseits und ihrem sensiblen und rücksichtsvollen Gruppenverhalten andererseits. Auch menschliche Gesellschaften funktionieren ja immer dort besonders gut, wo aufmerksam zugehört wird.

Joan McIntyre, Walforscherin auf Hawaii, hat eine Studie über das Liebesleben der Wale veröffentlicht. Ergebnis: Das eigentlich »humane« Liebesleben wird viel eher von Walen als von uns Menschen gelebt: »Nach jahrelangem Studium von Walen und Delphinen kann ich mit gutem Gewissen behaupten, daß das Liebesleben der Wale genauso interessant ist wie das der Menschen. Vielleicht ist es in seiner Differenziertheit dem menschlichen überlegen.« Besonders interessant ist die spielerische Art und Weise, in der Wale mit Sexualität umgehen. »Ich glaube, sogar Tantriker können davon lernen.« Ähnlich wie Menschen sind die meisten Wal- und Delphinarten ständig sexuell interessiert und erregbar. Es ist nicht zuletzt ihre starke Sexualität, die ihr Gruppen- und Gesellschaftsverhalten konditioniert – wie bei uns Menschen – und doch völlig anders. Ein Beispiel:

»Grauwal-Frauen« stillen ihre Kälber – bei der Geburt etwa eine Tonne schwer! – bis zu elf Monate lang. In dieser Zeit sind sie nicht zugänglich für männliche Wale. Da sie etwa alle zwei Jahre trächtig sind und die Population der Grauwale etwa gleich viele männliche wie weibliche Tiere umfaßt, kommt im allgemeinen nur ein sexuell interessiertes weibliches auf zwei sexuell interessierte männliche Tiere. Oft reisen sie so – zwei »Männer« und eine »Frau« – auf ihrer riesigen Wanderung 16.000 Kilometer von der Behring-Straße herunter nach Baja California und wieder zurück. Wandernd spielen sie miteinander – zärtlich, kommunikativ, den Eindruck von Freude vermittelnd. Nie entsteht der Eindruck eines Wettbewerbs zwischen den beiden männlichen Wesen. Nach einiger Zeit entscheidet sich die Blauwal-Kuh für einen der beiden Bullen – und nun geschieht etwas Erstaunliches: Der andere, nicht »er-hörte« Bulle reagiert nicht etwa beleidigt oder aggressiv, sondern er hilft. Die riesigen Leiber haben es schwer, sich zu paaren. Der »zurückgewiesene« – sich aber offenbar nicht zurückgewiesen fühlende – Bulle schwimmt unter die Kuh, hievt ihren wuchtigen Körper so lange herum, achtet auf jede Kleinigkeit, schaut genau hin – bis der »angenommene« Bulle mühelos in sie eindringen kann.

Die Kuh bleibt bei dem einmal erwählten Partner, sie wechselt nicht. Der andere bleibt Helfender – immer wieder bemüht um das Liebesglück seiner Mitwanderer. Wie die »Helfer« in den tantrischen Shiva-Shakti-Ritualen Indiens?

Bereits Gregory Bateson, der große Begründer der Walforschung, wies darauf hin, daß Delphine und Wale ihre großen Gehirne einsetzen, wo es um Beziehungen geht – also gerade dort, wo der homo sapiens noch immer mit Komplexen, Ressentiments, Trieben und atavistischen Besitz- und Machtbestrebungen reagiert, sein Gehirn aber bemerkenswert wenig anwendet.

Wie gesagt, Wale, Delphine, Tümmler finden ihre Ziele hörend. Partner, Feinde, Hindernisse – alles »er-hören« sie sich. Ihr auditiver Ortungsapparat läuft auch dann weiter, wenn das Ziel so nah ist, daß sie es sehen können – offenbar, weil sie wissen, daß die auditive Ortung sicherer und genauer ist als die optische: bis zu 700 »Klicks« machen sie in der Sekunde; ein einziges Signal dauert also nur zehn bis hundert Millisekunden.

Unter vierhundert Metern Tiefe ist das Meer pechschwarz. Die Tiere finden sich auch dort mühelos zurecht. Und natürlich können sie nicht nur die Umrisse der Objekte, die sie orten, auditiv unterscheiden, sie können auch deren Qualität erkennen. So unterscheiden sie zum Beispiel Glas-, Plastik- und Aluminiumplatten voneinander. Forscher sagen, sie können »durch die Objekte hindurchhören«. Vielleicht tun sie das, indem sie ihre Ortungsstrahlen so geschickt links oder rechts an ihren Zielen vorbeischicken, daß die Strahlen – vom Meeresgrund oder anderen Hindernissen reflektiert – auch von hinten auf das Ziel treffen. Dann berechnen sie den Unterschied in der Laufzeit der verschiedenen Strahlen – Unterschiede in Millisekunden, die natürlich nicht nur gehört, sondern auch von ihrem Gehirn codiert und verstanden werden müssen.

All dies überschreitet menschliche Vorstellungsfähigkeit. Wir können es so wenig verstehen, wie ein von Geburt Blinder verstehen kann, was es heißt, sehen zu können.

Wir sprechen in diesem Buch von einer hörenden Weltwahrnehmung. Wir fordern sie. Weil wir wissen, daß wir dadurch rücksichts-, liebe- und verständnisvoller, weniger aggressiv werden. Wir wissen, daß dies notwendig ist, wenn wir auf unserem Planeten überleben wollen.

Wale, Delphine, Tümmler – die ganze Gattung der Cetacea – sind beispielhaft für all das, was wir fordern zu müssen meinen. Sie sind hörende Wesen par excellence.

Der Leser wird fragen: Dieses Kapitel heißt »Der Wal und der Adler«. Warum steht hier immer noch nichts über den Adler? Der Adler ist Symbol. Jahrhundertelang wurde dem westlichen Menschen dieses Symbol eingebleut – auf Wappen und Flaggen – auf Münzen und Geldscheinen – als Reichsadler. Symbol wofür? Na, für wen wohl? Menschen haben ihn gewählt, weil sie ihn als Symbol für sich selber – für den Menschen – empfanden.

Der Adler als Vorbild, als Ziel und als Ansporn: So sollst du werden! So sollst du sein! Und die Menschen sind so geworden – stürzend wie Adler aus schwindelnder Höhe auf ihre Beute. Die Welt war die Beute.

Nicht zufällig war der Adler gerade in den Jahrhunderten ein so beliebtes Symbol, in denen der westliche Mensch sich anschickte, die Welt zu erobern – sie erforschend – erspähend – beäugend – alles und jedes als mögliche Beute betrachtend – sich darauf stürzend – zupackend – es ergreifend – nach Hause schleppend...

Warum wählte kaum einer den Wal? Oder den Delphin? Gelegentlich geschah es – wie gesagt im alten Griechenland –, Odysseus trug, so berichtet Homer, das Emblem eines Delphins auf seinem Ring und seinem Schild; öfter schon bei den Polynesiern, auch bei den Indianern – nur selten bei uns. Ich wähle den Wal als Symbol. Als Ziel und als Ansporn. Dieses Kapitel könnte ebensogut heißen: »Der Wal und der Mensch.«

Ich meine, es ist nicht nötig, hier über den Adler zu schreiben. Wir kennen ihn gut – das Schwingen der Adlerflügel vor der Bläue des Himmels – die Schärfe seines Blickes – die Spitze seines Schnabels – die Kraft seiner Fänge... Wir alle, die wir in dieser Zivilisation leben, wurden jahrhundertelang, ob wir es wissen oder nicht, nach diesem Modell geformt. Diejenigen, die uns modelliert haben, meinten, das sei nötig – nötig für sie. So wollten sie uns haben. Für ihre Zwecke.

Wir tragen wenig vom Adler in unserem genetischen Erbe, aber viel vom Wal, der uns als Säugetier sehr viel näher steht. Die uns modelliert haben, wollten, daß es umgekehrt sei: Wir sollten viel vom Adler und wenig vom Wal in uns tragen.

Irgend etwas stimmt nicht in der Gewichtung unserer Präferenzen, wenn der uns biologisch entferntere Adler uns als Symbol und als Vorbild näherstehen soll als der mit uns so viel enger verwandte Wal. Auch in der Gewichtung des Gehirns ist der Wal sehr viel Menschen-ähnlicher – sein Gehirn ist unter allen Tieren das Menschen-ähnlichste. Der Adler hat nur ein sehr kleines Gehirn. Er braucht kein größeres, um sich in seinem Sinne »vorbildlich« zu verhalten – wie auch wir Menschen kein sehr großes brauchen, um das, was uns am Adler als modellhaft erscheint, in unser gesellschaftliches Verhalten aufzunehmen.

Unsere gesellschaftliche – nicht unsere genetische! – Entwicklung hat dazu geführt, daß wir dem Adler immer nähergekommen, dem Wal aber immer ferner gerückt sind. Wir müssen den Wal – unsere enge Verwandtschaft mit ihm, den »Wal in uns« – neu wiederentdecken.

Selbst »abgebrühte« Wissenschaftler sind immer wieder erstaunt, wenn sie einen Wal-Embryo sehen, so menschenähnlich sieht er aus.

Ich möchte nicht mißverstanden werden: Der Adler ist ein edles, ein bewunderungswürdiges Tier. Aber in unserer heutigen Zeit ist er kein geeignetes Modell mehr für den Menschen. Der Wal könnte Modell sein.

Auch ist der Adler als das edle Tier, das er ist, kaum noch erkennbar. Wir haben ihn zum Symbol abstrahiert. Auch deshalb ist hier so wenig vom Adler die Rede: Es geht nicht mehr um den Adler am Himmel, es geht um den »Adler in uns«. Der Adler sind wir. Oder – waren wir?

Aber wir können auch der Wal sein. Endlich wird uns das wieder bewußt. Selbst in diesem Bewußtwerdungsprozeß bleiben wir noch »adlerhaft«. Machen wir uns deutlich, daß die Idee, Wale zu schonen, erst dann weltweit an Boden – und Meer – gewinnen konnte, als für die Mehrzahl der seefahrenden Völker Walfang nicht mehr profitabel war. Weil die Wal-Population der Weltmeere schon zu stark dezimiert ist? Der Jahresumsatz der Walindustrie ist unbedeutend – gerade nur 150 Millionen Dollar – eine belanglose Industrie, die belanglose Produkte schafft: Autowachs, Schuhcreme, Öl für Uhren und Feinmechanik, Lippenstifte, Düngemittel, Hühner- und Viehfutter, Kosmetika, Margarine, Stützmaterialien für Korsetts und Regen- und Sonnenschirme, Glycerin (woraus auch Nitroglycerin, also Sprengstoff, gemacht wird!)...

»Whale Watching« – das Beobachten von Walen auf ihren Zügen, bei ihren Spielen und ihren Gesängen – hochentwickelt an der amerikanischen Westküste, auf Neufundland/Labrador, vor den Virgin Islands, auf Hawaii und an vielen anderen Orten der Erde – setzt heute mehr Dollar um als der Walfang!

Es ist kein Anlaß, stolz zu sein, daß wir Wale schützen. Es ist – profitabel geworden!

Man beachte, daß ich oft Komparativa verwende. Der Augenmensch neigt dazu, sie zu überlesen. Er neigt zu Alternativen. Er denkt auf jenen geraden Linien, auf denen das Auge wandert. Er neigt dazu anzunehmen: Aha, der Wal wird uns hier als Vorbild hingestellt: Er ist »gut«; folglich ist der Adler »schlecht«. Oder: Das Ohr ist »gut«, ist »positiv« einzuschätzen, folglich ist das Auge »schlecht« und »negativ« einzustufen. Das aber ist gerade nicht die Denk- und Erfahrensweise des hörenden Menschen. Der Adler ist ein bewundernswürdiges Tier. Es ist wunderbar, wie er sein Auge gebraucht – aus höchster Höhe selbst noch die kleinste Feldmaus erspähend. Der Adler muß aggressiv sein, um überleben zu können. Auch wir Menschen brauchen eine gewisse Aggressivität. Selbst noch im Akt der Liebe – in der Penetration, ohne die Liebe nicht geschehen kann – schwingt ein Moment von Aggressivität.

Das Ohr aber liebt das verbindliche Sowohl-als-Auch, den »mittleren Weg« des Laotse, des Taoismus und des I Ging. Das Auge neigt zu einem abrupten Entweder-Oder: zum »Ja für Ja«, und »Nein für Nein« des Juden- und Christentums, des Alten Testaments und auch der germanischen und deutschen Tradition.

Das Ohr mißt, indem es Beziehungen herstellt: Und Beziehung ist nur ein anderes Wort für das musikalische Intervall. Meine Vorgehensweise in diesem Buch ist ein Messen von Relationen – von Verhältnismäßigkeiten –, ein Abwägen von Komparativa. Nicht: Der Wal ist »positiv«, der Adler »negativ« – oder – das Ohr »positiv«, das Auge »negativ« zu bewerten. Sondern: In der Krise, in die sich der westliche Mensch durch seine einseitige Augensteuerung gebracht hat, bietet uns der Wal verhältnismäßig brauchbarere Verhaltensmuster als der Adler. In dieser Krise ist es relativ »besser«, sich wieder stärker auf das messende und aufnehmende Ohr als auf das schätzende und nach außen dringende Auge zu verlassen – aber selbstverständlich bleibt das Auge ein wunderbares, unverzichtbares Organ.

Bedenken wir weiter: Beide – Adler und Wale – stehen auf der »Liste der gefährdeten Arten«; beide sind vom Aussterben bedroht. Gattungen – so belehren uns die Evolutionsforscher –, deren Verhaltensmuster vorrangig durch einen Sinn gesteuert werden – die also auf die Breite und Fülle der Wahrnehmungsmöglichkeiten verzichten oder im Lauf ihrer Entwicklung darauf verzichtet haben, die dazu tendieren, sich nur auf einen einzigen Sinn zu verlassen –, solche Gattungen sterben aus. Adler und Wale sterben nicht deshalb aus. Sie sterben aus, weil ihnen der Mensch das Überleben unmöglich macht. Aber es ist möglich, daß der Mensch ausstirbt, weil er sich zu sehr spezialisiert hat – auf sein Auge und sein Gehirn. Auf Sehen und Denken.

Das ist die Situation der menschlichen Spezies gegen Ende des 20. Jahrhunderts: Der Mensch verläßt sich primär auf einen seiner Sinne – den Sehsinn. »Die Balance seiner Weltwahmehmung« – so Robert Jungk – »ist gestört.« Diese Störung eskaliert. Denken und Sehen eskalieren aneinander – wie die Entwicklung seit dem Ende der Renaissance und noch deutlicher seit der Aufklärung in Rationalismus und Materialismus gezeigt hat.

Zoologen haben auch in der Tierwelt beobachtet: In der Evolution ist es vorgekommen, daß sich eine species vorrangig auf einen Sinn verließ, der bei ihr weniger hoch entwickelt war als ein anderer Sinn, während sie den höher entwickelten Sinn lediglich als Hilfsorgan verwendete. Solche Arten sterben aus. Sie vernichten sich infolge der falschen Gewichtung ihrer Wahrnehmungsmöglichkeiten selbst. Solche Vernichtungsprozesse geschehen in eskalierenden Abläufen.

Die moderne systemische Biologie weiß: Eskalationsprozesse sind »final-gesteuert«. Sie führen mit großer Zielstrebigkeit in immer schnellerer Geschwindigkeit auf ein Ziel zu. Erst wenn sie dieses Ziel erreicht haben, sind sie an ihrem Ende angelangt. Vorher kommen sie nicht zur Ruhe. Erst das Ziel ist ihr Ende, und Ende ist nur ein anderes Wort für – Tod. Die eigentliche »Augenbeute« sind – wir selbst.

Jeder ist also betroffen. Jeder ist aufgerufen. Jeder kann sich selbst herausnehmen – sei es am Anfang vielleicht nur einmal am Tage und später öfter – aus der Situation der unverhältnismäßigen Augengesteuertheit des modernen Menschen und: Horchen! Hören! Lauschen! Auf andere. Und auf sich selbst.

Jeder von uns kann an seinem eigenen kleinen Ende anfangen – kann bei sich selbst bestrebt sein, nicht immer nur dort zu sein, wo seine Augen sind – irgendwo außerhalb seiner selbst – an einem Ziel, das er beobachtet oder gern haben möchte – auf dem immerwährenden Beutezug seiner Augen – beschäftigt mit seiner »Augen-Beute«.

Das ist es, was das Fernsehen tut – was unsere ganze Zivilisation tut – jede Schaufensterauslage, jede Zeitungsanzeige: Sie wirft uns »Augenbeute« vor – uns, dem ewig hungrigen, auf nie endenden Raubzügen befindlichen menschlichen Augen-Tier. Dem »adlerhaft« gewordenen Menschen.

Jeder von uns könnte – wie gesagt: zunächst einmal am Tag, später öfter – die entgegengesetzte Haltung einnehmen, die wir ja ebenfalls kennen, die uns nicht fremd ist, die ebenfalls in uns angelegt ist – nur haben wir sie verdrängt: die Haltung des Zuhörens und Hinhörens. Des Lauschens und Horchens. Des Aufnehmens und Vernehmens. Jene Haltung, die für uns alle – für jedes (oder fast jedes) Wesen der menschlichen Gattung – in der Liebe ihren Höhepunkt findet: wenn er oder sie mit geschlossenen Augen die oder den anderen vernimmt, auf sie oder ihn hört, das eigene Verhalten, die eigenen seelischen und körperlichen Reaktionen und Abläufe bewußt und unbewußt steuert durch das, was er und sie laut werden lassen.

Wie gesagt, wir alle kennen diese Haltung. Sie ist genauso stark angelegt in unseren Genen wie unsere Augensteuerung. Sie ist uns »ver-traut«. Wir könnten sie also jederzeit aktivieren. In der Liebe – und in der Sexualität – findet sie nur ihren Höhepunkt. Wir alle wissen, wie glücklich uns dieser Höhepunkt machen kann. Wir könnten diese Haltung also auch sonst anstreben – nicht nur Geliebten gegenüber. Sondern Menschen gegenüber. Anderen Bevölkerungsgruppen gegenüber. Anderen Völkern und Rassen gegenüber. Tieren gegenüber. Der Natur gegenüber. Dem Universum gegenüber. Sachen und Gegenständen gegenüber. Nicht immer nur auf »Augenbeute« erpicht, sondern in der Haltung des Ohren-»Sammlers« – hörender, horchender, lauschender, empfangender, aufnehmender. (Man beachte wieder die Komparativa. Wie gesagt, es handelt sich um Relationen – um Verhältnismäßigkeiten.) Wir könnten weniger »adlerhaft« und mehr »walhaft« werden.

*Quellen: Joan Mcintyre (Herausgeberin): »Der Geist in den Wassern« (2001); Heathcote Williams: »Kontinent der Wale« (2001); Vic Cox: »Wale und Delphine« (Karl Müller Verlag); Peter C. Howorth: »Whales – Dolphins – Porpoises of the Pacific« (KC Publications Las Vegas); Taranath Andre: »Begegnung mit Delphinen« (aus der Zeitschrift »Connection«, Jahrgang 1988).*

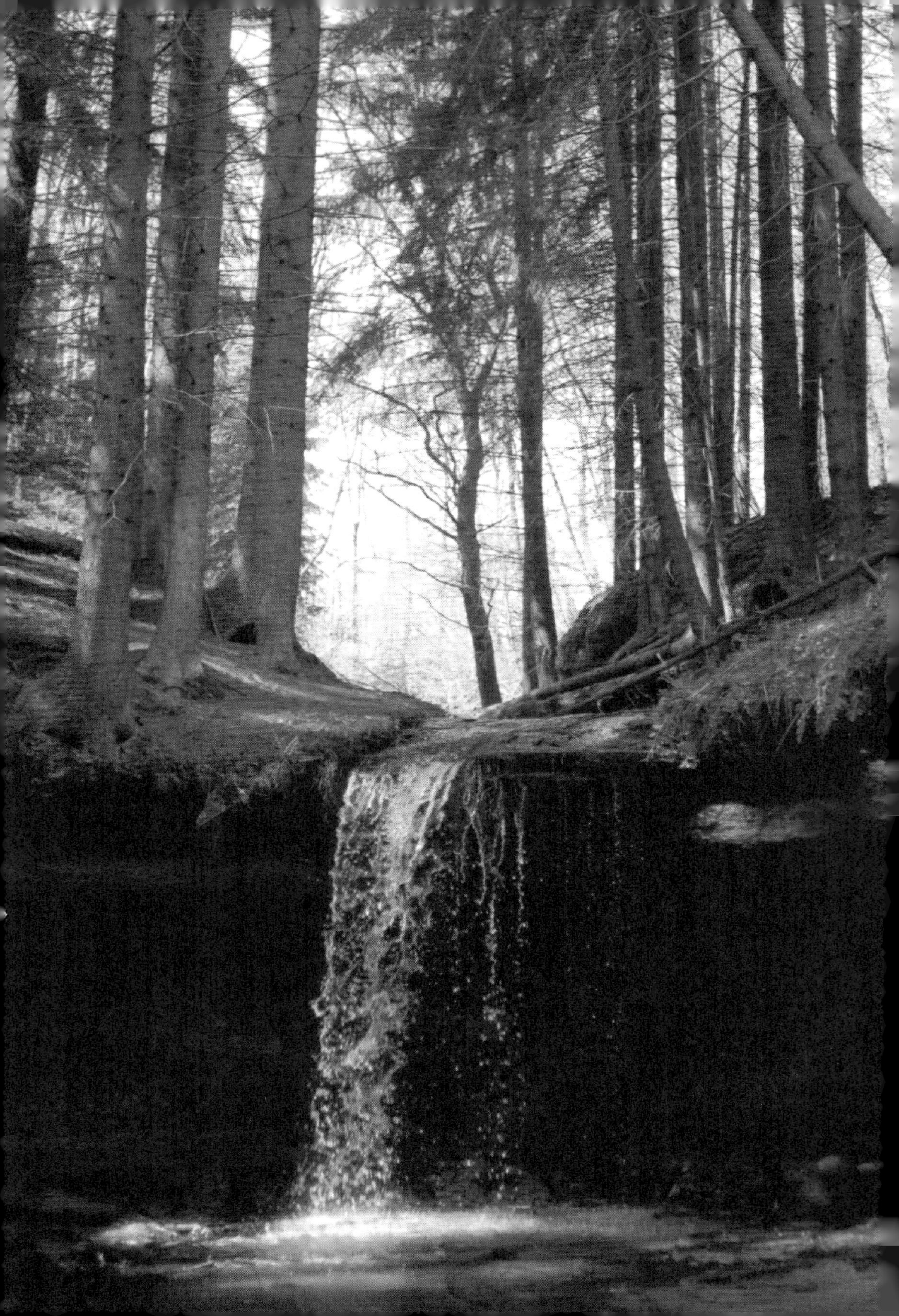

# Hör-Inspirationen III

# Video = Ich sehe!

## I.

»*Video*«, lateinisch, heißt »Ich sehe«. Das, in der Tat, maßt sich die Fernseh- und Videobranche an – sie sagt: Ich sehe. Sie will für uns sehen. Jede Fernsehsendung und jedes Video wollen uns das suggerieren: Ich sehe für dich! Was immer zu Aktivität, Kreativität, Sensitivität des Sehens gehört, geschieht schon auf der Mattscheibe. Du brauchst es nicht mehr selber zu leisten.

Machen wir uns deshalb deutlich: Niemand darf uns das Selber-Sehen abnehmen. Wenn wir es uns abnehmen lassen, geschieht das, was bei jeder Tätigkeit geschieht, die wir uns abnehmen lassen: Wir können sie immer schlechter ausüben, wir verlernen sie.

Wir verlernen das Sehen, wenn wir – wie der Durchschnittsdeutsche – täglich etwa zwei Stunden vor dem Fernsehapparat verbringen *(man staune: 2008 sitzt der Durchschnittsdeutsche inzwischen 208 Minuten, also fast 3 ½ Stunden vor dem TV! Anmerk. d. Verlegers).* Umgerechnet sind das fast fünfzig *(heute 70-80!)* Tage im Jahr. Es ist keine Beschäftigung denkbar, die uns nicht, wenn wir ihr fünfzig Tage jährlich nachgehen, aufs tiefste und schwerwiegendste verändert!

Schließe die Augen, werde still, höre in dich hinein und frage dich: Wie verändert das Fernsehen dich? Verändert es dich zum Besseren? Oder zum Schlechteren? Frage dich dies nur dann, wenn du dir vorher ganz und gar deutlich gemacht hast, daß du die Antwort, die du bekommen wirst, ernst nehmen willst. Sonst bekommst du keine Antwort, die du ernst nehmen kannst.

Unsere eigene, wirkliche »Mattscheibe« verläuft etwa auf jener Linie, die unser Wachbewußtsein von unserem Unterbewußtsein trennt. Dort wird das visuell Aufgenommene schöpferisch, sensibel, aktiv in innere Bilder umgesetzt. Diese innere »Mattscheibe« setzen wir matt – und machen wir immer noch matter –, wenn wir das, was wir an Aktivität, Kreativität, Sensibilität brauchen, bereits auf der Mattscheibe unseres Fernsehapparates geschehen lassen. Die Dinge geschehen dann nicht mehr in uns, sondern vor uns – außerhalb von uns.

Die meisten Menschen, die diese Zeilen lesen, werden sagen: »Mir kann das nicht passieren. Ich sehe ja nur wenig fern. Ich wähle aus, was ich sehe.« Was heißt wenig? Die Grenzen zwischen einem gewohnheitsbildenden und einem suchtbildenden Verhalten sind fließend. Niemand kann sie exakt ausmachen. Unsere ganze Welt ist längst fernsehsüchtig. Dennoch sagt jeder einzelne: »Ich bin es nicht.«

Jeder Alkoholiker – überhaupt jeder, der gerne trinkt – weiß, es ist viel leichter, überhaupt nicht zu trinken, als sich vorzunehmen, weniger zu trinken. Das

»Weniger« überfordert uns. Wir können es nicht finden. Deshalb ist es leichter, das Fernsehen ganz aus deinem Leben verschwinden zu lassen, als immer wieder neu nach der richtigen »Dosierung« zu suchen.

Dann erst wird ganz von alleine deine innere Mattscheibe, dein inneres Sehen wieder jene Phantasie, jene Fülle des Sehens entwickeln, die dir kein *Video* und kein Fernsehen abnehmen können. Dann brauchst du für die Erfahrung »Ich sehe« kein lateinisches Wort. Und keinen Apparat. Dann endlich gilt wieder: Ich sehe!

## II.

Fernsehen: Du denkst, du siehst die Welt
Aber du siehst einen von Redakteuren redigierten,
kommentarbedürftigen Film.

Du denkst, du schaust durch ein Fenster auf die Welt.
Dabei blickst du aus der Welt in ein Schaufenster.

Es genügt, ein Bild anzuschauen.
Das macht Spaß.
Aber es genügt nicht, einen Text zu hören.
Du mußt ihn auch noch verstehen.
Das kostet Energie.
Erst dann macht es Spaß.

## III.

Du denkst, Du stellst eine Maschine an,
aber sie lebt schon,
bevor du sie einstellst.
Dein Bruder Feind!
Der dich immer belauert.
Aus toten Augen,
die schon den Tod ihrer leuchtenden tragen –
und nie leben.
Aber so tun!
Doch du läßt sie wachen.
Schläfst – sehend.
Sehend?

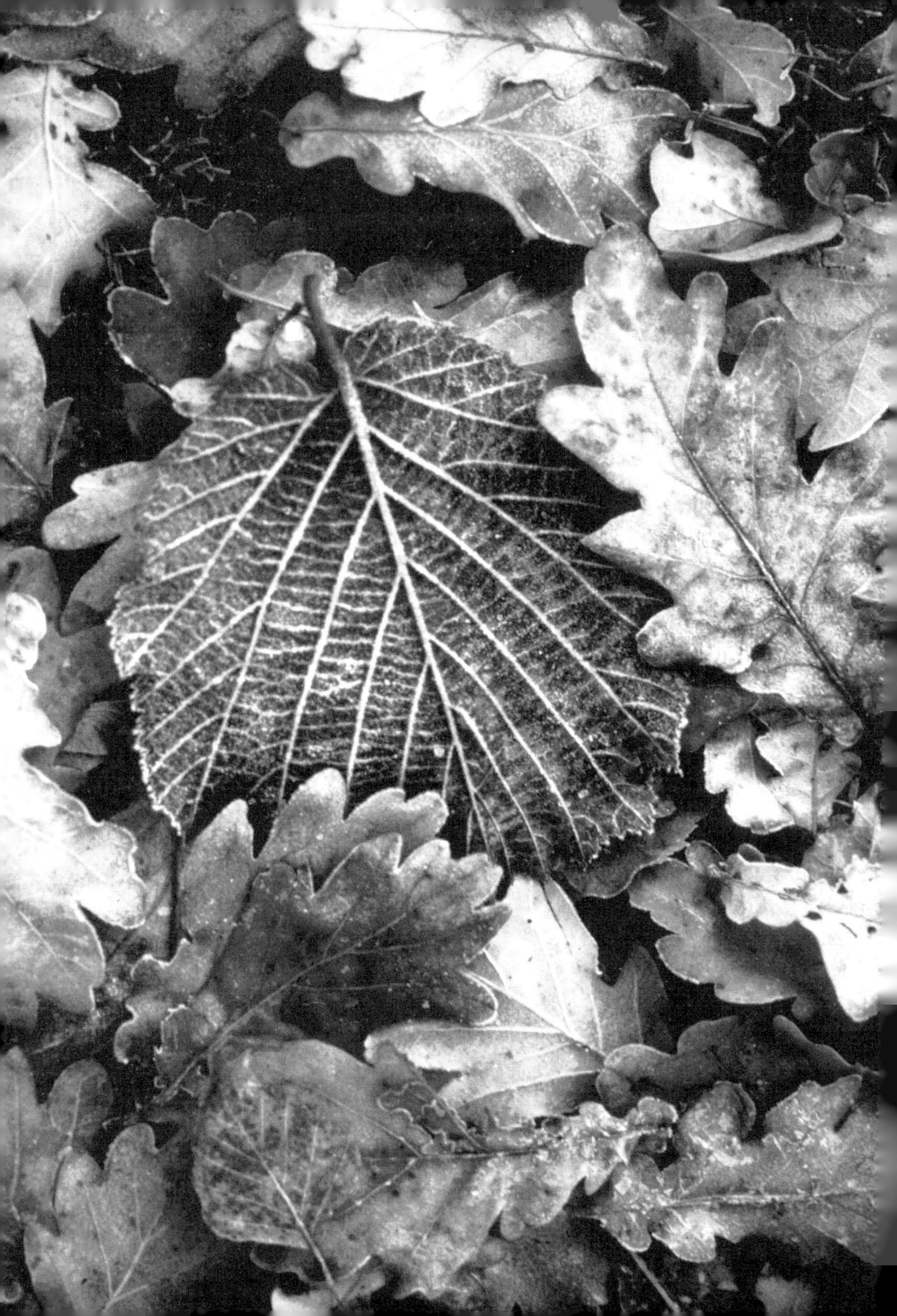

# Hör-Übungen II

# TÖNEND EINS WERDEN

## I.

Steh. Mit lockeren Knien. Atme. Atme bewußt – wie immer bei diesen Hör-Übungen. Nun atme ein, spanne deinen ganzen Körper so fest wie möglich an. Halte dabei den Atem an. Zähle bis sieben oder zehn – so lange, bis du unbedingt wieder Luft brauchst (ohne Leistungssport daraus zu machen). Wenn du dann ausatmest, laß alle Spannung mit dem Ausatmen los.

Mach dies noch ein weiteres Mal.

Nun mach es noch ein drittes Mal, aber spann den Körper nur halb so stark an wie vorher. Atme. Laß alle Spannung aus dir fließen. Hör auf deinen Atem. Je bewußter du atmest und hörst, desto leichter kommst du wieder an die Stelle, wo aus dem Atem ein Ton wird. Du kennst das bereits: Es ist, als »schliefe« der Ton in deinem Mundraum. Und als wecktest du ihn, indem du ihn mit deinem Atem umwehst.

Nun laß langsam den Ton entstehen, und indem er entsteht, stelle dir an der Stelle, wo er in deinem Körper schwingt, einen leuchtenden Ball vor. Der Ton ist dieser Ball.

Tue dies eine Weile. Jedesmal, wenn der Ton entsteht, ist da dieser leuchtende Ball in dir. Laß den Ball allmählich größer werden – und mit ihm den Ton. Wenn du es ein paarmal mit dieser Zielgebung getan hast, sind Ton und Ball so groß wie dein Körper. Dein Körper ist ein leuchtender singender Ball.

## II.

Wenn du das eine Weile so getan hast, laß Ton und Ball noch größer werden. Bis sie so groß sind wie der Raum, in dem du dich befindest,

Wenn du die Übung mit anderen Menschen machst, werden Ton und Ball so groß, daß du und die anderen Menschen in ihm seid. Ihr seid eins in dem Ton und dem leuchtenden Ball.

## III.

Wenn du das eine Weile getan hast, dann lasse Ton und Ball noch größer werden, bis du dir vorstellen kannst, daß beide so groß sind wie der Ort oder die Stadt, in der du dich befindest. Die ganze Stadt im Licht des tönenden Balls gebadet und von ihm eingehüllt.

Nach einer Weile läßt du Ball und Ton noch größer werden. Sie sind jetzt so groß wie das Land, in dem du lebst. Das ganze Land ist gebadet im Licht und Klang deines Tons.

## IV.

Aber damit beginnt erst die Reise. Licht und Ton werden immer noch größer. Bald sind sie so groß wie dieser Erdteil Europa. Indem du den Ton machst, badest du deinen Erdteil in seiner Schwingung und in diesem großen leuchtenden Ball, der aus deinem Ton entstanden ist.

## V.

Ball und Ton wachsen weiter. Bevor sie so groß werden wie dieser ganze Planet, geh in eine Krisenregion: zum Arabischen Golf. Zu Israelis, Irakis, Kurden, Palästinensern. Nach Afrika... Wo gerade die Krise ist, die dich am meisten bewegt. Umhülle sie mit dem Klang deines Tons und mit dem Glanz deines leuchtenden Balles. Tu das mit Liebe. Sing dieser Region Licht und Liebe zu. Als streicheltest du sie mit dem Klang deines Tones.

## VI.

Aber Ball, Licht und Ton wachsen weiter und umhüllen schließlich diesen ganzen Planeten.

Nachdem du eine Weile den Planeten umsungen und umstrahlt hast, verläßt du ihn. Dein Ton und dein Licht sind jetzt so groß wie dieses ganze Sonnensystem... Dann werden sie so groß wie unsere Milchstraße... Und schließlich so groß wie das Universum.

Du brauchst viel Energie, um mit der Kraft deines Tones und dem Strahlen des leuchtenden Tons das Universum zu füllen. Du hast diese Energie, also wende sie an. Du brauchst nicht laut zu singen. So weit kann deine Stimme ohnehin nicht tönen, aber dein Bewußtsein tönt und strahlt in jeden Winkel des Universums. Lasse es tönen, lasse es strahlen.

## VII.

Wenn du das eine Weile getan hast, geh auf dem gleichen Weg wieder zurück. Verabschiede dich vom Universum und laß dort ein klein wenig vom Klang deines Tons und vom Glanz deines Lichtes zurück. Tue das gleiche mit der Milchstraße

– und dann mit unserem Planetensystem. Verabschiede dich jeweils und lasse überall Licht und Klang zurück.

Dann kommst du wieder auf die Erde und läßt auch dort, die ganze Erde umhüllend, ein wenig vom Licht und Klang deines Tones zurück..., bevor du in die Krisenregion gehst, die du gewählt hast. Lasse dort möglichst viel zurück, aber bewahre, dich verabschiedend, tönendes Licht, das du weiterträgst – zu unserem Erdteil Europa... zu deinem Land... zu der Stadt, oder dem Ort, in dem du diese Übung machst – überall ein wenig Klang und Licht zurücklassend... , bis du wieder in deinen Raum zurückkehrst; auch dort läßt du Licht und Klang zurück – bis du wieder zu dir selbst kommst.

Und nun schwingt der Ton und leuchtet der Ball in deinem Körper – du läßt beide immer kleiner werden, bis sie ganz am Ende der Übung in deinem Herzen klingen und leuchten.

## VIII.

Gegen Ende der Übung läßt du den Ton immer noch leiser werden. Umhülle ihn mit deinem Atem. Bis aus dem Ton Atem wird, der Ton in deinem Atem einschläft.

Spüre, wie in deinem Atem noch ein Echo dieses Tones schwingt, der eben noch in die Tiefen des Universums strahlte.

Laß schließlich auch deinen Atem immer leiser werden.

Meditiere nach dieser Übung noch eine Weile. Vergegenwärtige dir, wie du mit diesem kleinen Stück Ton und diesem kleinen Glanz deines Lichtballes überall – auf dieser ganzen Reise – ein wenig Licht und Liebe – ein Stück von dir – zurückgelassen hast. Und wie du dich auf diese Weise mit dem ganzen Universum verbunden hast.

Wenn dir das beim ersten Mal nicht gelingt, mach diese Übung wieder. Sie kann eine tiefe Erfahrung sein. Manche Menschen müssen sie mehrfach machen, bevor sie diese Erfahrung wahrnehmen können.

## IX.

Besonders schön ist es, die Übung mit deinem Partner oder mit einer Gruppe von Menschen zu machen. Ihr solltet den Ablauf der Übung vorher sorgfältig besprechen. Dennoch sollte einer die Aufgabe übernehmen, jeweils den Weg des Tones und des Lichtballes zu bezeichnen, also deutlich zu machen, wenn Ton und Licht von dir auf die Gruppe überspringen sollen – und von der Gruppe auf die Stadt, in der du bist – und von dort auf das Land etc.

Wenn ihr viele Menschen seid, werden eure Töne ziemlich laut sein. Vielleicht hört ihr dann die Stimme dessen, der den Weg der Übung sagen soll, nur undeutlich. Deshalb ist es nötig, daß ihr vorher alles besprecht. Dann reicht es aus, wenn ihr die Stimme des Führenden nur unvollkommen hören könnt.

Wenn du die Übung ein paarmal gemacht hast, kannst du die Arme zu Hilfe nehmen. Sie jedesmal ausbreiten oder in die Höhe strecken, als dehntest du dich immer noch mehr, um eins zu werden mit deiner Stadt, deinem Land, deinem Erdteil, deinem Planeten, dem Universum. Wirf die Arme dabei mit Freude in die Luft – oder breite sie aus. Je mehr Freude du bei dieser Übung empfindest, desto stärker wird sie dich innerlich erfüllen.

*Anregung: Anuprada, Barbara Ann Brennan*

## ZUSAMMENGEFASSTER ÜBUNGSABLAUF

### TÖNEND EINS WERDEN

1. Stehe. Atmend. Atme tief ein, halte die Luft, zähle ungefähr bis sieben oder zehn und spanne dabei deinen Körper so fest wie möglich an (kein Leistungssport!).
2. Atme hörbar aus und lasse mit dem Ausatmen allen Druck los.
3. Wiederhole den Vorgang.
4. Wiederhole den Vorgang ein drittes Mal, aber spanne deinen Körper nicht mehr ganz so stark an.
5. Atme hörbar aus und entspanne und atme entspannt weiter und beim Atmen lausche in deinen Mund, in dich hinein und lausche, was für ein Ton da im Atem schlummert oder mitschwingt.
6. Laß den in deinem Mundraum schlafenden Ton erwachen und lasse ihn in das entspannte Atmen hineinklingen. Töne mit dem Ausatmen.
7. Mit jedem tönenden Ausatmen stell Dir vor, daß da, wo der Ton in dir schwingt, ein leuchtender Ball ist.
8. Mit jedem Ausatmen töne und mit dem Tönen stell Dir diesen Ball vor, wie er sich mehr und mehr in Dir ausbreitet, bis er Dich schließlich ganz erfüllt.
9. Töne weiter und lasse den Ton und damit den Ball in deiner Vorstellung sich

im ganzen Raum ausbreiten. Bis Du (und wenn ihr zu mehreren seit: alle Teilnehmer) selbst in diesem tönenden Ball stehst.

**10.** Lasse den Ball und den Ton weiter wachsen, bis er so groß ist, wie die Stadt in der Du lebst. Dann lasse ihn so groß werden wie dein Land. Das ganze Land wird in deinem Ton gebadet.

**11.** Lasse den Tonball sich ausdehnen, bis er ganz Europa umfaßt und einhüllt.

**12.** Während Ball und Ton weiter wachsen, gehe mit deinem Ton in eine Krisenregion dieser Welt und streichele das Land und die Menschen mit dem Ton. Gebe Liebe in deinen Ton!

**13.** Dann dehne deinen Ton über die ganze Erde aus. Töne durch unser Sonnensystem. Töne durch die Galaxie und das ganze Unviversum. Das geht natürlich nicht mit der hörbaren Stimme, du mußt also nicht unendlich laut werden. Aber auf energetischer Ebene kannst du so weit Tönen, wie dein Geist in der Lage ist, es sich vorzustellen.

**14.** Wenn du eine Weile das Universum durchtönt hast, beginne dich tönend in der Reihenfolge zu verabschieden, in der du dich ausgedehnt hast. Lasse einen Teil von dir, deinem Licht und deinem Ton im Universum, der Galaxie, unserem Sonnensystem zurück. Dann gehe zur Erde, zur Krisenregion, zu Europa, deinem Land, deiner Stadt, dem Haus zurück und lasse überall ein wenig von deinem Licht und deinem Ton – ohne daß er dir verlorengeht, er ist ja unendlich – in Liebe und Dankbarkeit und Freude zurück.

**15.** Schließlich ist der Ton in dir. Du läßt ihn nun kleiner werden, bis er ein kleiner Tonball in deinem Herzen ist.

**16.** Gegen Ende dieser Übung läßt Du den Ton immer kleiner werden, umhülle ihn mit deinem Atem. Schließlich hörst du nur noch deinen Atem, wie zu Anfang der Übung.

**17.** Lasse auch den Atem immer leiser werden, bis du nur noch stille atmest.

**18.** Meditiere in der Stille. Spüre die Erfahrung, überall den Ton gelassen zu haben.

# Male dein Hören – Zeichne ein Ohr

Dies ist eine besonders schöne Übung, mit der du dein Verhältnis zu deinem Ohr und zum Hören klären kannst. Sie macht viel Spaß, und du kannst dabei – endlich! – einmal ganz und gar visuell arbeiten. Sie soll auch ein Ausdruck dessen sein, daß es uns mit den Hör-Übungen dieses Buches gewiß nicht darauf ankommt, die Augen zu schließen. Wir wollen auch sehender werden. Wir wollen fühlender und lebendiger und liebender werden.

Lege dir einen Zeichenblock und weiche Zeichenstifte in verschiedenen Farben bereit. Dann erforschst du die Beziehung deines Ohres zu den folgenden zwölf Themen (es wird gleich deutlich werden, wie du das tun kannst):

1. zu deinem Partner oder deiner Partnerin
2. zu deiner Mutter und deinem Vater
3. zur Sonne oder zum Mond (oder zum gestirnten Himmel über dir)
4. zu Gott und/oder zum Göttlichen
5. zu einem Baum oder einer Pflanze
6. zu einem Penis
7. zur Idee des Samens, der befruchtet
8. zur Vagina, die empfängt
9. zu einem Haus oder einer Wohnung oder einer Höhle, in der du wohnen kannst
10. zu einem Bett
11. zu einem menschlichen Embryo
12. zu einem Pfeil oder allgemein: zu Aggressivität.

Erforsche diese Beziehungen meditierend. Ganz von allein wirst du – schon nach wenigen Minuten – dazu kommen, daß dir eines oder zwei (oder auch mehr) der vorstehend aufgeführten Themen mehr sagen als die anderen – zum Beispiel die Beziehung zwischen deinem Ohr und deiner Wohnung – oder dem Bett, in dem du schläfst. Vielleicht wächst auch ein Baum aus deinem Ohr, der Blätter trägt, Blüten und Früchte. Oder dein Ohr wird befruchtet – von Samen, die aus dem Baum in seine Höhlung fallen. Vielleicht scheint dir auch dein Ohr besonders wichtig in deiner Beziehung zu deinem deiner Partnerin. Hörst du ihr zu? Oder hast du sie nur »im Auge«? Beobachtest du nur? Oder hörst du sie bewußt?

Wenn eines oder zwei – oder wenige – der zwölf Themen deutlich in den Vordergrund getreten sind, gehe mit ihnen tiefer in deine Meditation hinein.

Meditiere fünfzehn bis zwanzig Minuten darüber.

Dann nimmst du den vor dir liegenden Zeichenblock und deine Zeichenstifte und zeichnest, was dir in der Meditation deutlich geworden ist. Du hast jede denkbare Freiheit. Du kannst einfach ein Ohr zeichnen, so wie es aussieht – vielleicht an deinem eigenen Kopf oder am Kopf deines Partners. Aber vor allem kannst du zeichnen, wohin deine Meditation dich geführt hat. Das kann so weit gehen, daß das Ohr in deiner Zeichnung überhaupt nicht mehr vorkommt – oder nur noch klein irgendwo am Rande. Es kann sein, daß du einen Baum, das Meer, ein Schiff, ein Herz, eine Höhle, ein Bett, ein Haus, eine Landschaft zeichnest. Oder einfach ein abstraktes Gebilde aus Linien und Kreisen, Formen und Farben.

Wenn deine Zeichnung fertig ist, sieh sie dir sorgfältig an. Meditiere darüber. Wenn sie dir gefällt, hefte sie an einen Platz, an dem du sie häufig siehst.

Wenn sie dir nicht gefällt, überlege, ob du sie nicht trotzdem an die Wand heften willst. Wenn du sie dann öfter siehst, könnte sich für dich ganz von allein klären, ob sie dir vielleicht deshalb nicht gefällt, weil dir dein Verhältnis zu deinem Ohr nicht gefällt oder weil dieses Verhältnis unklar und unsauber ist. Es könnte sein, daß du es mit einem Male vor dir siehst:

Dies oder jenes muß anders werden in meinem Verhältnis zum Ohr und zum Hören.

Ein paar Tage später machst du eine ganz ähnliche Zeichenübung noch einmal – aber diesmal ein Auge. Stelle dir dieselben Fragen, stelle die gleichen Beziehungen her, suche dir ein oder zwei Beziehungen, die für deine Vorstellung vom Auge wichtig sind, meditiere über sie, und dann zeichne ein Auge.

Wieder kannst du durchaus ein Bild machen, in dem das Auge nur ganz klein oder nur am Rande vorkommt, während die Beziehungen, Vorstellungen, Dinge, die dir im Zusammenhang mit deinem Auge und dem Sehen wichtig erscheinen, den Großteil deines Bildes füllen. Mache diese Übung analog zu der oben beschriebenen Übung des Ohrbildes.

Dann vergleiche beide Bilder. Tue das in der Meditation.

Hefte dir auch das Augenbild an einen Platz, an dem du es für einige Zeit häufig siehst. Vergleiche weiterhin Ohren- und Augenbild. Wenn dir im Laufe der Zeit deutlich wird, daß eines der Bilder unvollständig ist, ist es sinnvoll, daß du es vervollständigst. Allerdings solltest du für deine Vervollständigungen unter keinen Umständen vom Radiergummi Gebrauch machen, zeichne die Bilder einfach »weiter«, wenn dir das notwendig erscheint. Sei nicht »im Kopf«, – wenn du Zusätze, Änderungen, Vervollständigungen in deine Bilder einzeichnest. Tue dies in der gleichen meditativen Haltung, in der du die Bilder ursprünglich gezeichnet hast.

Lasse beide Bilder zu dir »sprechen«. Lasse sie in dir »arbeiten«. Mache dir bewußt, was da in dir arbeitet.

Wiederhole die Übung in ein paar Monaten. Stelle auf diese Weise fest, ob und inwiefern sich dein Verhältnis zum Ohr verändert hat.

*Anregung: Maria Hippius*

## Zusammengefasster Übungsablauf

### Male dein Hören - Zeichne ein Ohr

**1.** Du benötigst einen Schreib- oder Malblock (alternativ auch Ton oder Knete!) und Malstifte.

**2.** Denke über die Beziehung deines Ohres zu folgenden zwölf Themen nach:

- **I.** zu deinem Partner oder deiner Partnerin
- **II.** zu deiner Mutter und deinem Vater
- **III.** zur Sonne oder zum Mond (oder zum gestirnten Himmel über dir)
- **IV.** zu Gott und/oder zum Göttlichen
- **V.** zu einem Baum oder einer Pflanze
- **VI.** zu einem Penis
- **VII.** zur Idee des Samens, der befruchtet
- **VIII.** zur Vagina, die empfängt
- **IX.** zu einem Haus oder einer Wohnung oder einer Höhle, in der du wohnen kannst
- **X.** zu einem Bett
- **XI.** zu einem menschlichen Embryo
- **XII.** zu einem Pfeil oder allgemein: zu Aggressivität.

**1.** Die ein oder zwei Themen, die dich spontan am meisten beschäftigen, nehme an und meditiere über die Beziehung deines Ohres zu diesen ein oder zwei Themen. Meditiere 15-20 Minuten.

2. Schließlich male die Erfahrungen, Gedanken, Gefühle oder inneren Bilder aus der Meditation auf.

3. Wenn dein Bild fertig ist, nimm dir die Zeit, das Bild in aller Ruhe zu betrachten.

4. Ob dir das Bild nun gefällt oder nicht: Hänge es so auf, daß du es täglich siehst, vielleicht sogar mehrfach täglich. Es soll dich anregen über deine Beziehung zum Hören nachzudenken.

5. Nach einigen Tagen wiederholst du die gesamte Übung – nur daß du dir die zwölf Beziehungsfragen diesmal für dein Auge stellst.

6. Hänge das Augenbild dann neben dem Ohrenbild auf. Betrachte beide Bilder immer wieder und spüre in deine Beziehung zum Hören und Sehen hinein.

7. Wenn du das Gefühl hast, ein Bild ist unvollständig, muß ergänzt, erweitert oder bearbeitet werden, dann tue dies. Aber radiere nichts aus. Male das Bild dann einfach weiter.

8. Nach einigen Monaten kannst du diese Übung komplett wiederholen. Beobachte in dir, deinen Wahrnehmungen und natürlich in den von dir neu gemalten Bildern, was sich in deiner Beziehung zum Ohr und zum Hören, zum Auge und zum Sehen geändert hat.

# Auf dich selbst hören

Alles Hören bedeutet letztlich: auf dich selber hören. Auf die Stimme in deinem eigenen Innern. Alfred Tomatis, der französische Hör- und Ohrforscher, hat gezeigt, daß dies nicht nur psychologisch und spirituell, sondern auch biologisch und evolutionär gilt: Das Corti-Organ im menschlichen Innenohr will sich selber hören, will »das Rauschen der eigenen Zellen« vernehmen. Nur so ist seine Entwicklung voll erklärbar (siehe hierzu den Eingangsbeitrag »Ich höre – also bin ich«, S. 13 ff).

Die folgende Übung handelt davon, auf die Stimme in deinem eigenen Innern zu lauschen. Dir selbst ge-hor-sam sein.

Sorge dafür, daß der Raum völlig dunkel ist. Achte darauf, daß Licht nicht einmal durch ein Schlüsselloch oder eine Türritze hereindringt. Schließe Rollos, Fensterläden oder Vorhänge so dicht, daß auch von draußen kein Licht in dein Zimmer gelangen kann. (Bei dieser Übung ist es besonders wichtig, daß du vorher ein paarmal die Urübung machst. Siehe Seite 65 ff).

Lege dich auf den Boden (nicht aufs Bett!), wenn du willst auf eine weiche Dekke. Die Übung dauert eine Stunde. Stelle eine einen Wecker so, daß du nach sechzig Minuten auf das Ende der Übung hingewiesen wirst. Und vergegenwärtige dir von Anfang an, daß du in dieser Stunde nicht träumst, sondern ganz bewußt, ganz wach und ganz aufmerksam bist.

Atme elf langsame Atemzüge tief in deinen Körper hinein. Nicht bloß in den Bauch. Atme bis hinunter in die Zehen. Bis hinauf zum Scheitel. Spüre den Atem in den Fingerspitzen. Im Gesäß. In den Oberschenkeln. In deinem Geschlecht. Und dann: Schaue!

Natürlich siehst du nichts, dein Zimmer ist ja dunkel. Schau trotzdem! Schau lange. Laß dir Zeit. Versuche, die Dunkelheit mit deinem Blick zu durchdringen. Wenn du das intensiv genug tust, ist es möglich, daß deine Augen nach einer Weile zu tränen beginnen. Laß sie tränen. Schau! Während du schaust, wirst du – von einem bestimmten Punkt an – bemerken, daß deine Ohren dort weitermachen, wo deine Augen nichts wahrnehmen können.

Vielleicht beginnst du nach einer Weile, dich zu fühlen, als lägest du in einer Höhle. Es kann deine »Urhöhle« sein: der Uterus deiner Mutter. Irgend etwas mag dich erinnern an die Dunkelheit, in der du damals so geborgen warst wie nie wieder in deinem Leben.

Du liegst in der Höhle des Uterus und schaust. Du siehst nichts und beginnst zu hören. Achte darauf, daß deine Augen ständig geöffnet bleiben. Nur dann können sie die Botschaft dieser Übung empfangen. Es ist, als ob deine Ohren zu deinen

Augen sprechen. Es ist paradox: Deine Augen sind eben deshalb aufmerksam, weil sie nichts zu sehen haben und dennoch sehen wollen. Also – hörst du.

Zunächst hörst du nur einfach die Geräusche der Außenwelt. Vielleicht ein vorbeifahrendes Auto ... ein schreiendes Kind in der Nachbarwohnung ... das Knacken deines Kühlschranks ... das Rauschen der Heizung ... das Singen eines Vogels. Hör das alles sorgfältig. Aber dann höre dadurch hindurch. Hindurchhören kannst du nur, wenn du, was es auch immer zu hören gibt, mit äußerster Bewußtheit wahrnimmst.

Vielleicht wirst du aufgeregt werden ... wirst Angst haben ... oder wütend und zornig sein. Hör dadurch hindurch ... Wer ist es, der Angst hat? Wer ist es, der Wut hat? (Frage dich das eine Weile, als meditiertest du auf diese Fragen.)

Laß weiterhin die Augen offen. Schau dir deine Angst an. Schau deine Wut an. Horche! Laß dir Zeit. Eine Stunde kann sehr lang sein. Es ist möglich, daß dies die längste Stunde deines Lebens wird. Je sorgfältiger du hörst, je bewußter und wacher du in deinen Ohren bist, desto leichter wird dir das Hindurchhören fallen.

Nach einer Weile wirst du bemerken: Du hörst dir selbst zu. Vielleicht hörst du deinen Atem. Vielleicht das Pochen deines Blutes in deinen Adern, das Klopfen in deinen Schläfen, das Schlagen deines Herzens. Hör auch da hindurch. Was hörst du dann?

In einer anderen Übung (»Einmal Gott Brahma sein«) hast du bereits das japanische Zen-Koan kennengelernt: »Wenn du auslöschst Sinn und Ton, was hörst du dann?« Mache das zu deiner Frage: Was hörst du dann? Was immer du hörst, hör hindurch, und dann frage dich:

Was hörst du dann? Was hörst du dann? Was hörst du dann?

Was – hörst – du – dann?

Nimm deinen Atem wahr – das Kommen und Gehen der Atemzüge. Die Pausen dazwischen. Schau in die Dunkelheit. Und höre. Und frage dich: Was – hörst – du – dann?

Es kann sein, daß du nach einer Weile in die Situation des Embryos im Bauch deiner Mutter gelangst: Du willst das Rauschen der Zellen hören, den Klang des Seins... Es ist möglich, daß irgendeine Stimme zu dir spricht – vielleicht sagt sie dir: Du sollest dies oder jenes tun. Oder dies oder jenes lassen. Einen Menschen liebevoller behandeln. Eine Aufgabe sorgfältiger erfüllen. Einen Vorsatz nicht immer wieder vergessen. Merk dir, was dir gesagt wird, aber kreise nicht in Gedanken um diesen Punkt. Sei nicht im Kopf. Merk es dir, damit du es später tun kannst. Und dann: Geh weiter – und tiefer hinein. Laß deine Ohren tiefer dringen. Was hörst du dann?

Je wacher du hörst, desto tiefer dringst du. Vergiß nicht:

Wenn dir die Augen zufallen, mach sie wieder auf. Das, was dir am tiefsten Punkt dieser Meditation gesagt wird, solltest du tun. Ohne Wenns und Abers. Denke jetzt noch nicht daran, wie du es tun wirst. Das kannst du später tun. Du denkst ohnehin genug. Und hörst zu wenig. Jetzt höre! Höre hindurch!

Höre so lange, bis der Wecker klingelt. Sei dann noch eine Weile stille. Zünde eine Kerze an. Spiele eine leise Musik, die dir lieb ist.

Kerze und Musik solltest du vorbereitet haben. Du wirst bemerken, daß du die Musik so sehr genießen kannst wie selten zuvor. Wenn sie zu Ende ist, erinnere dich an das, was deine innere Stimme dir gesagt hat, und sei ihr ge-hor-sam. Wenn du sämtliche Hör-Übungen des Buches als Zyklus machst, dann erlaube dir diese Erfahrung nach einigen Tagen noch ein weiteres Mal, bevor du zur nächsten Übung übergehst. Sei dir bewußt, daß sich dadurch in deinem Leben etwas verändern kann.

Und noch etwas: Schau dir einmal, wenn die Übung beendet ist, eine Blume an. Oder das Blatt einer Zimmerpflanze. Oder ein Kunstwerk – vielleicht nur das Bild eines Kunstwerks. Oder das Gesicht eines geliebten Menschen – oder sein Bild. Erlebe, wieviel wacher und bewußter du siehst. Wieviel »mehr« du sehen kannst.

Wenn du jetzt etwas ißt oder trinkst, achte darauf, wie sehr dein Geschmackssinn gesteigert ist. Streichle über deine Haut und fühle, wieviel empfindlicher sie ist. Bemerke, wie sehr die gesteigerte Hörempfindung auch deine anderen Sinneswahrnehmungen gesteigert hat. Und vergegenwärtige dir, daß für das Auge das Umgekehrte gilt: Wie sehr das alleinige oder vorrangige Sehen, mittels dessen die meisten Menschen in unserer Zivilisation nur noch Welt wahrnehmen, unsere Sinne schwächt – nicht nur das Hören, Schmecken. Riechen und Fühlen, sondern am Ende auch das Sehen selbst. Deshalb ist der »sehende« moderne Mensch ja so leicht mit Bildern und Abbildern zufriedenzustellen. Er meint, er sähe, aber er sieht nicht mehr richtig. Nur so ist es zu erklären, daß er die Bilder, mit denen er sich Tag für Tag füttert, für die Welt hält und Bilder und Welt miteinander verwechselt. Das Auge herrscht. In allen Herrschaftssystemen verkümmert am Ende nicht nur der Unterdrückte, sondern auch der Herrscher selbst.

Es kann sein, daß dir dies gerade durch diese Übung als Erfahrung bewußt geworden ist. Wenn das so ist, dann sei dieser Erfahrung ge-hor-sam, das heißt: Sammle dich in ihr und horche auf sie.

*Anregung: Osho*

## Zusammengefasster Ablauf

### Auf dich selbst hören

1. Lege gute Musik bereit und eine Kerze, die du am Ende der Übung entzünden kannst.
2. Mache unbedingt vor der Hauptübung mehrmals die Urübung (siehe S. 65)
3. Sorge für einen völlig abgedunkelten Raum, in dem du vollkommen ungestört bist.
4. Stelle einen Wecker auf sechzig Minuten – er soll Dir das Ende der Übung anzeigen.
5. Lege dich auf den Boden (Decke ist gut, aber nicht aufs Bett oder Sofa legen).
6. Die Augen müssen während der gesamten Übung offen bleiben.
7. Atme elf lange Atemzüge. Atme in alle Winkel deines Körpers von den Füßen bis zum Scheitel.
8. Dann schau genau hin! Natürlich siehst du im Dunkeln nichts. Trotzdem: Schau hin in die Dunkelheit mit aller Kraft der Wahrnehmung deiner Augen.
9. Irgendwann beginnen deine Ohren ganz von selbst das Schauen zu übernehmen. Schau weiter hin, die Augen müssen geöffnet bleiben.
10. Dabei hörst du erst einmal vornehmlich die Geräusche der Außenwelt. Höre das deutlich.
11. Doch dann beginne, durch diese Geräusche hindurchzuhören.
12. Vielleicht kommen bei dir mächtige Gefühle durch. Beobachte sie. Lausche ihnen. Doch dann lausche durch sie hindurch. Und laß die Augen immer geöffnet.
13. Nach einer Weile wirst du feststellen: Du hörst dir selbst zu. Du hörst deinen Körper mit seinen Geräuschen. Auch durch sie höre nach einer Weile hindurch. Was hörst du dann?
14. Was auch immer du hörst: Höre durch es hindurch und stelle dir die Frage:
15. Was – höre – ich – dann?

16. Höre hindurch. Immer wieder. Höre bis an den tiefsten Punkt. Was hörst du dann?

17. Was dir dort gesagt wird, das befolge dann auch, ohne Wenn und Aber. Denke nicht darüber nach, wie du es tun kannst und tun wirst, es werden sich Wege auftun.

18. Höre bis der Wecker klingelt. Sei dann noch eine Weile still. Zünde eine Kerze an, höre leise deine Lieblingsmusik.

19. Was auch immer du in Folge tust: Eine Blume anschauen, etwas essen, einem dir lieben Menschen begegnen: Schau genau hin. Beobachte, wie sich deine Sinneswahrnehmungen nach der Übung verändert haben.

20. Wiederhole diese Übung nach ein paar Wochen noch einmal.

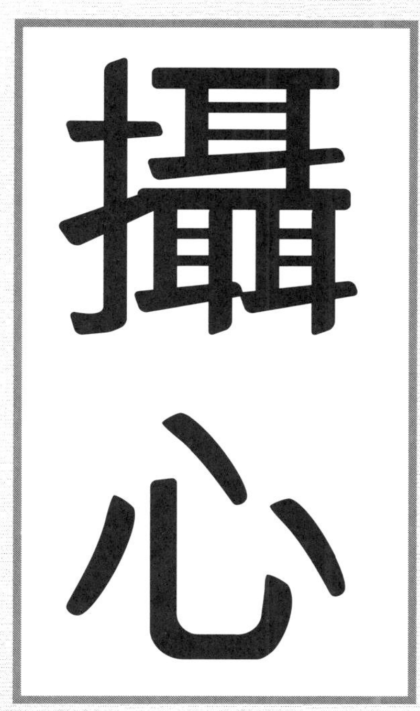

## HÖRE DIE HAND! – PARTNERÜBUNG

Für diese Übung brauchst du einen Partner, zu dem du eine gute, lebendige Beziehung hast. Bereite dir einen Platz vor, auf dem du bequem und in angenehmer Umgebung liegen kannst. Du brauchst eine feste Unterlage (also nicht dein Bett), zünde, wenn du willst, ein Räucherstäbchen an – oder eine Kerze – und lege dich auf den Bauch. Dein Partner sitzt an deiner Seite. Werdet beide ruhig und still. Der Partner nimmt dich mit Liebe und Bewußtheit wahr.

Nach einer Weile legt er seine linke – die vom Herzen kommende – Hand auf eine beliebige Stelle deines Rückens. Du nimmst die Berührung wahr, fühlst sie mit großer Bewußtheit und Aufmerksamkeit und antwortest ihr mit einem Ton. Du kannst den Ton summen oder singen – wenn du willst auf einen Vokal oder auf die Verbindung eines Konsonanten mit einem Vokal.

Fühle. Höre... Nach einer Weile sagst du deinem Partner, wohin du die Hand jetzt haben willst. Du kannst sagen: Höher oder tiefer – mehr rechts oder mehr links – sanfter oder stärker – oder mehr Druck – etc. Wenn dein Partner die neue Stelle gefunden hat, gibst du auch der damit verbundenen Empfindung durch einen Ton Ausdruck. Der Ton kann tiefer oder höher, härter oder weicher, länger oder kürzer sein. Er kann, wenn du willst, auf einen anderen Vokal oder auf eine andere Silbe gesungen oder gesummt werden. Entscheide dies spontan, also nicht durch Nachdenken.

Es kann sein, daß dein Partner die Stelle, an der seine Hand dir am angenehmsten ist, ziemlich bald – in seltenen Fällen vielleicht gar sofort – findet. Trotzdem solltest du nicht denken, irgend etwas sei falsch, wenn es lange dauert. Laß dir Zeit. Sag deinem Partner, wie er seine Hand wandern lassen soll, bis er eine neue Stelle gefunden hat, die deinen Wünschen mehr entspricht. Wenn die Stelle gefunden ist, setze dein Gefühl erneut in einen Ton um.

Mache dieses Spiel so lange, bis du eine Stelle gefunden hast, die dir optimal erscheint. Es kann also ein langes – darf aber natürlich auch ein ziemlich kurzes – Spiel sein. Laß dir Zeit.

Es kann geschehen, daß du das Gefühl hast, daß dein Partner jetzt die dir wichtigste und angenehmste Stelle gefunden hat. Wenn du aber dann diese Stelle in einen Ton umsetzt, er-hörst und er-fühlst du vielleicht, daß dir eine andere Stelle noch lieber ist. Natürlich darfst du deinen Partner auch bitten, an Stellen zurückzukehren, auf denen seine Hand bereits gelegen hat.

Dein Partner (oder deine Partnerin) sollte Verständnis dafür haben, daß du Zeit brauchst, um die dir wichtigste und angenehmste Stelle zu finden. Auch kommt es nicht nur darauf an, diese Stelle zu finden, sondern sie auch mit dem erforderlichen Auflagedruck zu berühren – schwerer oder leichter – weicher oder härter. Das alles solltest du deinem Partner so genau wie möglich sagen. Ganz nebenbei lernst du auf diese Weise auch noch, dir über deine Wünsche klarzuwerden und sie zu äußern. Es handelt sich nicht nur darum, einfach zu fühlen: »Diese Stelle gefällt mir nicht. Der Partner soll eine andere suchen.« Es ist wichtig, daß du ihm oder ihr so genau wie irgend möglich sagst, welche Stelle er in welcher Weise berühren soll. Es darf keine Berührung geben, die du nicht in einen Ton oder eine Silbe umsetzt. Erst wenn du das getan hast, darfst du deinem Partner sagen, wie er seine Hand führen soll, um die nächste Stelle zu finden.

Natürlich kannst du auch auf dem Rücken liegen, vor allem dann, wenn der Partner dir vertraut ist. Oder du beginnst die Übung in der Bauchlage. Und wenn du nach einer Weile er-fühlst und er-hörst, daß eine Stelle auf der Vorderseite deines Körpers dir wichtiger oder angenehmer wäre, dann drehst du dich herum, damit dein Partner jetzt seine Hand auf die entsprechende Stelle legen kann.

Sei so bewußt und so sorgfältig, wie es dir möglich ist. Mißverstehe die Übung nicht als ein erotisierendes Partnerspiel, obwohl sie gewiß auch diese Seite haben darf, wenn es dir und deinem Partner gefällt. Nur sollte dies nicht das Entscheidende sein. Das Entscheidende ist die Bewußtheit, Aufmerksamkeit und Sorgfalt der Wahrnehmung und ihre Umsetzung in Töne und sorgfältig geäußerte Wünsche.

Wenn du schließlich eine Stelle gefunden hast, die dir ideal erscheint, mache dir bewußt, warum du die Berührung an gerade dieser Stelle willst. Tue dies nicht in intellektueller, sondern in meditativ-wahrnehmender Weise. Je mehr du im Kopf bist, desto stärker wird sich dein Kopf zwischen dich und deine Wahrnehmung drängen, das heißt: desto weniger stark und sicher wird deine Wahrnehmung sein.

Wenn du wirklich die endgültige Stelle entdeckt hast, sage dies deinem Partner und bitte ihn, den Ton, den du zu dieser letzten Stelle findest, mit dir zusammen zu summen oder zu singen. Singt diesen Ton eine ganze Weile lang. Findet Freude daran. Genieße den Ton genauso wie die Berührung. Nach einer Weile nimmt dein Partner die Hand von der betreffenden – der letzten, »endgültigen« – Stelle fort, ihr singt oder summt aber weiter. Das Gefühl der Berührung ist jetzt nur noch in dem Ton – keine Hand liegt mehr irgendwo auf deinem Körper. Das Gefühl bleibt dennoch gegenwärtig. Du hast es in einen Ton verwandelt.

Wenn dein Partner bei dieser Übung auch dein Liebespartner ist, solltet ihr beide vorher darüber sprechen, wie ihr mit erotischen und sexuellen Empfindungen, die bei dieser Übung entstehen können, umgehen wollt. Auf jeden Fall:

Wenn ihr die Übung zum ersten Mal macht, solltet ihr euch beide vornehmen, sie nicht erotisierend zu gestalten. Später könnt ihr euch ebenso bewußt – es kommt auf die Bewußtheit an! – das Gegenteil vornehmen, denn natürlich liegt es für ein Liebes- oder Ehepaar nahe, diese Übung als eine Art tantrisches »Wahrnehmungsritual« zu machen. So nennt man im Tantra Übungen und Rituale, die der Vereinigung vorausgehen und sie bewußter, ekstatischer und länger andauernd machen. In diesem Sinne kann die Übung »Höre die Hand!« auch als ein ganz besonders sensibles und reiches »Wahrnehmungsritual« verstanden werden – für diejenigen, die sie so verstehen wollen.

*Anregung: Jadranka Marijan und Andro*

## Zusammengefasster Übungsablauf

### Höre die Hand! – Partnerübung

1. Sorge für eine angenehme Atmosphäre.
2. Lege dich auf den Bauch.
3. Dein Partner sitzt neben dir.
4. Werdet ruhig und still.
5. Nach einer Weile legt der Partner die linke, vom Herzen kommende Hand auf eine beliebige Stelle deines Rückens. Nimm die Berührung in Liebe und Achtsamkeit wahr.
6. Antworte der Berührung mit einem Ton. Summend oder singend.
7. Nach einer Weile des Fühlens und Tönens sagst du deinem Partner, wo du die Hand gerne fühlen möchtest und wie die Hand aufliegen soll (mehr oder weniger Druck).
8. Töne jetzt für die neue Berührung.
9. Mache dieses Spiel so lange, bis du eine Stelle gefunden hast, wo sich das Gefühl der Hand für dich optimal anfühlt. Das kann ganz schnell gehen oder vieler Versuche bedürfen.
10. Wichtig ist, daß der Partner geduldig bleibt und du dir die Zeit nimmst, auch wirklich die optimale Stelle zu finden. Manchmal geht das auch hin und her. Probiere und töne, bis du dich rundum wohl fühlst.
11. Es darf keine Berührung geben, die du nicht in einen Ton umsetzt. Jede neue Position muß mit einem Ton oder Gesang beantwortet werden. Erst wenn du

den Ton hast, darf die Hand die Position wechseln.

12. Wenn du nun wirklich die optimale Stelle gefunden hast, dann ergründe über dein Fühlen und Wahrnehmen, *warum* diese Stelle die optimale für dich ist. Löse diese Frage nicht durch Denken!

13. An dieser optimalen Stelle sagst du dem Partner Bescheid, und er beginnt, in dem Ton, den du machst, mit einzustimmen, so daß ihr beide gemeinsam singt oder tönt.

14. Schließlich nimmt der Partner die Hand von der Stelle – ihr singt oder tönt aber noch beide weiter.

15. Wenn ihr wollt, besprecht anschließend eure Erfahrungen und Wahrnehmungen.

Die Übung kann auch – gerade mit einem vertrauten Partner – auf der Vorderseite des Körpers gemacht werden. Sie soll jedoch – zumindestens beim ersten Mal – nicht als erotisierende Übung verstanden werden.

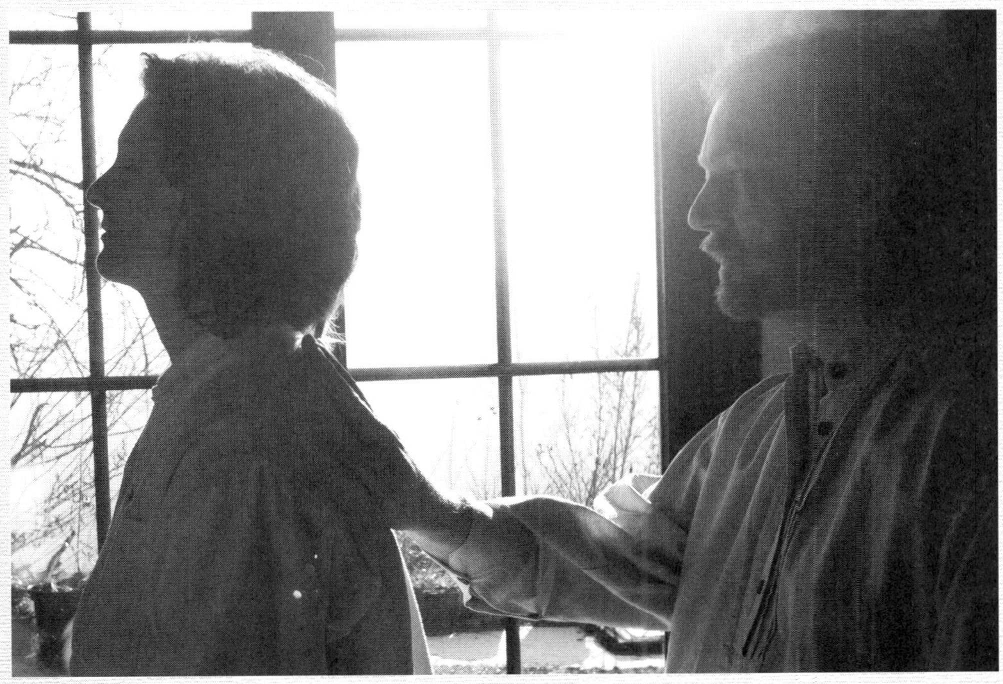

# Welchen Ton hat mein Zimmer?

Jeder Raum hat einen Ton. In der Fachsprache der Architektur gibt es den Terminus »Eigenton«. Er wird auch in englischer und französischer Fachliteratur als deutscher Ausdruck »Eigenton« verwendet. Trotzdem wissen die Architekten fast nichts über den »Eigenton« eines Raumes. Sie interessiert, was man sehen kann, zum Beispiel die »Eigenfarbe« oder die »Eigenstruktur« von Materialien. Den »Eigenton« muß man hören; Architekten sind keine hörenden Menschen. Deshalb machen sie auch so viele Fehler, wo es um Hörbares geht; eben deshalb haben sie so großen Anteil an der Zerstörung der Hörfelder, in denen wir leben (zum Beispiel bei der Abschirmung von Wohnungen gegenüber Verkehrslärm, beim Planen von Neubauten in bezug auf Störgeräusche, beim Umgang mit den Geräuschen der Lüftung, Heizung, Klimaregelung, Lifts, Rolltreppen etc.).

Es gibt eine mathematische Formel, mit der man den Eigenton eines Raumes ermitteln kann. Aber für diese Übung brauchst du sie nicht. Du wirst den Eigenton deines Raumes trotzdem finden. Es wird dein »Eigenton« sein –, das heißt, der Ton, den du findest, wird nicht nur deinen Raum, sondern auch deine Befindlichkeit in diesem Raum kennzeichnen.

Ich bin zu dieser Übung durch die Lektüre der Bücher von Carlos Castaneda angeregt worden, aber die Übung selbst kommt bei ihm nicht vor.

Zunächst einmal: Sei still! Horche! Gehe vorsichtig und lauschend in dem Raum, den du für diese Übung gewählt habt, herum – barfuß oder in Socken – mit kleinen, behutsamen, tastenden Schritten. Stell dir die Frage: Was ist der Ton dieses Raumes? Und fühle – lausche – in dich und in den Raum hinein.

Nach einer Weile wird der Ton »da« sein – in dir. Wenn du ihn wirklich hören willst, wird er kommen, meist zunächst sehr leise. Geh einfach weiter mit kleinen, tastenden, behutsamen Schritten im Raum herum und summ oder sing den Ton, den du gefunden hast. Sing oder summ ganz leise.

Wenn du diese Übung mit anderen in einer Gruppe machst, dann sollte keiner versuchen, sich den Tönen der anderen gegenüber durchsetzen zu wollen. Ihr werdet bemerken: Die Töne, die ihr gefunden habt, klingen ohnehin gut zusammen. Geht weiter herum und beobachtet, was geschieht. Nach einiger Zeit – vielleicht schon nach wenigen Minuten – werden die Töne, ohne daß ihr dies wollt, in einen einzigen Ton einmünden. Ihr werdet nicht wissen, wessen Ton es ist. Es wird einfach so sein, daß von einem bestimmten Zeitpunkt an nur noch ein einziger Ton

»da« ist. Geh weiter mit diesem Ton herum und spüre: Wo in diesem Raum ist der beste Platz für mich und für diesen Ton? An welchem Platz klingt der Ton, den ich summe, am besten? Jede Katze, jeder Hund findet in einem Raum sofort einen Platz, der besonders gut für sie oder ihn ist. Wir Menschen besitzen die gleiche Fähigkeit, aber wir benutzen sie nicht mehr. Ja, oft mißachten wir sie. Viele – ja die meisten – halten sich bevorzugt an Plätzen auf, die, wenn wir sorgfältiger und bewußter nachspüren würden, nicht gut für sie sind.

Geh weiter, den Ton summend, und versuche, den für dich besten Platz in diesem Raum zu finden. Dort leg dich hin.

*Gruppe:* Nach einer Weile werdet ihr alle liegen – jeder auf einem anderen Platz – jeder den Eigenton eures Raumes summend oder singend – den Ton, auf den ihr euch alle, ohne es zu merken, geeinigt habt.

Laß den Ton nach einer Weile leiser werden und verklingen. Bleibe noch für einige Minuten still.

Wenn ich diese Übung in meinen Gruppen mache, werde ich manchmal hinterher gefragt: Ja, haben wir denn nun wirklich den Eigenton unseres Raumes gefunden? Den Ton, den auch der Architekt ermitteln würde? Ich kann diese Frage nicht beantworten. Ich verwende keine Mathematik und keine technischen Hilfsmittel in meinen Workshops. Ich finde die Frage unerheblich. Was zählt, ist allein der Ton, den du alleine oder in der Gruppe gefunden hast.

Es könnte sein, daß du morgen einen anderen Ton findest. Das spielt keine Rolle. Nichts ist absolut – das weiß auch die neue Physik, für die – im Gegensatz zur alten – subjektive »Unschärfe« eine Schlüsselstellung gewonnen hat. Die Übung lautet nicht, einen Eigenton zu berechnen. Sie lautet: intuitiv den Ton zu finden, den der Raum, in dem du dich aufhältst, jetzt für dich – oder für euch – hat. Der Akzent liegt auf dem Jetzt und auf den Menschen, die sich in dem betreffenden Raum befinden.

Dies ist auch eine gute Übung, um deine Intuition zu schulen. Für Gruppen ist sie eine dynamische Methode, aus einer Anzahl von Menschen eine Gemeinschaft zu machen. Eine Gruppe von Menschen, die sich auf sie einläßt, fühlt sich im allgemeinen hinterher sehr viel stärker zusammengehörig als vorher.

*Anregung: Carlos Castaneda, Shanti Luy*

## Zusammengefasster Übungsablauf

### Welchen Ton hat mein Zimmer?

1. Sei still. Erwandere barfuß oder in Socken den Raum. Frage dich »Was ist sein Ton?«
2. Irgendwann kommt der Ton. Sing oder summ ihn leise, während du weiter im Raum umherläufst und singend, summend lauschst.
3. Gehe mit der Frage »Wo ist der beste Platz für mich und den Ton in diesem Raum?«
4. Wenn Du den besten Platz gefunden hast: lege dich dort hin. Töne liegend weiter im Raum und spüre den Ton des Raumes.
5. Lasse den Ton langsam leiser werden und schließlich verklingen.

# Tanz!

In einem der apokryphen Evangelien, deren Schriftrollen erst in den sechziger Jahren aufgefunden wurden, sagt Jesus: »Das Ganze nimmt teil an unserem Tanzen. Der, der nicht tanzt, weiß nicht, was geschehen wird.« Von Augustinus ist das Wort übermittelt: »O Mensch, lerne tanzen! Sonst wissen die Engel im Himmel nichts anzufangen mit dir.«

Es gibt zwei Arten von Menschen, die besonders alt werden und bis ins hohe Alter hinein aktiv und leistungsfähig bleiben: die großen Meditierenden und Weisen der östlichen – und inzwischen auch der westlichen – Welt und die berühmten Dirigenten der klassischen Musik. Die meisten von ihnen werden immer besser, je älter sie werden, und erreichen erst jenseits der Siebzig ihre größte Leistungsfähigkeit. Warum wohl? Weil sie ihren Körper zu künstlerischer Musik bewegen. Ihr Dirigieren ist eine andere Art von Tanzen – ein verinnerlichter, vergeistigter Tanz.

Es ist wichtig, auf diese Weise zu tanzen. Und es ist hilfreich, ein »Programm« zu tanzen. Auch Dirigenten tanzen letztlich »Programme«. Ihr Programm ist die Partitur. Du kannst dir selber ein Programm machen. Zum Beispiel kannst du ein Gebet wählen. Ich schlage dir im folgenden ein Gebet vor, aber ich tue dies nur, um dich anzuregen. Finde dein eigenes Gebet. Oder einen Text, den du gern tanzen möchtest. Oder tanze ein Gebet, das du ohnehin betest. Oder ein Gedicht, das du liebst.

Das Gebet, das ich dir vorschlage, lautet:
»Gott,
ich neige mich vor Dir
und bete zu Dir,
führe mich aus dem Dunkel
in das Licht
und in die Glückseligkeit.«

Es wäre toll, wenn du ein Musikstück findest, das thematisch aus dem Dunkel und aus der Haltung des Gott Anflehenden, des demütig Betenden und Leidenden in das Licht und am Ende in eine ekstatische Freude führt. Es gibt viele Musikstücke, die diesen Weg gehen, in jeder Art von Musik.

Tanze also dieses Gebet. Tanze dein Verhältnis zu Gott. Tanze das Beten. Das Dunkel. Tanze das Geführt-Werden. Das Licht. Und tanze die Glückseligkeit und die Freude.

Wenn du gerne klassische Musik hörst, solltest du öfter mal zu klassischer Musik tanzen. Es ist Unfug zu denken, Klassik sei nur zum Hören da, möglicherweise gar nur für den geschulten Geschmack, und daß zum Tanzen lediglich Rock- oder Popmusik tauge. Alle Musik ist tänzerisch. Je anspruchsvoller eine Musik ist, desto anspruchsvoller sind auch die tänzerischen Bewegungen, die sie fordert und anregen kann. Vergiß übrigens nie, beim Tanzen Kopf und Nacken mitzubewegen. Sonst bleibt deine Energie im Kopf blockiert, und der Kopf behält die Kontrolle.

Von Maulana Djelaluddin Rumi, dem Dichter und Weisen der Sufis in Persien und in der Türkei des 13. Jahrhunderts, stammen die Worte:

*»Laß den Himmel*
*sich in der Erde spiegeln,*
*auf daß die Erde*
*zum Himmel werde.«*

Es ist wunderbar, diese vier Zeilen zu tanzen. Du kannst – zum Beispiel – den Tanz kniend beginnen: Du schaust auf den Boden vor dir, als sei er ein Spiegel. Du kannst kreisende Bewegungen machen, die die Spiegelungen des Himmels in der Erde andeuten. Dann kannst du dich erheben, als hübest du die Erde in den Himmel: als bötest du sie dem Himmel dar. Du kannst all das Glück und die Ekstase tanzen, die es bedeutet, wenn die Erde zum Himmel wird. Du kannst diesen Tanz lange tanzen. Bis du völlig erschöpft bist.

Hierfür möchte ich dir ein Musikstück vorschlagen – noch dazu eines, das leicht zu beschaffen ist (ich habe es schon bei der Übung »Blinde Kuh« erwähnt): Mozarts Klavierkonzert in A-Dur (KV 488). Fast jedes der großen Musiklabels hat irgendeine Version dieses Konzertes. Tanze die Worte Rumis zum zweiten Satz dieses Concertos. Aber natürlich kannst du auch eine andere Musik wählen – auch eine zarte Rock-Musik oder eine Jazz-Ballade oder meditative Musik.

Viele Musiken besitzen fließenden Charakter. Vielleicht findest du eine solche Musik. Mach dir einen Spaß daraus: Finde eine Musik, die fließt wie ein Bach. Am Anfang ist er Quelle – dann Rinnsal – dann ein lustig zu Tal springender und sprudelnder Bergbach – dann Fluß – dann ein Strom, der an großen Städten und Kathedralen vorbeifließt – sich schließlich in einem Delta verzweigt und ins Meer mündet, sich mit den Ozeanwellen vereinigend. Das alles läßt sich tanzen – und zwar: einfach tanzen. Du brauchst keine raffinierte Choreographie. Tanze spontan. Folge dem »Fluß« der Musik – auch dann, wenn sich ihr Fließen anders verhält, als oben dargestellt. Vielleicht wird deine Musik schon ganz schnell zum Strom und entwickelt sich dann wieder rückwärts; vielleicht mündet sie nicht ins Meer, sondern versickert als Rinnsal.

Auf viele Musiken kann man auch die Aussage eines alten indianischen Songs tanzen, den ich englisch zitieren möchte:

»Let us fly like eagles –
let us fly like eagles –
high so high –
high so high –
circle, round the universe –
circle, round the universe –
on wings of pure light –
on wings of pure light.

Hey Witchi-tai!
Witchi-tai-Oh –
Witchi-tai-Oh!

Hey Witchi-tai!
Witchi-tai-Oh –
Witchi-tai-Oh!«
(Laßt uns fliegen wie Adler –
laßt uns fliegen wie Adler –
hoch – so hoch –
hoch – so hoch –
kreisend um das Universum –
kreisend um das Universum –
auf Flügeln aus reinem Licht –
auf Flügeln aus reinem Licht.)

Fliege! Breite deine Arme aus, als seist du ein Adler – strecke dich, so hoch du kannst – dreh dich, als umkreistest du das Universum – laß deine Arme Schwingen aus Licht sein... Dreh dich wie ein Derwisch, und wenn dir schwindlig wird, laß dich auf den Bauch fallen – nie auf den Rücken, denn das würde das Schwindel-Gefühl noch verstärken.

Eine Vielfalt von Musiken eignet sich für diesen Text. Aber vielleicht magst du auch umgekehrt vorgehen: Du hast schon eine Musik, die du besonders magst, und erfindest dir einen Text, den du dazu tanzen könntest. Sei kreativ!

Wenn du dich auf die Hör-Übungen dieses Buches einläßt, solltest du möglichst oft tanzen – vor oder nach den Hör-Übungen, vielleicht auch, wenn du einmal keine Zeit hast, eine Übung zu machen. Das Tanzen ist genauso wichtig wie das Üben. Es ist Üben. Natürlich brauchst du nicht immer ein »Programm«. Tanze, was dir Freude macht. Fordere dich und deine Tanzfähigkeit durch die Musik, die du tanzt. Wähle nicht immer nur das Einfachste und Naheliegendste. Musik ist heute allgegenwärtig. Es ist einfach, den Bereich der Musik, die für dich naheliegend ist, auszuweiten.

Wenn du immer nur Musik hörst und tanzt, die du ohnehin schon magst, bestätigst du dich selbst. Es ist wichtig, sich zu bestätigen und dadurch Vertrauen zu sich selbst zu gewinnen. Aber ich glaube, du machst die Hör-Übungen dieses Buches auch deshalb, weil du dich verändern möchtest. Wenn du das wirklich willst, dann ist es hilfreich, wenn du auch die Art von Musik, die du ohnehin schon seit Jahren magst, veränderst und ausweitest. Mach den Bereich dessen, was du unter Musik verstehst, immer größer und weiter und umfassender. Höre, tanze Musik, die du bisher kaum der Beachtung für wert gefunden hast. Unternimm dies wie ein Abenteuer – als Trip in neue Hörlandschaften und Hörerfahrungen. Tanze indische Musik. Es ist noch nicht lange her, da klang sie für uns alle exotisch, für viele monoton; heute hören viele junge Leute sie genauso gern wie Rock. Höre und tanze arabische Musik. Indianisches. Sufi-Gesänge.

Es spielt keine Rolle, ob du allein oder mit anderen tanzt. Versuche Musik zu

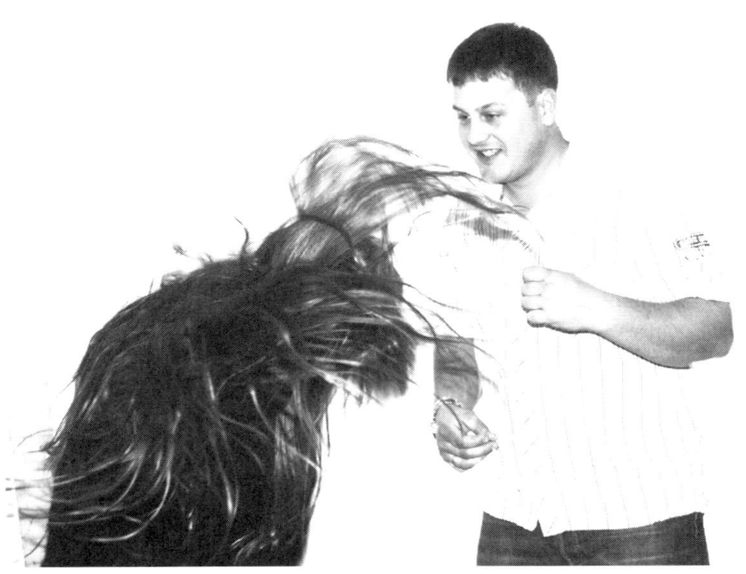

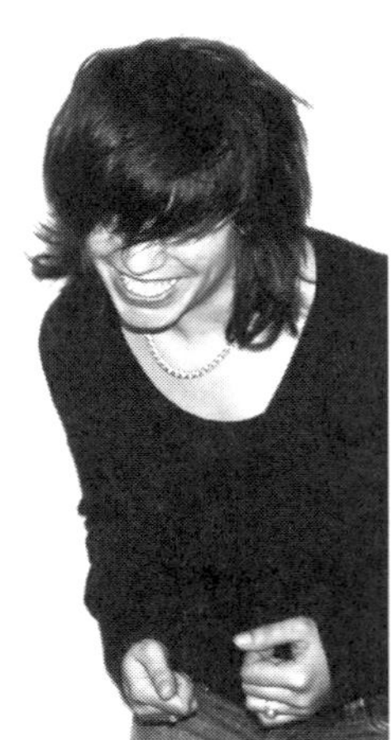

tanzen, die unserer europäischen Erziehung nach das Gegenteil des Tänzerischen ist. Kein sogenannter »vernünftiger« Mensch käme auf den Gedanken, die Matthäus-Passion von Johann Sebastian Bach oder das Requiem von Mozart zu tanzen. Tanze sie eben deshalb. Vielleicht kannst du es durchhalten, das ganze Werk von Anfang bis Ende zu tanzen. Schließlich tanzt du ja auch, wenn du in die Disko gehst, die halbe Nacht. Ich habe Mozarts Requiem viele Male gehört – mein Leben lang immer wieder –, aber seit ich es getanzt habe, kenne ich eine Seite davon, von der ich vorher keine Ahnung hatte.

Du erweiterst deine Kapazität, wenn du dich auf solche Erfahrungen einläßt – und zwar die verschiedensten Arten von Kapazität. Hör- und Bewegungsfähigkeit, Phantasie und Kreativität, Intellekt und die Bandbreite dessen, was du fühlen und erfahren kannst. Je mehr du dich auf diese Weise forderst, desto reicher die Ernte. Der Vorteil ist: Es ist ein Sich-Fordern, das Spaß macht.

*Anregung: Inspirationen aus Sufi-Workshops in den Sommer-Camps von Pir Vilayat Khan*

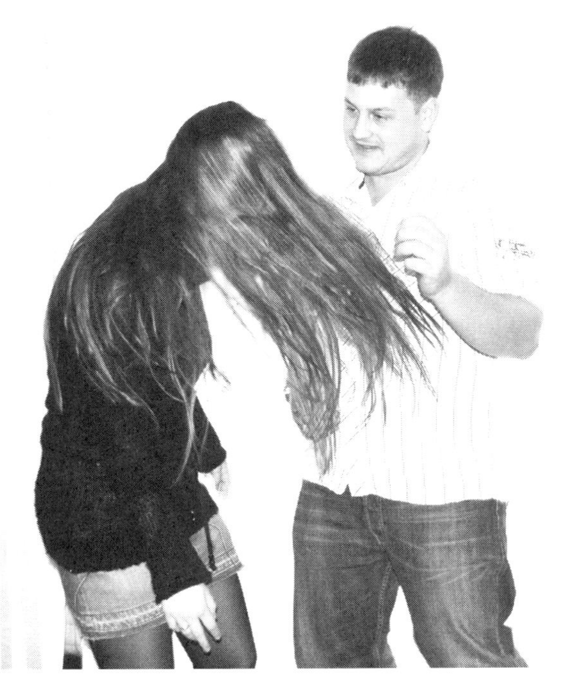

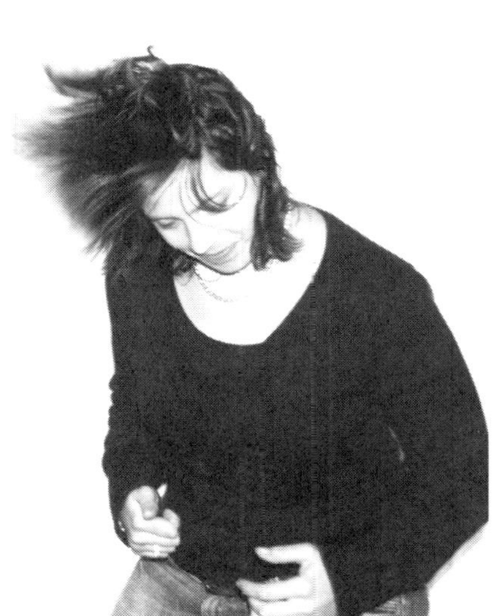

## Zusammengefasster Übungsablauf

### Tanze

1. Tanze.
2. Tanze regelmäßig.
3. Tanze vor oder nach den anderen Hör-Übungen in diesem Buch.
4. Tanze Musik, die für dich ungewohnt ist, ja erst einmal vielleicht gar nicht tanzbar erscheint, zum Beispiel Klassik, Jazz, Filmmusik, indische Musik.

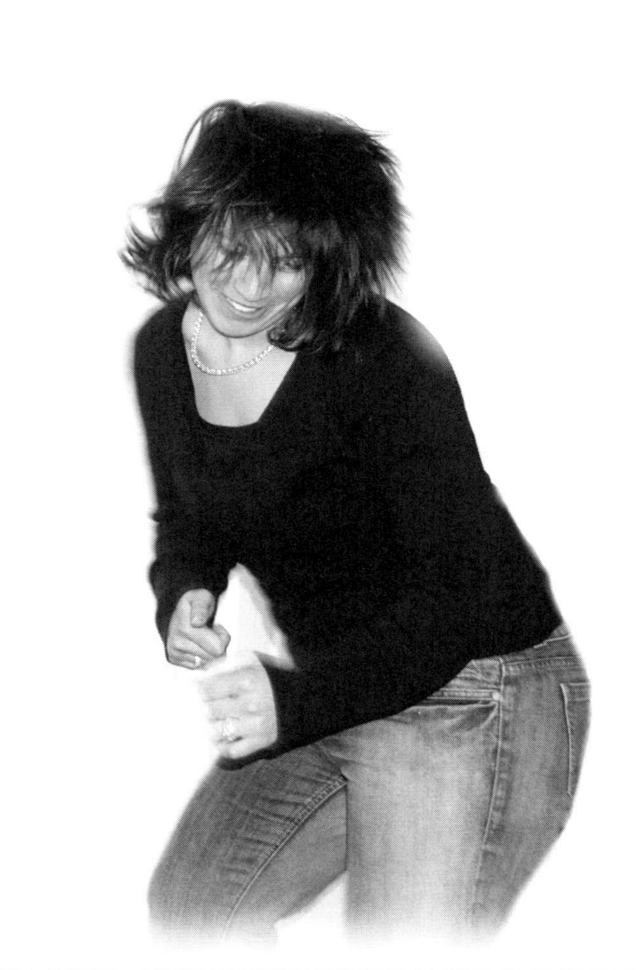

# Körperklänge – Hör auf dein Herz! (»Herzreise«)

*»Was deinem Herzen groß erscheint, ist groß.«*
*Ralph Waldo Emerson*

Die folgende Übung nennen Teilnehmer meiner Seminare »Body-Sounds« – Körperklänge. Man kann sie auch nennen: »Hör auf dein Herz!« Die Übung ist eine Reise von den äußeren zu den inneren Klängen unseres Körpers. Sie hat zwei Teile – der erste Teil ist der Body-Sound-Teil, der zweite der Hör-auf-dein-Herz-Teil. Du kannst die beiden Teile auch jeden für sich machen, der zweite Teil ist der wichtigere.

## I.

»Body-Sounds« sind – zunächst einmal – das Pochen des Blutes in den Schläfen, das Schlagen des Herzens, die Wellen des Atems, das Rauschen in unseren Ohren (besonders laut hörbar, wenn wir uns die Ohren fest zuhalten), das Knacken unserer Knochen – nicht nur bei älteren Menschen; auch bei jüngeren knirscht und knistert es, wie man im »Museum of Science« in Washington hören kann, wo all diese Geräusche tausendfach verstärkt werden... Zu ihnen gehört auch die Palette von »Sounds«, die unsere Verdauungsorgane machen und die Gerda Boyesen, die Schöpferin der biodynamischen Therapie, mit einem Stethoskop »er-hört« und aus deren »Gluckern«, »Klappern«, »Krähen«, »Wispern«, »Trompeten« sie die psychische Verfassung ihrer Patienten erkennt. Natürlich gehört zu ihnen auch das Rauschen des Blutes, des »Ur-Nadas«, des Urstromes, des Minimodells aller Ströme der Welt, das wir in unserem eigenen Körper ständig mit uns tragen.

Die Wissenschaft hat noch immer nicht befriedigend geklärt, warum wir all diese Geräusche nicht ständig bemerken. Warum sie uns nicht stören. Manche Physiologen sagen, die Ohren – oder unser Nervensystem – »filtern« sie aus – eine unzureichende Erklärung angesichts der hohen Sensibilität unseres Hörsinnes.

Die folgende Übung macht Spaß. Du kannst sie allein machen, aber auch mit einem Partner oder mit Freunden. Lege eine Musik bereit, zu der du schnell und ekstatisch tanzen kannst.

**Vorübung:**

Entdecke zunächst – ohne die Musik –, daß dein Körper ein Musikinstrument ist – ein wunderbares Instrument. Vor Jahren, als ich noch Schallplatten produzierte, habe ich eine Platte gemacht, auf der der brasilianische Perkussionist Nana Vasgoncelos auf seinem Körper – auf Brust und Bauch, auf Armen, Schenkeln und Gesäß, auf Backen, Schädel und Schultern – aufregende perkussionistische »Body-Music« spielt.. Versuche das auch. Beginne mit deinem Schädel. Trommle mit den Fingerspitzen, Knöcheln, Handflächen einen leichten elastischen Rhythmus auf deinem Kopf. Benutze ihn als Instrument. Gehe auf die Stim über – dann auf die Backen – blähe sie, damit sie mehr Resonanz entwickeln – trommle auf all diesen »Mini-Instrumenten« deines Kopfes. Sei kreativ. Schaff deine eigenen Rhythmen. Hör dir an, was erklingt.

Nähere dich mit deinen Fingern vorsichtig deinen Ohren – zunächst den äußeren Ohrmuscheln. Streichle sie. Genieße, was du dort fühlen kannst. Dann folgst du ihren Windungen behutsam nach innen, bis du den Punkt erreichst, an dem das Streicheln zum Geräusch wird. Verharre an diesem Punkt.

Spiele mit ihm. Genieße das Übergehen des Fühlbaren in das Hörbare. Dringe vorsichtig tiefer ein. Höre, was deine Finger deinen Ohren erzählen können.

Dann beziehe Gaumen und Rachen mit ein. Rülpse. Gluckse. Gackere. Puste. Schnalze. Schlage die Zähne aufeinander. Reibe sie. Mach alle Geräusche, die dir in deinem Mundraum möglich sind – außer Sprache.

Jetzt geh hinunter zur Brust. Trommle auf ihr. Laß dir etwas einfallen. Beweg dich dazu. Tanze dazu. Erkunde immer mehr das Instrument, das du bist, finde immer neue Möglichkeiten auf ihm. Klatsche behutsam auf deinen Bauch, der ohnehin oft so sehr gespannt ist, als sei er eine Trommel. Entspanne ihn trommelnd.

Mach Musik auf deinem Po. Auf deinen Oberschenkeln – vorn und hinten ...

Und dann spiele auf deinem ganzen Körper. Klatsche in die Hände dabei. Hör dieser Musik zu. Freu dich daran. Entdecke Klänge und Geräusche, die du noch nie von deinem eigenen Körper gehört hast. Und mache das so intensiv, daß du außer Atem gerätst – und so lange, bis dir nichts mehr einfällt; aber laß dir nicht zu früh nichts mehr einfallen, in Westafrika, Brasilien, Kuba gibt es Menschen, die stundenlang nur auf ihrem Körper hinreißende Musik machen können.

Wenn dir wirklich nichts mehr einfällt, laß die CD laufen, die du bereitgelegt hast. Tanze dazu. Mach dabei weiter Musik auf und mit deinem Körper – als sei er ein Instrument. Zusätzlich zu den verschiedenen Instrumenten, die auf der CD erklingen. Tanze schnell und wild und voller Energie. Komm noch mehr außer Atem.

## II.

In dem Moment, in dem die Musik zu Ende ist, fall um – wo du dich gerade befindest. Laß dich so fallen, daß du auf dem Rücken liegst. Die Beine ausgestreckt – nicht überkreuzt. Die Arme rechts und links neben dem Körper – oder auf dem Bauch. Nicht verschränkt unter dem Kopf. Jetzt beginnt der zweite Teil der Übung. Wenn du diesen zweiten Teil alleine machen möchtest, ohne den ersten Teil, dann tanzt du einfach, bis du völlig außer Atem gerätst, und läßt dich, wie eben beschrieben, auf den Rücken fallen.

Höre... Gehe sofort von der (wahrscheinlich lauten) Musik, die du getanzt hast, nach innen.

Was hörst du? Zunächst natürlich deinen Atem. Er geht heftig und schnell vom langen Tanzen (und, wenn du den ersten Teil der Übung gemacht hast, vom Trommeln auf deinem Körper). Hör also auf deinen Atem.

Laß es ein lauschendes Horchen sein. Schenke diesem Lauschen alle Aufmerksamkeit, die du aufbringen kannst. Sei mit deiner Aufmerksamkeit, wo jeweils dein Atem ist – eintretend in deinen Mund und/oder deine Nase – in der Brust – im Bauch – in den Flanken ...

Wenn du das eine Weile getan hast, lausche in die Zwischenräume zwischen deinen Atemzügen hinein. Wenn du das aufmerksam tust, bemerkst du: Die Zwischenräume scheinen dadurch länger zu werden.

Du beobachtest: Dein Atem besitzt eine zielstrebige Tendenz, sich zu beruhigen. Eben ging er noch heftig und schnell, jetzt hat er schon fast seinen normalen Rhythmus erreicht – du kannst das fast von Atemzug zu Atemzug verfolgen: Die Abstände zwischen den Atemzügen werden immer länger, dein Atem beruhigt sich.

Beobachte dies mit aller Aufmerksamkeit.

Je bewußter du das verfolgst, desto stärker wird dir an irgendeinem Punkt dieses Geschehens deutlich: Da ist noch ein anderer Puls, der sich nun, nachdem dein Atem wieder ruhig geworden ist, immer stärker in den Vordergrund deines Bewußtseins drängt – das ist dein Puls, das Pulsieren und Pochen des Blutes in deinen Adern, das sich – nach dem intensiven Tanzen – nicht so schnell beruhigt wie dein Atem.

Lenke also nun dein Bewußtsein auf dieses Pulsieren. Vielleicht nimmst du es in deinen Schläfen wahr? Oder an deinem Handgelenk? Oder am Halsansatz? Oder in den Leisten? Wenn es dir hilft, lege eine Hand auf Schläfe und Puls oder Halsansatz.

Horch... Horche auf dieses Pulsieren. Wenn du das eine Weile sehr bewußt tust, wirst du beobachten, daß es ebenfalls die Tendenz besitzt, sich zu normalisieren – nur braucht es etwas länger dazu als dein Atem.

Je bewußter du dieses Pulsieren wahrnimmst, desto deutlicher wird deine Aufmerksamkeit ganz von allein – früher oder später (Laß dir Zeit!) – auf die Quelle des Pulsierens gelenkt:

Das ist dein Herz. Folge dieser Tendenz. Hör auf dein Herz.

Richte deine Aufmerksamkeit auf dein Herz. Tu das mit Hingabe. Lausche auf diesen wunderbaren Motor, der für so viele Menschen überall in der Welt auf so geheimnisvolle Weise ganz viel mit Liebe zu tun hat. (Natürlich nimmst du deine Hand von Puls oder Schläfe oder Halsansatz – wo immer du sie hingelegt hast, damit du dich voll auf dein Herz konzentrieren kannst.)

Nach einer Weile kannst du dazu übergehen, auch hier wieder in die Zwischenräume zwischen den Schlägen deines Herzens hineinzulauschen. Das ist schwieriger als vorhin beim Atmen, aber ich weiß, es ist möglich. »Schlüpf« in diese Zwischenräume hinein.

Wenn dir das gelingt, wirst du bemerken: Die Zwischenräume scheinen sich dadurch zu erweitern. Sie sind gar nicht mehr so klein und so kurz, wie sie eben noch zu sein schienen.

Allmählich geschieht etwas Wunderbares: Indem sich die Zwischenräume vergrößern, vergrößert sich dein Herz. Hilf diesem Impuls von deinem Bewußtsein her nach.

Dein Herz wird größer. Ganz langsam. – Nach einer Weile schlägt es schon in deinem ganzen Brustraum, auch auf der rechten Seite... Laß dir Zeit. Fühle und höre es dort – aber spüre gleichzeitig diesen Impuls deines Herzens, wachsen zu wollen. Nachdem du ihm einmal nachgegeben hast, möchte dein Herz weiterwachsen. Gestatte ihm das.

Einige Minuten später füllt es deinen Brustraum bereits bis zum Zwerchfell. Und dann wächst es über diese Grenze hinaus – in deinen Magenraum. Nimm es dort wahr.

Gestatte ihm weiterzuwachsen – als tätest du ihm einen Gefallen damit.

Jetzt wächst es in deinen Bauchraum hinein – und weil es natürlich auch dort nicht stehenbleibt, wächst es in dein Geschlecht. Hör ihm dort zu.

Doch dein Herz bleibt da nicht. Du spürst das jetzt ganz stark: Es ist, als habe es lange gewartet, wachsen zu können. jetzt, nachdem es einmal begonnen hat zu wachsen, will es weiter. Es wandert nicht, es wächst – zunächst in dein herznahes Bein hinein – das ist das linke: zuerst in den Oberschenkel, dann kommt es an einen Punkt, wo du es besonders deutlich wahrnehmen kannst: in der linken Kniekehle. Lausche dort auf dein Herz. Von dort wächst es weiter – in deinen

Unterschenkel und deine Waden hinein – und erreicht wieder einen Punkt, an dem du es besonders leicht hören und spüren kannst: am Ansatz deiner Fußknöchel...

Du weißt längst, dein Herz bleibt da nicht. Es wächst über deine Fußsohlen hinweg – du spürst es dort als ein ganz leichtes Kitzeln und Kribbeln – deinen Zehen entgegen... in deine Zehen hinein – wähle dir eine – welche du willst – und spür dort, lausch dort auf dein Herz...

Aber dein Herz möchte wachsen, und damit es das kann, gehst du noch einmal an den Ausgangspunkt dieser Reise in dein Bein zurück. Das war dein Geschlecht. Hör dort auf dein Herz – wo so viele Menschen viel zu selten auf ihr Herz hören...

Nun wächst dein Herz in dein rechts Bein hinein – zunächst den Oberschenkel. Dann erreicht es wieder diesen Punkt, in dem du es besonders deutlich wahrnehmen kannst: in deiner rechten Kniekehle. Von dort weiter (Aber laß dir Zeit!) in deine Waden und in deine Fußknöchel hinein... Hör ihm dort zu!

Und dann spürst du, wie es – als ein kleines, leichtes Kitzeln – diesmal über die Oberseite deines rechten Fußes wandert – auf seinem Wege in deine Zehen. Wähle wieder eine Zehe – welche du willst – und fühle dort, lausch dort – nimm dort dein Herz wahr. Als nähmest du dir die Wahrheit deines Herzens am herzfernsten Punkt deines Körpers.

Aber dein Herz bleibt da nicht, es will ja wachsen – und also gehst du wieder zur Drehscheibe dieser Reise in deine Beine zurück – in deinen Beckenraum... Genieße es ruhig ein wenig, wie dort dein Herz schlägt. Vielleicht spürst du: Dein Beckenraum braucht dein Herz...

Aber dein Herz möchte wachsen... Und deshalb geht es jetzt an die unterste Stufe oder Sprosse dieser wunderbaren Treppe oder Leiter, die uns allen eingebaut ist: deine Wirbelsäule. Es schaut nach oben – wie jemand, der eine Leiter oder Treppe nach oben steigen will. Und dann beginnt es zu steigen, Stufe für Stufe. Wirbel für Wirbel. Erst die Lendenwirbel... Dann die Brustwirbel. Es ist, als ob dein Herz deine Wirbel »zählt«. Jeden einzelnen, indem es die jeweilige »Treppenstufe« nimmt... Zuletzt die Halswirbel – bis es beim obersten Halswirbel ankommt, der ja eigentlich der zweitoberste ist, denn dein oberster ist ziemlich groß geraten: Es ist dein Kopf.

Laß dein Herz einen Augenblick »rasten«: als schaute es hinunter auf die steile Leiter, die es eben erstiegen hat.

Es schaut nicht lange. Es möchte weiter. Es wächst jetzt in deine linke Schulter hinein – dann in den linken Oberarm... Die Armbeuge ist wieder solch ein Punkt, an dem du es besonders gut fühlen und hören kannst. Und gleich darauf am Puls, wo vielleicht für dich diese ganze Herzreise begonnen hat...

Und jetzt wächst es über die Oberseite deiner linken Hand in Richtung auf deine Finger – in alle fünf Fingerspitzen hinein. Du wählst eine – irgendeine, in der du das besonders deutlich wahrnehmen kannst...

Du weißt schon, dein Herz bleibt da nicht. Es will weiter, und deshalb gehst du nach einer Weile zurück an den Ausgangspunkt: zum obersten Halswirbel... und du spürst: Jetzt möchte dein Herz in deinen rechten Arm über die rechte Schulter... den rechten Oberarm... die Innenbeuge deines rechten Ellenbogens... den Unterarm... das Handgelenk... die Innenseite der rechten Handfläche, bei der es fast so kitzelt und kribbelt wie vorhin, als es über deine Fußsohle wanderte..., und dann wächst es in die Finger deiner rechten Hand hinein. Wieder wählst du einen – eine Fingerspitze, in der du es ganz bewußt spürst –, auch dies ein besonders herzferner Punkt deines Körpers.

Und noch einmal gehst du zurück in die »Weiche«, von der aus dein Herz in deine Arme gewachsen ist – an den obersten Halswirbel. Vielleicht kannst du spüren: Dein Herz ist ein wenig stolz. Noch nie ist es so groß gewesen. Es schaut hinunter auf deinen großen Körper. Dein Körper ist Herz...

Aber was ist mit deinem Kopf? Und schon begreifst du: Jetzt will dein Herz auch dort noch hinein! Gestatte ihm das. Hab Freude daran, wie dein Herz dir zu Kopf steigt...

Du spürst es in deinem Rachen – im Gaumenraum –, als ob du es schmecken könntest... Dann wächst es in deine Nase und Nebenhöhlen. Du kannst es förmlich riechen. Es verbreitet sich in deine Wangen hinein...

Es »nistet« einen Augenblick in deinen Augenhöhlen, als seien sie ihm Nest – oder Wiege... Dein Herz wie ein Baby, das in der Wiege deiner Augen liegt.

Und dann steigt es hinauf in deine Stirn... In die Stirnhöhlen... die Schläfen...

Und nun steigt es dir noch mehr zu Kopf: in dein Gehirn. In deinen Verstand, wo es so selten schlägt. Öffne ihm dein Gehirn. Neuron für Neuron. Windung für Windung.

Laß es wachsen bis zum obersten Chakra an der Spitze deiner Schädeldecke... Und laß dir Zeit dabei – bis dein Denkapparat ganz und gar Herz ist. Genieße das. Vielleicht kannst du es so sehr genießen, daß du dich später daran erinnerst, wie schön es ist, mit dem Herzen zu denken. Wenn du das öfter mal tust, wirst du erfahren: Man denkt dann anders.

Du bist jetzt ganz und gar Herz... Aber dann wird dir bewußt: Es gibt noch zwei Stellen an deinem Körper, in die dein Herz noch nicht hineingewachsen ist: in deine beiden Ohren.

Laß also dein Herz in deine Ohren wachsen – Windung für Windung – über deine Ohrmuschel – in den Hörkanal – immer tiefer – bis ins Innenohr... Laß es dort schlagen. Beherberge es dort – dein Herz in der tiefsten Stelle deines Ohres –, als sei dort der ihm gemäße Platz.

Hör auf dein Herz – dein großes, großes Herz! Laß dieses Hören zum Meditieren werden...

Dein Herz ist jetzt so groß wie du selbst. Vielleicht ist es noch größer. Schlägt nicht das Universum in ihm? Das unendlich große Universum! Kannst du es hören? Das Universum in deinem Herzen? Es pocht in deinem Ohr wie eine Stimme, die dir sagt: HÖR AUF DEIN HERZ!

Geh tief in diese Meditation.

Höre so intensiv auf dein Herz, daß du ihm sagen kannst:

Sprich zu mir. Frage es, ob es nicht eine Botschaft für dich hat, die du längst schon er-hören solltest. Bitte dein Herz, dir diese Botschaft jetzt – *jetzt!* – zu sagen.

Denke der Botschaft nicht nach. Nimm sie einfach an – die erste Botschaft, die kommt. Schalte nicht deinen Verstand dazwischen, sonst kannst du nicht sicher sein, ob es die Botschaft deines Herzens ist.

Bewahre die Botschaft. Vergiß sie nicht. Denke ihr jetzt, in diesem Augenblick, nicht nach, aber vielleicht magst du sie später erfüllen.

Du wirst bemerken: Wenn du sie erfüllst, wird dir dein Herz bald wieder eine Botschaft schicken. Und dann wieder eine – immer öfter. Vielleicht hat es nur deshalb aufgehört zu sprechen, weil es ja gewohnt ist: Du hörst ihm ja doch nicht zu. Du wirst auch klar unterscheiden können, ob es wirklich die Botschaft deines Herzens ist – und nicht etwa eine der üblichen Botschaften deines Kopfes oder deines Egos. Es ist, als ob dein Herz mit einer anderen »Stimme« spricht. Denn was wir in dieser Phase unserer Übung »Herz« nennen, das ist nur ein anderes Wort für Innere Stimme. Oder für Höheres Selbst (siehe hierzu den einleitenden Beitrag »Ich höre – also bin ich«).

Mache diese Übung sehr intensiv. Laß sie ruhig eine Stunde dauern; es ist in Ordnung, wenn sie noch länger dauert. Wenn du spürst, die Übung ist gut für dich, solltest du sie öfter machen. Wenn du das tust, wird Folgendes geschehen: Du wirst nicht bloß auf dein Herz hören; du wirst das Auf-dein-Herz-Hören leben können.

Bleibe nach Schluß dieser Übung noch eine Weile liegen. Vielleicht magst du dir vorher eine Musik zurechtlegen, die du jetzt, ohne groß im Raum herumlaufen zu müssen, einschalten kannst.

Vielleicht magst du auch noch bemerken – es ist sinnvoll, sich das nach dieser Übung vorzustellen –, daß die Formen deiner beiden Ohren, zusammengelegt, ein Herz bilden.

(Wenn du diese Übung in einer Gruppe machst, ist es zweckmäßig, daß einer jeweils die Anweisungen gibt, wohin die Herzreise geht. Derjenige, der die Anweisungen gibt, muß die Übung innerlich mitmachen und mit-nachvoll-ziehen, sonst kann es leicht geschehen, daß die Übung zu schnell oder zu mechanisch gerät.

## ZUSAMMENGEFASSTER ÜBUNGSABLAUF

### KÖRPERKLÄNGE – HÖRE AUF DEIN HERZ!

### (HERZREISE)

#### VORÜBUNG

1. Lege eine Musik bereit, zu der du schnell und ekstatisch tanzen kannst.
2. Entdecke deinen Körper als Musikinstrument. Spiele mit den Fingern Rhythmen auf dem Kopf, der Stirn, den aufgeblasenen Wangen.
3. Ertaste deine Ohren.
4. Töne mit Gaumen und Rachen: Rülpsen, Grunzen, Schnalzen, klappere mit den Zähnen. Nur Sprache solltest du nicht nutzen.
5. Dann gehe zu Brust und Bauch – trommeln, patschen und klatschen kannst du hier. Erkunde dich als Instrument!
6. Mache Musik auf dem Po. Auf den Oberschenkeln, vorne wie hinten.
7. Jetzt spiele auf deinem ganzen Körper Musik. Sei kreativ, laß dir neue Sounds und Effekte einfallen!
8. Dann lege deine Musik ein, tanze zu ihr und mache weiterhin und mit der Musik Sound auf deinem, mit deinem Körper.
9. In dem Augenblick, da die Musik vorbei ist, laß dich genau da auf den Rücken fallen, wo du gerade tanzend gestanden hast. Die Beine sollten ausgestreckt sein, die Arme neben dem Körper oder auf dem Bauch.

### Hauptübung

1. Wenn du die Hauptübung ohne Vorübung machst, dann nur tanzen (bis zur Erschöpfung – also wirklich schön wild und ekstatisch!), dann hinlegen.
2. Höre – gehe von der lauten Musik ins Hören nach Innen.
3. Lausche auf die Sounds deines aktivierten Körpers.
4. Lausche nach einer Weile in die Zwischenräume deiner Atemzüge. Du wirst feststellen: dein Atem zeigt die Tendenz, sich zu beruhigen – verstärkt noch durch das Beobachten.
5. Nach einer Weile – der Atem beruhigt sich mehr und mehr – wirst du deinen Puls hören. Wo im Körper nimmst du diesen Sound, dieses Gefühl am stärksten wahr?
6. Vom Pulsieren im Körper wandert deine Aufmerksamkeit in der Regel ganz von selbst zum Herz selbst hin.
7. Lausche auf dein Herz. Auf seine Tätigkeit, sein Gefühl, sein Schlagen. Lausche mit Liebe hinein in das Organ, das für so viele Menschen für die Liebe steht.
8. Nach einer Weile versuche in die Zwischenräume zwischen den Schlägen des Herzens hineinzulauschen. Lausche genau. Lausche ausdauernd.
9. Nach einer Weile des Lauschens auf die Räume zwischen den Schlägen wirst du feststellen, daß das Herz zu wachsen beginnt. Es beginnt, den ganzen Brustraum zu füllen. Du spürst es im Magen, im Bauch. Und während du weiter dem Schlagen und den Räumen zwischen den Schlägen lauschst, dehnt es sich weiter aus.
10. Spüre, wie dein Herz sich in den Beckenraum ausdehnt, lasse es deinen Bekkenraum füllen, auch dein Geschlecht.
11. Spüre das Herz in deinem linken, herznahen Bein schlagen, spüre, wie es deine Beine füllt. Achte auf das Knie, da spüren es die meisten Menschen besonders deutlich.
12. Von dort wandert es in die Unterschenkel, die Fußknöchel (hier kannst du es wahrscheinlich wieder besonders gut spüren) - schließlich in die Zehen. Suche dir eine Zehe aus und spüre das Herz hier.
13. Dann gehe zurück zum Beckenraum und erkunde auf dieselbe Weise das rechte Bein bis zu den Zehen.
14. Dann gehe zurück zum Beckenraum. Von dort aus lasse dein Herz wachsen

– in die Wirbelsäule hinein, von Wirbel zu Wirbel: über die Beckenwirbel, die unteren Rückenwirbel, die Brustwirbel in die Halswirbel und von dort in den obersten Halswirbel, gleich unter deinem Kopf. Hier lege eine kurze Rast ein.

**15.** Von der Rast aus wächst dein Herz in die linke Schulter, den Ellenbogen, die Hand, schließlich die Finger. In einem Finger spürst du es ganz besonders deutlich. Spüre immer wieder in den einzelnen Zonen sein Schlagen, seine Pausen.

**16.** Laß es zurück in den obersten Halswirbel und von dort die andere Schulter- und Armseite erkunden.

**17.** Danach gehst du wieder zurück in den obersten Halswirbel.

**18.** Jetzt laß das Herz in den Kopf wandern, Schritt für Schritt – den Gaumen, die Wangen, deine Nebenhöhlen, deine Augen(höhlen), die Schläfen, die Stirn, schließlich dein Gehirn, Winkel für Winkel.

**19.** Laß dein Herz bis zum obersten Punkt, deinem Scheitelchakra schlagen. Spüre, wie es dein Denken fühlt. Fühle, wie es sich anfühlt, mit dem Herz zu denken.

**20.** Schließlich bist du ganz Herz. Ganz? Nein, das Ohr fehlt noch. Laß dein Herz dein Ohr erwandern, langsam, Winkel für Winkel.

**21.** Laß das Herz schlagen an der tiefsten Stelle in deinem Ohr. Beherberge es dort!

**22.** Höre auf dein Herz, wie es in deinem ganzen Körper schlägt. Meditiere es. Gehe tief, tief hinein in das Hören des Herzens in deinem ganzen Körper.

**23.** Höre so intensiv auf dein Herz, daß du es ansprechen kannst wie einen sehr guten Freund, der dir gegenüber sitzt. Frage dein Herz, ob es eine Botschaft für dich hat.

**24.** Nimm die Botschaft einfach an. Es kann sein, daß innere Kritiker sofort etwas dazu sagen wollen, aber du mußt sie heute nicht umsetzen: Weder die Botschaft, noch die Kritik.

**25.** Nimm die Botschaft erst einmal einfach an.

**26.** Wenn du die Botschaft einmal erfüllst, wirst du feststellen: Das Herz wird dir weitere Botschaften senden!

**27.** Wenn du deinem Herzen folgen lernst, wirst du erfahren, daß du den Weg des Herzens leben kannst.

# Essen heisst Einswerden

Die folgende Übung ist eigentlich keine Hör-Übung, aber sie ist in einem hervorragenden Maße geeignet, uns deutlich zu machen, wie viele reiche und tiefe Erfahrungen wir uns durch die Vorherrschaft unseres Sehsinns verkürzen. Ich scheue mich fast, diese Übung »Übung« zu nennen; es ist eine genußvolle Erfahrung, die mit dem Essen einer Mahlzeit zu tun hat, die du gerne magst. Du brauchst für diese Übung einen Partner (obwohl Teilnehmer meiner Workshops mir erzählt haben, sie hätten es fertiggebracht, sie – ein wenig abgewandelt – auch allein zu machen).

Sag deinem Partner oder deiner Partnerin, was du gerne ißt, und lasse dir dieses Gericht zubereiten, anrichten, servieren. Laß dir die Augen verbinden, während das Gericht gekocht und vorbereitet wird. Unterhalte dich nicht mit deinem Partner, während er die Speise anrichtet. Bleibe still und meditativ. Wenn du willst, kannst du meditieren – zum Beispiel den Sonnenton – oder eine gute Musik deiner Wahl hören. *(Anm. d. Hrsg.: Berendt meint den OM-Jahreston. Der Sonnenton nach Cousto ist noch besser, denn er wirkt stärker auf den Magenbereich. Toll sind auch die Mondtöne – diese, dem Nabelbereich zugeordnet, regen durchaus die Bauch-Wahrnehmung an. Wenn du die Übung häufiger machst (und das lohnt sich!), dann empfehle ich auch Saturn, Venus und am besten Mars, alle dem Stirnchakra, dem Dritten Auge zugeordnet. In ihrem Einflußbereich wird nicht nur gehört und gesehen, hier wird auch gerochen! – Es ist jedoch auch sehr schön, einfach den Küchengeräuschen zu lauschen).*

Wenn die Mahlzeit angerichtet ist, sollte dein Partner dich abholen und dich an den Eßtisch führen. Du ißt mit verbundenen Augen. Laß dich füttern. Genieße jeden Bissen und Happen mit großer Bewußtheit.

Vielleicht bemerkst du, daß du den Geschmack der Speisen sehr viel sorgfältiger und differenzierter wahrnimmst als beim üblichen Essen, wo dich deine Augen immer schon im vorhinein darüber informieren, welcher Geschmack von dem Bissen, den du gerade zum Munde führst, zu erwarten ist. Jetzt gibt es keine Erwartungen. Jeder Bissen ist eine Überraschung.

Achte darauf, wie du die Speisen nicht einfach nur schmeckst und herunterschluckst, sondern wie du eins wirst mit ihnen. Essen ist ein Einswerdungsvorgang. Die meisten Menschen haben das so noch nie erfahren. Es ist ein Unterschied, ob du dir das nur intellektuell deutlich machst oder ob du es selber erlebst.

Du mußt etwas tun, was du normalerweise beim Essen nur selten und vielleicht nie tust: Du wirst die Speisen auch fühlend wahrnehmen. Du fühlst jedes einzelne Körnchen Reis, fühlst die straffe Haut einer Weintraube, die Form einer Karotte oder einer Erbse, die Elastizität einer Olive – du fühlst dies alles in einer Weise, als streichelte deine Zunge die Speisen. Und natürlich kannst du bestimmte Speisen auch mit deinen Fingern fühlen.

Ich habe einmal ein weichgekochtes Ei mit verbundenen Augen gegessen. Nie zuvor habe ich so unmittelbar verstanden, warum wir die Haut eines Eies »Haut« nennen. Ich habe diese Haut wahrgenommen wie die Haut eines menschlichen Körpers. Natürlich war es unmöglich, das Ei einfach zu »köpfen«. Ich habe es ganz behutsam angeschlagen und vorsichtig geschält; ich war bemüht, es nicht zu verletzen, damit mir das Eigelb nicht über die Finger rann. Es war ein liebendes Einswerden mit dem Ei, wie ich es zuvor nie in dieser Weise erfahren hatte.

Jacques Lusseyrand – der französische Universitätsprofessor, der mit acht Jahren blind wurde und dennoch ein international anerkannter Wissenschaftler wurde – berichtet, daß er erst, als er blind geworden war, wirklich begriffen habe, was ein Apfel ist. Vorher habe er ihn einfach »gegrabscht« und hineingebissen; bevor er den Apfel recht wahrgenommen habe, sei schon alles vertilgt gewesen. Jetzt aber seien seine Finger der Form, den Rundungen, der Beschaffenheit des Apfels gefolgt, hätten seine Härte, Festigkeit, Elastizität, Kühle gefühlt. Die Bewußtheit, mit der er das tat, habe ihm einen Genuß bereitet, der ihm vorher unbekannt war. Die Augen lassen uns viele Dinge zu schnell tun. Bevor wir richtig wahrnehmen, was wir da getan haben, ist es schon erledigt. Lusseyrand bemerkt: Es war »wie Liebe... Ich war ein Teil des Apfels geworden und der Apfel ein Teil von mir.« Die Dinge hätten durch seine Blindheit für ihn in ganz anderer – ganz neuer – Weise existiert; sie seien viel lebendiger geworden.

Du kannst diese Erfahrungen auch machen, wenn Ei oder Apfel nicht zu dem Gericht gehören, das dir dein Partner oder deine Partnerin serviert. Auf die eine oder andere Weise kannst du sie mit den verschiedensten Speisen machen. Laß dir dabei Zeit. Fühle, erforsche mit deiner Zunge, deinen Zähnen, deinem Gaumen die Masse und die Beschaffenheit einer Kartoffel. Normalerweise ist sie nur Beilage. Die meisten Menschen beachten sie nicht. Jetzt aber kannst du sie auf eine Weise wahrnehmen, die dein Verständnis dessen, was eine Kartoffel ist, vertiefen wird.

Vielleicht gehört zu deinem Gericht auch ein Dessert, und vielleicht bemerkst du dabei, was es mit »Süße« auf sich hat. Nicht umsonst nennen wir auch eine Liebkosung oder einen Kuß süß. In Briefen aus der Zeit unserer Großeltem kann man noch die Anrede »Mein süßer Schatz« oder »Meine süße Mutter« finden. Therapeuten und Psychologen beobachten immer wieder, daß Menschen, die in ihrer Kindheit wenig Zärtlichkeit – wenig »Süße« – erfahren haben, besonders süchtig nach Kuchen, Schokolade und anderen Süßigkeiten sind. Viele Eltern ersetzen die »Süße« schaffende Geborgenheit, indem sie ihre Kinder von klein auf mit Süßigkeiten vollstopfen. Man sollte denken, daß zwischen der Süße einer

Liebkosung und der einer Süßigkeit ein großer Unterschied besteht – so groß, daß beide nichts miteinander zu tun haben. Das eine ist ein Nahrungsmittel, das gegessen wird, das andere ist eine emotionale Erfahrung, die gefühlt wird. Aber wenn du die Schokolade oder die Süßspeise mit verbundenen Augen ißt – vielleicht zum Abschluß des Mahles, das dir dein Partner angerichtet hat –, kannst du womöglich spüren, warum wir für beides – für das Schmecken der Süßigkeit und das Fühlen der Liebkosung – das Wort »Süße« verwenden. Beides sind »Streicheleinheiten« für deine Sinneswahrnehmung. Es kann sein, daß du die Süßigkeit schmeckst, als streichle sie dich.

Versuche Entsprechendes auch mit anderen Geschmackswahrnehmungen: des Sauren, des Scharfen, des Bitteren, des Salzigen... All diese Worte bezeichnen nicht nur einen Geschmack, sondern auch eine emotionale Erfahrung. Geschmack und emotionale Erfahrung rücken ganz von allein eng zusammen, wenn du die entsprechenden Speisen mit verbundenen Augen ißt. Dein Auge informiert dich nicht vorher, daß die saure Zitrone natürlich etwas völlig anderes ist als dein Gefühl »Ich bin sauer«, das du in einer bestimmten Situation haben magst. Du bist aber auch »sauer«, wenn das Gleichgewicht zwischen basischen und sauren Speisen in deinem Körper gestört ist. Für deinen Verstand sind diese »Säuernisse« völlig verschiedene Dinge. Für dein Gefühl und für deinen Körper sind sie – letztlich! – das gleiche. Wenn du ständig auf einen Menschen oder eine Situation sauer bist, kann auch dein Säftehaushalt »sauer« werden. Dein Magen und deine Verdauungsorgane – durch die Emotion des »Sauer-Seins« beeinflußt – tendieren dann dazu, deine Nahrung sauer zu »verstoffwechseln«.

Du wirst bemerken: Es macht Spaß, mit verbundenen Augen zu essen. Vielleicht macht es dir so viel Spaß, daß du das von nun an öfter tun wirst. Natürlich solltet ihr – als Partner – die Rollen auch tauschen. Das nächste Mal kochst du für deine Partnerin und sie wird das Gericht mit verbundenen Augen zu sich nehmen.

Sprecht jeweils über die Erfahrung, die ihr gemacht habt. Teilt sie miteinander, als teiltet ihr einen Bissen eurer Speise.

Behalte hinterher noch eine Weile die Augenbinde auf und meditiere oder höre gute Musik. Nimm sie nicht selbst ab, sondern laß sie dir von deinem Partner lösen. Umarmt euch, wenn ihr mögt, und dankt euch für die Erfahrung, die ihr miteinander teilen durftet. Auch für den anrichtenden und servierenden Partner kann es eine reiche und bewegende Erfahrung sein, dem anderen in dieser Weise zu dienen.

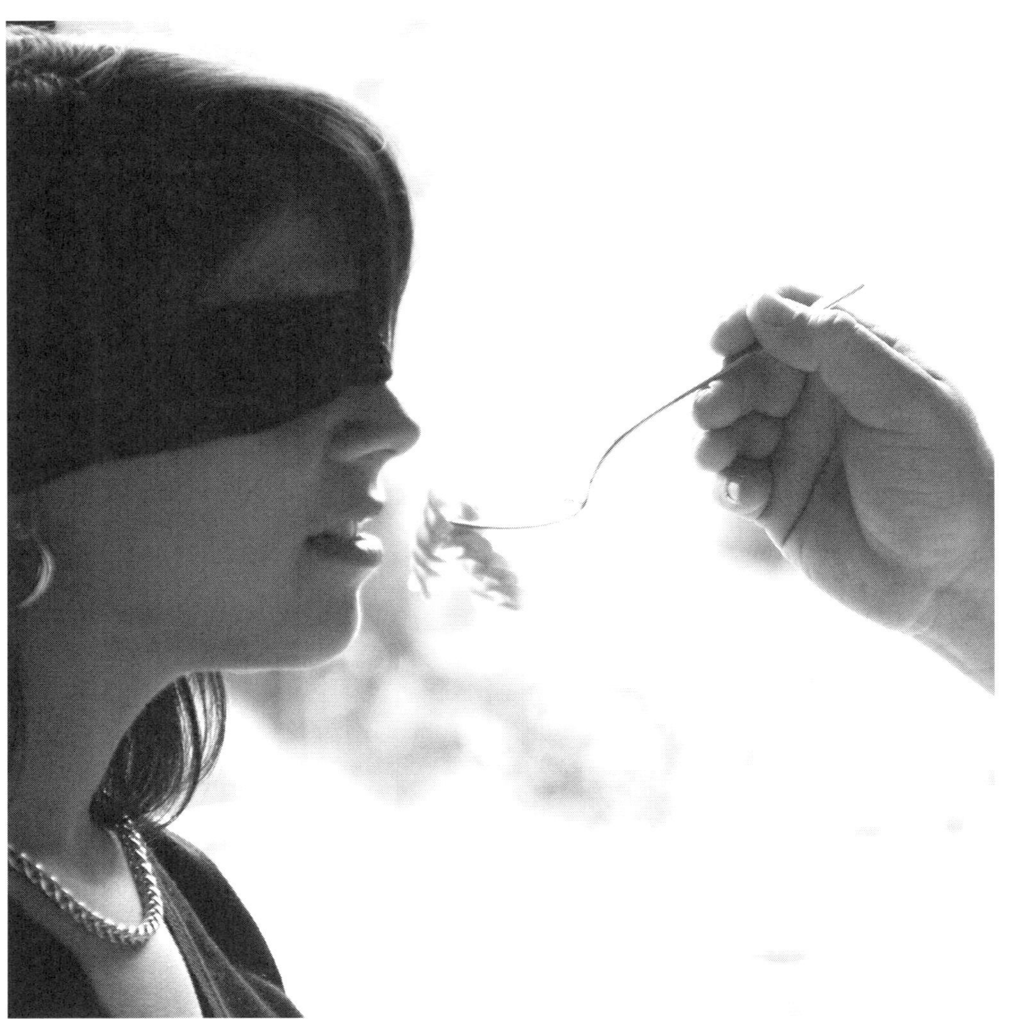

## Zusammengefasster Übungsablauf

### Essen heisst Einswerden (Partnerübung)

1. Laß dir von deinem Partner die Augen verbinden, so daß du in Dunkelheit bist.
2. Dein Partner kocht dir jetzt ein Menü. Du darfst zuhören, in der Stille meditieren oder einer guten Musik lauschen, während dein Partner für dich deine Lieblingsspeisen kocht.
3. Wenn er mit dem Zubereiten der Speisen fertig ist, holt dich dein Partner an den Eßtisch – die Augenbinde behältst du auf.
4. Nun speist du mit verbundenen Augen – dein Partner füttert dich. Erlebe das Essen sehr bewußt mit Geschmacks, Geruchs- und wenn möglich den Tastsinnen.
5. Meditiere nach dem Essen noch eine Weile oder lausche guter Musik – mit weiterhin verbundenen Augen. Dein Partner nimmt dir zum Schluß die Augenbinde wieder ab. Redet über eure Erfahrungen.
6. Bedankt euch beieinander.

# Hör deinen Weg – ein Waldspaziergang (Partnerübung)

Selbst wenn du in der Großstadt lebst, irgendwo in deiner Umgebung gibt es ein Stück schöne Natur – einen Wald oder eine Wiesen- oder Hügellandschaft. Vielleicht gibt es einen Fluß in der Nähe – einen Bach oder eine Quelle oder einen See. Sicher gibt es dort Wege der verschiedensten Art: auf Sand oder auf Stein, über Gras- oder über Schotterbelag oder über Kies. Fahre mit deinem Partner oder deiner Partnerin, einem Freund oder einer Freundin in diese Gegend. Nimm ein dunkles Tuch mit, mit dem deine Augen verbunden werden können, trage Schuhe mit nicht zu dicken Sohlen: Schuhe, durch die du den Boden unter dir wahrnehmen kannst.

Überhaupt: Du kannst mitnehmen, was du willst – nur eines solltest du nicht mitnehmen: deine Sorgen und Probleme. Jemand riet mal Mark Twain, in die Natur zu gehen. Twain: »Das wär' toll, wenn ich nur diesen Burschen Mark Twain nicht immer mitnehmen müßte!«

Wählt einen Weg von etwa 25 bis 40 Minuten Länge. Es spielt keine Rolle, ob ihr den Weg schon kennt.

Begebt euch an den Ausgangspunkt dieses Weges. Besprecht, wer beginnt, das heißt, wer sich zuerst die Augen verbinden läßt. Dann legt derjenige von euch beiden, der von jetzt an der Führende ist, dem anderen die Augenbinde, das Tuch oder den Schal, den ihr mitgebracht habt, über die Augen. Die Augen sollten so sorgfältig verbunden werden, daß er oder sie beim besten Willen nichts sehen und auch beim schlechtesten Willen nicht »schummeln« kann. Nun beginnt ihr, euren Weg zu gehen. Der oder die Sehende führt den Nicht-Sehenden. Und du, der du der/die Nicht-Sehende bist, läßt dich total darauf ein, geführt zu werden.

Nimm wahr, was du hörst. Den Gesang der Vögel. Das Rauschen des Windes. Das Geräusch deiner Füße auf dem Untergrund. Nimm sorgfältig wahr, was du da spürst. Bemerke, welch einen Unterschied es ausmacht, ob du über Gras oder Sand oder Steine oder Kies oder Asphalt gehst. Es klingt anders. Und es fühlt sich anders an. Es kann auch deinen Gefühlszustand beeinflussen. Es kann zum Beispiel so sein, daß dir Gras oder Sand mehr Geborgenheit und Ruhe geben als Schotter oder Asphalt. Spüre dem nach!

Achte auf deinen Atem. Wenn es nötig ist oder du dadurch größere Sicherheit findest, laß dich von deinem Begleiter fest anfassen. Hab keine Angst, wenn der Weg schwierig ist. Je schwieriger, desto besser! Denn desto größer ist die Forderung, die an deine Vertrauensfähigkeit gestellt wird. Wenn ihr mögt, könnt ihr beim ersten Mal einen einfacheren Weg wählen. Ein paar Wochen später macht ihr dann die gleiche Übung noch mal, aber geht einen schwierigeren Weg.

Auf Kreta bin ich einmal mit einer Gruppe über einen reißenden Gebirgsbach gegangen. An der einzigen Stelle, an der man ihn überqueren konnte, lagen zwei große Felsbrocken im tosend und schäumend zu Tal stürzenden Wasser. Der Begleiter mußte das Bein des Geführten anfassen und es so setzen, daß der Fuß mit Sicherheit den stützenden Stein traf. Es kam dabei auf eine Genauigkeit von wenigen Zentimetern an, damit der Fuß nicht abglitt und der Geführte ins Wasser stürzte; und es kam auf Vertrauen und Sich-Einlassen an.

Führt keine Gespräche. Fühlt und horcht. Bemerke, wieviel es zu fühlen und zu horchen gibt. Dutzende von Dingen, die du, wenn du schaust, kaum beachten würdest. Das einzige, was dein Begleiter sagen sollte, sind notwendige oder hilfreiche Anweisungen: »Jetzt mache einen großen Schritt.« Oder: »Gehe ein wenig mehr nach rechts.« Oder: »Halte dich an mir fest.« Oder: »Rechts von dir ist ein Ast, den du anfassen kannst.« Der Geführte sollte nur dann etwas sagen, wenn es eine notwendige Frage ist. Die Führerin ist um so besser, je weniger Fragen erforderlich sind. Sie sollte sich so in den Geführten hineinversetzen, daß er von alleine das Notwendige sagt, um den Weg gemeinsam mit Vergnügen gehen zu können. Ja, ihr solltet diese Übung mit Vergnügen machen. Vergnügen kann dir bereiten, was du fühlst oder hörst oder riechst. Vergiß auch das Riechen nicht. Du riechst mehr, wenn du nicht durch deine Augen abgelenkt wirst. Rieche den würzigen Duft der Erde. Den Geruch der Blumen und Pflanzen.

Vergnügen kann es dir auch bereiten, wenn du diesen Weg – wenn du deinen Weg – mit Vertrauen gehst. Wenn du losläßt und deine Vertrauensfähigkeit forderst. Wenn du entdeckst, wieviel Vertrauen du entwickeln kannst.

Du meinst, du vertraust deinem Führer. Aber wenn du diesem Gefühl nachspürst, wirst du bemerken: Wem du eigentlich vertraust, das ist dein eigenes Vertrauen, das bist letztlich du selbst. Je stärker dir dies bewußt wird, desto größer wird deine Freiheit und Sicherheit. Es könnte sein, daß du die Augenbinde kaum noch bemerkst und daß sie dich kaum noch einengt. Du bist, wie du bist, und kannst das genießen. Das ist das eigentliche Vergnügen.

Vielleicht könnt ihr einen Weg wählen, der irgendwo an ein Wasser führt. Zu einem Fluß, Rinnsal oder See. Dort meditiert. Aber es ist auch in Ordnung, wenn kein Wasser da ist. Wählt einfach am Ende eures Weges einen Platz, wo ihr meditieren könnt. Deine Begleiterin sollte eine Stelle suchen, auf der du leicht und bequem eine halbe Stunde lang sitzen kannst. Einen Stein oder Baumstumpf. Sie sollte dir helfen, dort Platz zu nehmen. Und eine Position zu wählen, die du meditierend eine Weile durchhalten kannst. Dann sollte sie sich auch selbst einen Platzsuchen, auf dem sie meditieren kann. Meditiert eine halbe Stunde gemeinsam.

Hört nie auf zu hören! Im Wald – in der Natur – gibt es viel zu hören. Wenn ihr am Wasser meditiert, laßt euch ein auf dessen Geräusche. Auf Tröpfeln oder Rauschen. Auf Rieseln oder Rinnen. Auf Fließen oder Plätschern. Werdet eins – ganz und gar eins – mit dem, was es zu hören gibt. (Wenn ihr öfter an einem Fluß meditiert, könnt ihr vielleicht auch die Übung »Hörst du das Rauschen des Flusses« in meinem Buch »Das Dritte Ohr« [Neuauflage im Traumzeit-Verlag] lesen sowie dort das Kapitel »Landschaft für Ohren«. Es ist eine tiefe Erfahrung, an einem Fluß zu meditieren. Vielleicht kennst du, was Hermann Hesse darüber in seinem Buch Siddharta geschrieben hat.)

Nach der Meditation sollte der Sehende zum Nicht-Sehenden kommen und ihm vorsichtig und liebevoll die Augenbinde lösen. Wahrscheinlich bist du überrascht von der Fülle dessen, was es jetzt zu sehen gibt. Spürst du, daß deine Seheindrükke stärker sind als vorher? Die Farben satter und reicher? Die Konturen schärfer? Die Formen differenzierter? Immer wieder machen wir diese Erfahrung: Hör-Übungen, bei denen du eine Weile nicht sehen kannst und die zunächst nur deine Hör- und Fühlsinne zu steigern scheinen, steigern letztlich auch deine visuellen Fähigkeiten. Sie intensivieren einfach deine Bereitschaft und Offenheit, die Welt wahrzunehmen. Mit allen deinen Sinnen.

Schau dich eine Weile um, dann kannst du die Augenbinde, die du bisher trugst, deinem Begleiter oder deiner Begleiterin umlegen. Ihr geht nun denselben Weg zurück – in der umgekehrten Weise: Jetzt ist der bisher Geführte der Begleiter und die bisher Führende die Geführte. Du, der du bisher der Geführte warst, weißt jetzt noch besser, als es vorher deine Begleiterin wußte, worauf es ankommt. Du kannst ihr deshalb um so mehr Hilfe und Behutsamkeit bieten. Geh hinein in diese Aufgabe. Tue alles, damit deine Begleiterin sich wohl fühlt und ihr Vertrauen gestärkt wird.

Es ist schön und sinnvoll, wenn ihr euch am Ende eurer Wanderung gemeinsam erinnert, was ihr gefühlt, gehört und gesehen habt. Man kann so die ganze Wanderung noch einmal in der Erinnerung durchleben. Vielleicht wollt ihr bald wieder eine andere Wanderung gemeinsam unternehmen?

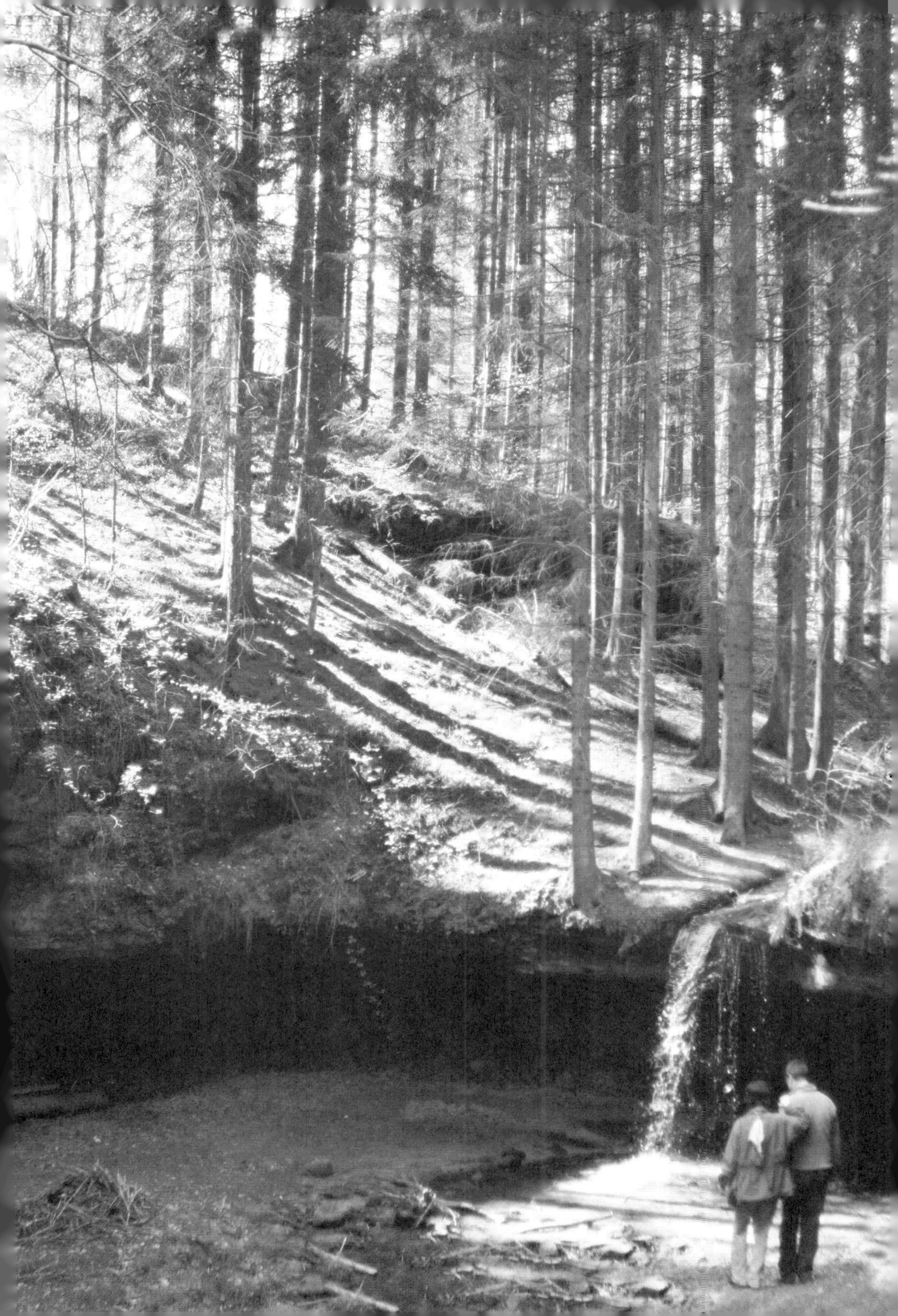

## Zusammengefasster Übungsablauf

## Hör deinen Weg - ein Waldspaziergang

## (Partnerübung)

1. Gehe oder fahre mit einem Partner in die Natur. Nimm eine Dunkelbrille oder ein Tuch mit, vielleicht Schuhe mit dünnen Sohlen. Deine Sorgen und Probleme laß zu Hause.
2. Der Weg, den ihr geht, sollte ungefähr 25-40 Minuten lang sein.
3. Der führende Partner setzt dem Geführten die Dunkelbrille auf und führt ihn nun den Weg durch den Wald.
4. Führt keine Gespräche! Zulässig sind nur sehr wichtige Bewegungsanweisungen, damit nichts passiert (»Geh jetzt ein Stück mehr nach rechts!«).
5. Der Geführte soll wahrnehmen:
6. Die Bodenbeläge: Rasen, Laub, Schotter, Kies...
7. Den eigenen Atem – wie er sich verändert, je nachdem wo ihr geht, wie es riecht, was erklingt...
8. Der Hörende sollte so vom Sehenden geführt werden, daß er voll Vertrauen gehen kann, so daß der Waldspaziergang Freude macht.
9. Dem Hörenden auch Gerüche anbieten - Blumen, Blätter, Kräuter, Moos... Kommt ihr an einem Bach oder Fluß oder Wasserfall vorbei, dann darf sich der Hörende hinsetzen und eine Weile – bis zu einer halben Stunde – dem Wasser lauschen und meditieren. Die Führende tut ihm gleich.
10. Ist kein Wasser vorhanden, wählt sie einen Platz im Wald, wo der Partner entspannt eine Weile sitzen und lauschen kann.
11. Ist die Zeit um, nimmt die Führende dem Hörenden die Dunkelmaske ab. Nimm nun wahr, wie sich dein Sehen verändert hat.
12. Tauscht die Rollen und geht den Weg zurück. Der jetzt Führende sollte vielleicht nicht genau die Dinge in die Wahrnehmung des Hörenden rücken, die er schon erhalten hat, sondern sich kreativ – auch – um neue Eindrücke bemühen.

# Dem Partner Kraftsprache schenken – Mantrische Dyade*

Für die mantrische Dyade haben wir dir ein Klangschalen-Signal aufgenommen. Alle fünf Minuten erklingt eine Klangschale. Das siebente und achte Klangzeichen sind zwei Klangschalen hintereinander, sie zeigen so an, daß gemeinsam rezitiert werden soll. Den Soundfile kannst du dir auf eine CD brennen und dann zur Übung abspielen.

Du weißt, was ein Mantra ist. Wenn nicht, lies in der Übung »Mantrisches Chakra-Ritual« nach. In der folgenden Übung schenkst du deinem Partner ein Mantra; es ist also eine Partnerübung. Sie dauert vierzig Minuten.

Beide Partner sollten zunächst – jeder für sich, ohne darüber zu sprechen – ein geeignetes Mantra wählen – ein Mantra, das dir wichtig ist.

Natürlich kannst du ein indisches Mantra nehmen: *Om. – Om Namaha Shivaya. – Nada Brahma.* – Oder das tibetanische: *Om Mani Pad Me Hum.* – Oder ein Mantra der japanischen Tradition: Namu Amida Butsu. – Oder das von so vielen Menschen in der ganzen Welt meditierte Mantra des Nishiren-Buddhismus: *Nam Myoho Rengé Kyo.* Oder ein Wazifa – so nennen die Sufis ihre Mantras – aus der Welt des Islam. Oder eines der Mantras, die du im Chakra-Ritual kennengelernt hast und das dir wichtig geworden ist. Zum Beispiel das Herz- und Liebes-Mantra: *Yaam.*

Nimm ein Mantra aus dem christlichen Umkreis: *Kyrie eleison.* – Auf deutsch: Herr, erbarme dich, Christe, erbarme dich, Herr, erbarm dich über mich. – Die Worte *Halleluja* oder *Hosanna* sind Mantren der Freude und des Lobgesangs. Eines der größten christlichen Mantras ist *Amen* – ein Mantra des Einverstanden-Seins mit Gottes Führung und des Ja-Sagens dazu; wunderbar, daß im Amen »*Om*« anklingt.

Natürlich kann dein Mantra auch aus der Bibel stammen:

*Mache dich auf, werde Licht. – Fürchte dich nicht. – Liebe deinen Nächsten. – Der Herr ist mein Hirte. – Dein Wille geschehe.*

Oder du wählst dein Mantra von einem Schriftsteller, den du magst. Von Goethe. Oder Meister Eckhart (zum Beispiel: *Gott ist in mir*). Oder von Rainer Maria Rilke. Oder einem anderen. Schließlich kannst du dir dein eigenes Mantra machen: *Ich bin Liebe. – Ich bin frei. – Ich lasse los. – Ich höre auf meine innere Stimme. – Gott zulassen. – Ich bin eins.*

---

* *Hier steht für dich eine Hördatei zum Download bereit. Beachte hierzu den Download-Hinweis am Ende des Buches*

Es gibt unendlich viele Möglichkeiten. Überleg nicht zu lange. Wähle ein Mantra, das dir spontan in den Sinn kommt und das dir etwas bedeutet. Sei mehr in der Meditation als im Kopf bei der Wahl. Dein Kopf kann schließlich jedes Mantra hinterfragen; dazu gehört nicht viel...

Mach dir nur dann dein eigenes Mantra, wenn dir beim besten Willen kein anderes einfällt. Meist ist es besser, ein bereits erprobtes Mantra zu wählen. Es gibt Mantren, die mit Jahrhunderten, ja mit Jahrtausenden spiritueller Energie buchstäblich aufgeladen sind. Wenn du ein solches Mantra wählst, kannst du an dieser Energie partizipieren. Du mußt am besten wissen, was für dich stimmt, und natürlich darf es auch dein eigenes Mantra sein. Für den Anfang solltest du bei der Wahl des Mantras nicht daran denken, daß du dein Mantra in dieser Meditation/Übung deinem Partner schenken wirst. Wähle ein Mantra, das für dich – und zunächst *nur* für dich – stimmt.

Du und dein Partner sitzt einander gegenüber – am besten auf dem Boden in Meditationshaltung (oder auch auf Stühlen). Ihr besprecht, wer beginnt. Ihr verbeugt euch voreinander und begrüßt euch mit dem Gasho (dem schon erwähnten Gruß mit den zusammengelegten, nach oben weisenden Handflächen). Dann fragt derjenige, der beginnt (A), den anderen (B): »Sage mir, was ist dein Mantra?« Nun beginnt die eigentliche Dyaden-Meditation. Sie findet in acht fünf Minuten langen Phasen statt – auf folgende Art:

*Erste Fünf-Minuten-Phase:*
A fragt B: »Sage mir, was ist dein Mantra?«
B sagt fünf Minuten lang sein Mantra – in einem ruhigen, atmenden Rhythmus. A schaut B an und hört zu. Am Ende der fünf Minuten sagt A: Danke.

*Zweite Fünf-Minuten-Phase:*
B fragt A: »Sage mir, was ist dein Mantra?«
A sagt fünf Minuten lang das von ihr gewählte Mantra. B schaut A an und hört zu. Am Ende sagt B: Danke.

*Dritte Fünf-Minuten-Phase* wie erste Phase.

*Vierte Fünf-Minuten-Phase* wie zweite Phase.

*Fünfte Fünf-Minuten-Phase* wie erste Phase.

*Sechste Fünf-Minuten-Phase* wie zweite Phase.

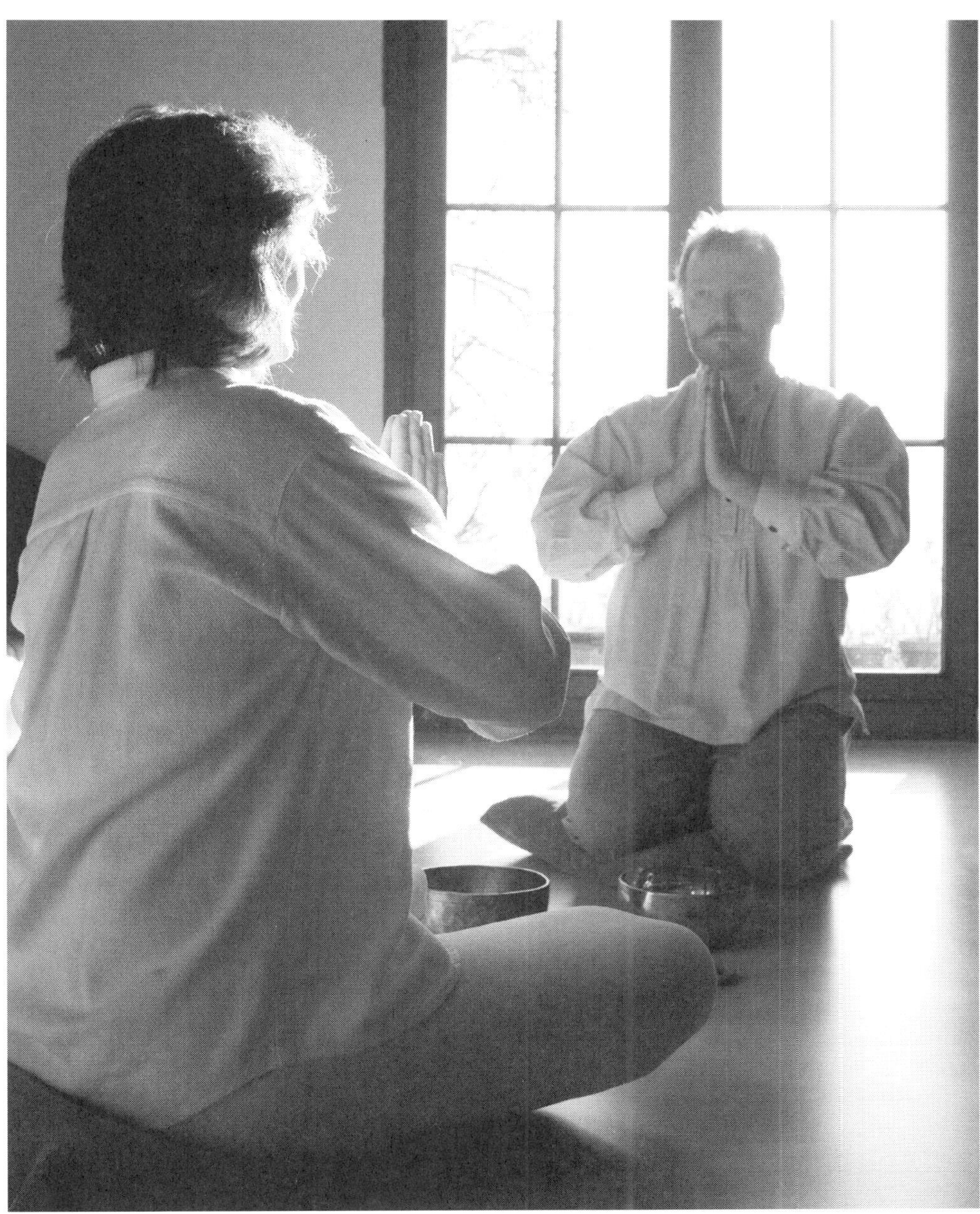

*Siebente Fünf-Minuten-Phase:*

A fragt B: »Sage mir, was ist dein Mantra?«

B sagt fünf Minuten lang sein Mantra und schaut A dabei an. A schaut B an und spricht das Mantra, das er bis zu diesem Zeitpunkt dreimal fünf Minuten lang gehört hat, mit. In dem gleichen Tempo und Rhythmus wie B. A spricht mit zum Zeichen dessen, daß er das Mantra, das B ihm geschenkt hat, angenommen hat. Am Ende sagt A: Danke.

*Achte (und letzte) Fünf-Minuten-Phase:*
B fragt A: »Sage mir, was ist dein Mantra?«
A sagt fünf Minuten lang sein Mantra und schaut B dabei an. B schaut A an und spricht nun seinerseits das Mantra, das sie dreimal fünf Minuten lang gehört hat, mit. Im gleichen Tempo und Rhythmus wie A. Auf diese Weise nimmt auch sie das Mantra, das A ihr geschenkt hat, an. Am Ende der fünf Minuten sagt B: Danke.

Beide Partner machen den *Gasho* und verbeugen sich voreinander.

Das Ganze liest sich schwieriger, als es ist. Es geht einfach hin und her: Zuerst wird B gefragt und sagt ihr Mantra, dann wird A gefragt und sagt das von ihm gewählte Mantra, dann wieder B und danach wieder A – jeder insgesamt viermal, also beide zusammen achtmal, nur daß in den letzten beiden Fünf-Minuten-Phasen der jeweils Zuhörende das Mantra des Partners mitspricht.

Hier noch ein paar Bemerkungen, die die Übung erleichtern mögen: Sprecht eure Mantras ruhig – im Fluß eures Atems. Wenn ihr empfindet, daß ihr schneller oder langsamer werden wollt, ist das in Ordnung. Sprecht so, daß euer Partner euch gut hören kann. Doch die Lautstärke darf auch schwanken. Manchmal tendiert man dazu, das Mantra nur zu flüstern. Es ist auch schön, es zu singen. Gegen Ende der vierzig Minuten wollen viele es ziemlich laut sprechen – und auch schneller, manchmal sehr schnell. All das ist in Ordnung.

Der oder die jeweils Zuhörende schaut dem oder der jeweils Sprechenden in die Augen. Er darf nicht die Augen schließen und auch nicht irgendwo anders hinschauen. Der jeweils Sprechende hat zwei Möglichkeiten: Entweder er erwidert den Blick des Partners und/oder (man darf durchaus wählen) schließt die Augen, um auf diese Weise das Mantra noch stärker und tiefer im Innern zu fühlen.

Ein Problem bei dieser Übung ist das Fünf-Minuten-Intervall. Natürlich ist es ablenkend, wenn ihr ständig auf die Uhr schaut. Fühlt einfach die Zeit. Wenn der jeweils Zuhörende meint, fünf Minuten seien um, bedankt er sich in einer Sprechpause des Partners und wird seinerseits gefragt. Dann hört der andere zu, und wenn er fühlt, fünf Minuten sind um, bedankt er sich seinerseits, und die nächste Fünf-Minuten-Einheit beginnt. Da die Übung aus insgesamt acht Fünf-Minuten-Einheiten besteht, dauert sie vierzig Minuten, aber es spielt keine Rolle, wenn sie etwas länger oder kürzer dauert.

Wir machen an jedem Heiligabend eine mantrische Dyade. Zu den Geschenken, die wir uns an diesem Abend schenken, gehört immer auch ein Mantra, das der eine dem anderen schenkt. Die Mantren, die wir uns schenken, begleiten uns das ganze Jahr hindurch bis zum nächsten Weihnachtsfest.

Besonders eindrucksvoll ist es, wenn die mantrische Dyade von mehreren Paaren gemacht wird. Ich habe sie schon mit vierzig Menschen gemacht. Jeweils zwanzig davon sa(n)gen ihr Mantra. Für den einen mag es ein Mantra in deutscher Sprache sein, für den anderen ist es Om-Shanti oder Shalom, für den dritten vielleicht ein lateinisches oder japanisches. Jeder spricht leise, im Grunde soll er ja nur von seinem Partner gehört werden, und dennoch entsteht auf diese Weise eine mantrische »Polyphonie«, in der sich Mantras aus allen Kulturen und Zeitaltern der Menschheit in großer Intensität überlagern. Man kann die geistige Kraft, die dabei im Raum schwingt, spüren. Besonders stark ist dieser Vielklang in den beiden letzten Fünf-Minuten-Einheiten, wenn nicht nur die Hälfte der Beteiligten, sondern alle ihr Mantra sagen und an der Polyphonie der Mantras teilhaben. Natürlich ist es wichtig, daß niemand sein Mantra zu laut spricht, um dadurch zu dominieren und sich gegenüber den leise gesagten Mantras der anderen durchsetzen zu wollen. Alle sollten in etwa die gleiche Lautstärke haben.

Wenn die Anzahl der an diesem Ritual Teilnehmenden eine ungerade ist und wenn kein vorbereitetes Band vorhanden ist, um die Fünf-Minuten-Einheit zu signalisieren, kann einer die Aufgabe des »Zeitgebers« übernehmen. Es ist schön, dazu eine Klangschale zu haben, aber es genügt auch, einfach einmal in die Hand zu klatschen – und am Ende für die siebente und achte Fünf-Minuten-Einheit zweimal, damit der jeweils Zuhörende weiß, daß er mitsprechen muß.

Vielen Menschen begegnen auf ihrem geistigen Weg immer wieder neue Mantras, die ihnen bedeutungsvoll werden. Wenn du in einer Partnerschaft lebst, kann es sein, daß du das Bedürfnis hast, ein Mantra, das sich dir erschlossen hat, mit deinem Partner zu teilen. Mache dann eine mantrische Dyade mit ihm und schenke es ihr. Das kann schöner und wichtiger sein als ein Blumenstrauß.

*Anregung: »Zen-Intensive«*

## Zusammengefasster Übungsablauf

### Dem Partner Kraftsprache schenken - Mantrische Dyade

1. Meditiert. Jeder sucht im Stillen ein Mantra für sich selbst aus. Der Kontext, aus dem das Mantra kommt, ist egal: indisch, islamisch, christlich, literarisch, oder du wählst ein eigenes Mantra aus ... Entscheide dich zügig und spontan, ohne groß über deine Wahl nachzugrübeln. Wichtig ist nur, daß dir das Mantra gefällt.
2. Ihr sitzt euch gegenüber (auf dem Boden oder Stühlen) und klärt, wer beginnt. Begrüßt euch. Der Hörende schaut dem Partner in die Augen. Der Rezitierende schaut ebenfalls oder schließt seine Augen.
3. Erste Fünf-Minuten-Phase: A fragt B: »Sage mir, was ist dein Mantra?« B sagt fünf Minuten lang sein Mantra - in einem ruhigen, atmenden Rhythmus. A schaut B an und hört zu. Am Ende der fünf Minuten sagt A: Danke.
4. Zweite Fünf-Minuten-Phase: B fragt A: »Sage mir, was ist dein Mantra?« A sagt fünf Minuten lang das von ihr gewählte Mantra. B schaut A an Und hört zu. Am Ende sagt B: Danke.
5. Dritte Fünf-Minuten-Phase wie erste Phase.
6. Vierte Fünf-Minuten-Phase wie zweite Phase.
7. Fünfte Fünf-Minuten-Phase wie erste Phase.
8. Sechste Fünf-Minuten-Phase wie zweite Phase.
9. Siebente Fünf-Minuten-Phase:
10. A fragt B: »Sage mir, was ist dein Mantra?« B sagt fünf Minuten lang ihr Mantra und schaut A dabei an. A schaut B an und spricht das Mantra, das er bis zu diesem Zeitpunkt dreimal fünf Minuten lang gehört hat, mit. In dem gleichen Tempo und Rhythmus wie B. A spricht mit zum Zeichen dessen, daß er das Mantra, das B ihm geschenkt hat, angenommen hat. Am Ende sagt A: Danke.
11. Achte (und letzte) Fünf-Minuten-Phase: B fragt A: »Sage mir, was ist dein Mantra?« A sagt fünf Minuten lang sein Mantra und schaut B dabei an. B schaut A an und spricht nun seinerseits das Mantra, das sie dreimal fünf Minuten lang gehört hat, mit. Im gleichen Tempo und Rhythmus wie A. Auf

diese Weise nimmt auch sie das Mantra, das A ihr geschenkt hat, an. Am Ende der fünf Minuten sagt B: Danke.

12. Verneigt euch dankend voreinander.

Variation: Dieselbe Übung in der Gruppe. Die Gruppengröße ist beliebig. Jeder sollte darauf achten, daß sein Partner das Mantra hören kann, es aber nicht so laut sprechen, daß er oder sie die anderen stört.
Hilfreich ist es hier, wenn ein Teilnehmer alle fünf Minuten ein Signal für den Wechsel gibt, zum Beispiel durch das Anspiel einer Klangschale. Vor den letzten, den siebenten und achten Einheiten kann die Klangschalen zweimal gespielt werden, so daß klar ist, daß nun beide das Mantra rezitieren.

## WAS MÖCHTEST DU, DASS ICH HÖRE?

Wie schon erwähnt, lautet der häufigste Vorwurf in Beziehungen heute: »Du hörst mir ja überhaupt nicht zu.« Ich werde oft gefragt: »Gibt es etwas Konkretes, was ich in meiner Beziehung tun kann, damit ich meinem Partner besser zuhöre?« Nun, alle Hör-Übungen dieses Buches sind konkret. Hier ist eine besonders konkrete. Sie hat eine ähnliche Struktur wie die Mantrische Dyade. Ich empfehle sie für Ehen, Beziehungen, Freundschaften, in denen Partner das Gefühl haben, häufig aneinander vorbeizureden oder die entscheidenden Dinge nicht mehr aussprechen zu können, weil sie wissen: Wenn ich sie sage, der andere hört sie ja doch nicht. Aber ich kenne auch Menschen, die diese Übung mit einem Geschäftspartner machen; natürlich sollte es ein Partner sein, mit dem man eine vertraute Beziehung hat.

Setzt euch einander in Meditationshaltung, im Fersensitz oder aufrecht auf Stühlen gegenüber – ähnlich wie bei der »Mantrischen Dyade« oder der »Shiva-Shakti-« oder der »Karuna-Meditation«. Begrüßt auch mit dem Gasho und verneigt euch voreinander. Dann fragt der eine Partner den anderen:

»Sage mir, was du möchtest, daß ich hören soll.«

Der andere antwortet etwa fünf Minuten lang. Er sagt alles, was er für sagenswert hält und normalerweise nicht aussprechen kann. Er geht dabei in die Tiefe, spricht also nicht – jedenfalls zunächst nicht – über die Verstimmung oder den Streit von gestern abend, sondern über das, was schon lange in der Beziehung unausgesprochen war und nicht mehr gehört wurde, gleichsam den »Bodensatz« der Beziehung bildet. Der Partner hört zu. Er darf den anderen an keiner Stelle unterbrechen. Nicht einmal durch »Ja« oder »Nein«. Nicht einmal durch Kopfnikken, durch Kopfschütteln schon gar nicht. Er hört.

Nach etwa fünf Minuten sagt der Zuhörende »Danke« und wird nun seinerseits gefragt: »Sage mir, was du möchtest, daß ich hören soll.« Darauf sagt er das, was er seinem Partner nie oder nur selten sagen kann. Er sollte dies nicht in Form einer Antwort auf das eben Gehörte sagen. Er sollte weiter zurückgehen, sollte das aussprechen, was er schon lange nicht aussprechen konnte.

Nach etwa fünf Minuten bedankt sich der Zuhörende und wird nun erneut gefragt: »Sage mir, was du möchtest, daß ich hören soll.«

So geht es achtmal hin und her, jeder wird also viermal gefragt und darf viermal – jeweils fünf Minuten lang – antworten. Die ganze Übung dauert etwa vierzig Minuten; aber schaut nicht auf die Uhr. Fühlt einfach (ich habe das schon bei der Erklärung der Mantrischen Dyade gesagt), wenn etwa fünf Minuten um sind. Wenn ihr schon nach vier Minuten oder erst nach acht Minuten »Danke« sagt, spielt es keine Rolle. Es macht nichts, wenn die Übung fünfzig oder sechzig Minuten lang wird – oder schon nach dreißig oder fünfunddreißig Minuten zu Ende ist. Versucht einfach, die Struktur so gut wie möglich einzuhalten. Schaut euch während der ganzen Zeit unverwandt an, zumindest der jeweils Zuhörende sollte den Sprechenden anschauen, der Sprechende hat die Wahl, entweder den Partner anzuschauen oder, da er ja in die eigene Tiefe hineinloten und -lauschen muß, die Augen zu schließen.

Nach den acht (ungefähr) fünfminütigen Einheiten bedankt sich derjenige, der zuletzt mit »Zuhören« dran war, dann bedanken sich beide Partner beieinander und verneigen sich voreinander mit dem Gasho. Umarmt euch, wenn dies für euch stimmt, und sprecht über die Erfahrung dieser Übung miteinander.

Wenn ihr diese Übung öfters macht, wird der Vorwurf »Du hörst mir ja überhaupt nicht zu« in eurer Beziehung immer seltener werden und schließlich überhaupt nicht mehr vorkommen. Wenn ihr einmal den »Bodensatz« eurer Beziehung aufgearbeitet habt, könnt ihr diese Übung auch machen, wenn ihr einen Streit gehabt habt und ihr das, was ihr euch dabei »um die Ohren geworfen« habt, gemeinsam aufarbeiten wollt. Ihr könnt sie auch bei Verstimmungen und Mißverständnissen machen. Ihr lernt auf diese Weise verstehen, wie und warum es zu dem Streit gekommen ist. Ihr könnt euch leichter vergeben. Ihr erkennt, daß jeder Partner einer Beziehung immer nur eine Hälfte darstellt und deshalb auch immer nur eine Hälfte wissen, fühlen, erkennen, behaupten darf. Die Hälfte ist nur ein Teil. Ihr werdet weniger auf Teile fixiert als auf das Ganze, die Einheit.

## Zusammengefasster Übungsablauf:
## Was möchtest du, dass ich höre?

1. Nehmt voreinander Platz. Begrüßt Euch. Der Hörende schaut den Sprechenden an. Dieser schaut zurück, darf aber auch die Augen schließen, um sich mit den Gefühlen, Gedanken und Worten in seiner Tiefe zu verbinden.
2. Der eine fragt den anderen: »Sage mir, was du möchtest, daß ich hören soll.«
3. Es geht um Wesentliches! Um die Tiefe. NICHT um kleine Streitigkeiten.
4. Der eine hört dem anderen zu. Fünf Minuten lang. Er erwidert nichts, sondern hört zu. Auch »Ja« oder »Nein« darf er nicht sagen, auch darf er nicht Nicken oder den Kopf schütteln. Er hört einfach zu.
5. Nach fünf Minuten sagt der Zuhörende »Danke« und wird dann vom gerade sprechenden Partner gefragt: »Sage mir, was du möchtest, daß ich hören soll.«
6. Der nun Sprechende sollte nicht auf das Gesagte antworten oder reagieren, sondern ebenfalls länger zurückliegendes, ihn zutiefst Bewegendes aussprechen.
7. Wieder nach fünf Minuten bedankt sich der Hörende und ihr wechselt wieder die Rollen.
8. Das wiederholt ihr achtmal, so daß jeder eine Sprechzeit von ungefähr 20 Minuten hatte. Dabei kommt es nicht darauf an, exakt je fünf Minuten zu sprechen, es darf auch mal eine Minute mehr oder weniger sein.
9. Verneigt euch voreinander. Wenn es stimmig ist, könnt ihr euch auch umarmen.
10. Dann besprecht eure Wahrnehmungen und Erfahrungen miteinander.

# Hör-Inspirationen IV

*Das Auge*
*ist der Spiegel*
*der Seele*
*Aber das Ohr*
*ist das*
*Tor zur Seele*

*Indisches Sprichwort*

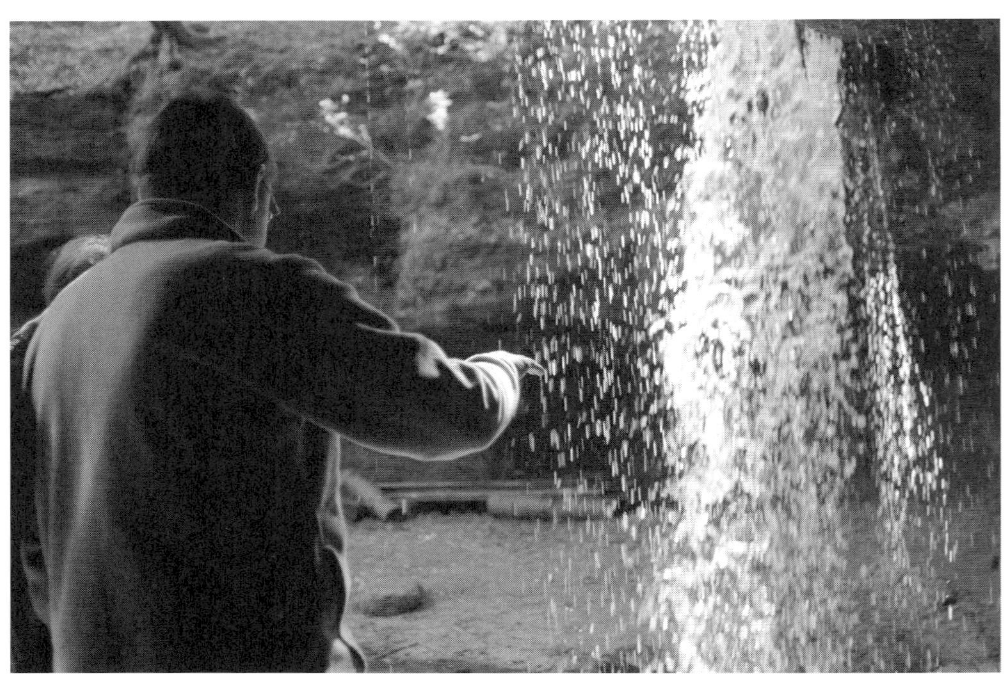

# Höre – so lebt deine Seele!

Es gibt das schöne Bild von der Pier und dem Meer – einer Pier, die weit hinausführt in den Ozean. Da stehen wir nun auf der Pier und schauen. Aber wenn wir wirklich erfahren wollen, was das ist: Meer und Ozean, dann müssen wir irgendwann den Mut und das Vertrauen aufbringen, selbst hineinzuspringen und selbst zu schwimmen.

Das ist unsere Situation. Wir haben in diesen Jahren einen kaum mehr übersehbaren Haufen an Informationen und an Wissen angehäuft. Wir wissen Dinge, die noch vor wenigen Jahren undenkbar schienen. Wir haben, um einige Beispiele zu geben, die holographische Natur unseres Gehirns und des Universums erkannt. Wir kennen die neurologischen und physikalischen Theorien, nach denen in jeder Zelle unseres Gehirns, ja in jedem Elektron, die gesamte Information des Universums gespeichert werden kann. Wir wissen, daß die Weisheit der Mystiker »Alles ist eins« eine Erkenntnis ist, der sich die moderne Forschung und Wissenschaft von ihren so gänzlich anderen Ausgangspunkten her in faszinierender Weise nähert. Und wir wissen auch, daß die Welt anders ist, als unsere Sinne sie wahrnehmen: daß alle unsere Sinne, am meisten aber das Auge, uns eine leicht falsch zu interpretierende Information über die Welt vermitteln.

Wir haben den Klangcharakter des Universums – die harmonikale Struktur des Makro- und des Mikrokosmos – erkannt und ihn auf eindrückliche Weise hörbar gemacht. Wir haben das Existenzbedrohende des alten mechanistischen Weltbildes durchschaut und wissen, daß die Welt und die Phänomene in ihr eben nicht mechanistisch funktionieren wie eine Maschine. Wir wissen, daß Geist und Bewußtsein auch in der Materie stecken.

Wir wissen das alles – und vieles andere mehr. Jetzt sind wir an dem Punkt, an dem viele von uns fühlen: Es ist nicht sinnvoll, weiterhin lediglich Wissen, Erkenntnis, Information anzuhäufen – *wenn* all dies nicht unser Verhalten ändert.

Alles, was in den letzten Jahren zusammengetragen wurde, war vor allem *»Info«* für unseren Kopf, Nahrung für unseren Intellekt, der noch hungriger, noch gieriger ist als der Bauch. Wir alle spüren: Es war wichtig, diese Nahrung anzuhäufen.

Das Wissen ist gewachsen, aber die Weisheit blieb, wo sie war – und sie war nicht sehr weit. Wissen wird gedacht und gelernt. Weisheit gelebt und erfahren. Wissen geschieht im Kopf, Weisheit im Herzen.

Aus Indien, wo es viele Affen gibt, stammt das Wort *»The mind is a monkey«:* Der Verstand, der Intellekt, ist ein Affe. Jeder, der einmal im Zoo vor einem Affenkäfig stand und selbstkritisch genug ist, den Wirrwarr der ständig in seinem Kopf hin- und herhüpfenden Gedanken beobachten zu können, weiß, daß das stimmt. »*The mind is a monkey.*« Wir können deshalb ermessen, wie töricht und absurd es gewesen ist, wenn eine ganze Zivilisation ihre Existenz, ihr Sein, auf diesen »*mind*« begründet hat.

Was in diesen Jahren zusammengetragen wurde, muß überschritten werden. Wir müssen unseren Intellekt überschreiten. Irgendwann müssen wir, sagt selbst ein so disziplinierter Denker wie der Physiker und Einstein-Schüler David Bohm, das Denken hinter uns lassen. Wir müssen erkennen, daß das, womit wir, die Menschen des neuen Bewußtseins, uns in den letzten Jahren befaßt haben, nur ein – dieser Ausdruck stammt von Krishnamurti – »Wellengekräusel« ist auf dem Ozean der Wahrheit und Wirklichkeit. Es kommt – so Krishnamurti – nicht auf die Wellen an – und schon gar nicht auf das Gekräusel –, sondern auf den Ozean selbst. David Bohm – immerhin »einer der führenden Physiker, die es heute gibt, Schöpfer des neuen physikalischen Weltbildes des »Holomovement« – fügt auch gleich an, wie das zu geschehen hat: »Es ist die Sache der Meditation, endlich damit Schluß zu machen... Wir erfassen die Totalität nicht, wenn wir sie denken... Wir müssen zu einer tieferen multidimensionalen Ebene gelangen... Wenn wir weiterkommen wollen, muß das Bewußtsein faktisch seinen Zustand ändern.« Auf englisch: »*Consciousness has to change now.*« Auf deutsch hat es schon fünfzig Jahre vorher Rainer Maria Rilke gesagt: »Du mußt dein Leben ändern.«

Ein Intellektueller wird selten Mystiker. Die Intellektuellen sind unter den Mystikern, den wahrhaft Wissenden, noch seltener, als sie es im alltäglichen Leben sind. Jakob Böhme war Schuster. Bodhidharma bezeichnet sich als Wanderer, heute würde man sagen Landstreicher, Freak. Viele Zen-Weise sind Gärtner. Angelus Silesius' Reime sind, literarisch gesehen, kaum kunstvoller als Primanerlyrik. Buddhas Lieblingsschüler – der, den er als seinen Nachfolger erkor, der erste Patriarch des Buddhismus – konnte nicht lesen und nicht schreiben, und eben deshalb wählte Buddha gerade ihn. Die großen Mystikerinnen, Mechthild von Magdeburg, Gertrud die Große und all die anderen, haben viel eher aus erotischem, aus sexuellem Bewußtsein zu ihren Einsichten gefunden als aus Intellekt. Sie haben in bezug auf Gott und auf Jesus von »Brunst«, »Gier«, »Buhlen« und »Bett« gesprochen. Und die Technik der Koan-Arbeit im Zen läuft geradezu darauf hinaus, das Denken stillzulegen, indem es seiner eigenen Absurdität gewahr gemacht wird, und hat damit wahrscheinlich mehr Menschen zu einem tieferen Bewußtsein verholfen als irgendeine andere Technik – und obendrein schneller und effizienter.

Es gibt ein berühmtes Wort von Krishnamurti: »Das Denken ist alt.« »Denker sind alt.«

Das Denken ist der *»modus«* der alten Weltwahrnehmung – jener rationalistischen, mechanistischen, analytischen, vorrangig visuellen Weltwahrnehmung, die seit dem Beginn der Neuzeit geherrscht hat und von der wir heute wissen, daß sie – wenn wir sie weiter so ausschließlich herrschen lassen wie in den letzten dreihundert Jahren – unser Weiterleben auf diesem Planeten gefährdet.

»Das Denken ist alt.« Niemand – so Krishnamurti – kann gleichzeitig denken und wahrnehmen. Das Denken schiebt sich immer zwischen uns und das »Jetzt«. Denken bezieht sich auf Gestriges. Aber: Leben wahrnehmen, fühlen, hören, sehen, lieben – das tun wir jetzt. Oder sollten wir jedenfalls jetzt tun.

Denken ist alt, weil es mit Vergangenheit zu tun hat. Wir denken über etwas nach, was früher geschehen ist; immer dringt Vergangenheit, dringt Altes in das Denken ein. Deshalb leitet es uns fort von dem, worauf es eigentlich ankommt; jetzt zu leben. Jetzt ganz und gar dazusein. Jetzt zu erfahren, was jetzt ist. Das ist die Forderung des Zen und des Buddha. Und vieler großer spiritueller Traditionen.

Es gibt eine berühmte Skulptur von dem französischen Bildhauer Auguste Rodin: »Der Denker«. Da sitzt er – der Denker: gequält und gebeugt – der Körper dreifach geknickt – immer wieder das Fließen der Energie unterbrechend – der Kopf zu schwer, als daß er ihn tragen könnte – ein Gutteil der Energie fließt in den Stützakt. Jeder kann deutlich erkennen:

Der Kopf allein schafft es nicht.

»Der Denker« von Rodin: ein Symbol der zweitausend Jahre währenden abendländischen Vergeblichkeit, denkend die Welt zu begreifen.

Nun setze bitte in deiner Vorstellung dagegen ein Bild des Buddha: Aufrecht – die Energie fließend von unten nach oben – vom Bauch, dem *Hara*, die Wirbelsäule aufwärts in den Kopf – und in das Gesicht, das nicht gequält ist, sondern lächelt – voller Güte, Ruhe, Liebe – ein Meditierender. Und bemerke: Auf diesen Zügen kann Alter sich nicht spiegeln. Sie sind zeitlos. Nicht vorzeitig gealtert durch Denken, das alt lacht, weil es alt ist.

Man mißverstehe mich nicht: Denken ist etwas Wunderbares. Eine der größten menschlichen Gaben. Wir verdanken ihr Wissenschaft und Technik, unseren Lebensstandard und unseren Wohlstand.

Aber Denken ist nur eine der menschlichen Gaben. Buddha, Jesus – und nicht nur diese Ausnahmeerscheinungen, jeder Weise und Erleuchtete – zeigen uns, wieviel weiter man kommt, wenn man das Denken überschreitet.

Denken als Denken ist wunderbar. Aber Denken als die beherrschende Instanz unseres Lebens gefährdet unser Überleben. In einem exakten Sinn: Alles, was heute unser Überleben gefährdet – ökologische Krisen, gesundheitliche Katastrophen, Klimawandel, fast alle menschengemachten Gefahren und Krisen auf unserem Planeten, und fast alle sind menschengemacht – sind durch Denken, durch vorrangig und einseitig denkende Menschen gemacht worden.

Wir *können* die Pier nicht immer noch weiter in den Ozean hinausbauen und dennoch nie springen. Jetzt sind wir gerüstet mit einem Haufen von Erkenntnissen, Wissen, Informationen, einer unübersehbaren Fülle von Material. Jetzt müssen wir all das ablegen, damit wir leicht werden und springen und schwimmen können, um dann nicht unterzugehen. Wozu haben wir uns so viele Jahre lang vorbereitet, wenn nicht dafür?

Wir müssen springen. Das, worauf es ankommt, ob wir es Mystik, Esoterik, neues Bewußtsein, erweitertes Bewußtsein, Erleuchtung, Einswerden oder wie auch immer nennen, steht nicht in Büchern. Wir müssen es selber erfahren; wie wir es allerdings erfahren können, das steht in den Büchern. Nur genügt es eben nicht, sie nur zu lesen. Es muß endlich gelebt und getan werden.

Immer wieder dieses Bild – es stammt übrigens von David Bohm: Wir müssen springen.

Um zu erfahren und zu erleben, müssen wir bei uns selbst anfangen. Um ein Beispiel zu geben: Immer wieder haben wir gehört: »Alles ist eins.« »Alles ist in uns.« Viele von uns wissen das.

Und doch ist es für viele ein Wissen, das lediglich unser Intellekt vollzogen hat. Es spielt sich irgendwo da oben im Kopf ab, aber es hat nichts mit unserem Leben zu tun. Machen wir ernst mit diesem Wissen? Zum Beispiel: Wenn wir jemanden hassen, hören wir dann auf, uns mit dem Objekt dieses Hasses zu befassen, und haben wir angefangen, in uns selber hineinzuschauen, dem Haß in uns selbst zu begegnen und uns zu fragen: Was ist es *in mir*, das haßt? Oder wenn wir erschrokken sind über die furchtbare Aufrüstung in der Welt, fragen wir uns dann: Was ist es *in mir*, das immer wieder aufrüsten muß? Oder wenn wir uns erregen über Tschernobyl und über die wachsende Vergiftung unserer Welt und Umwelt –, fragen wir uns dann: Was ist es *in mir*, das vergiftet ist? Wenn wir allenthalben Wucherungen und Entartungsprozessen begegnen, nicht nur beim Krebs, auch in der Bürokratie, im Wirtschaftsleben, im Gesundheitswesen, im Städtebau, in der Politik, warum fragen wir uns dann immer noch nicht: Was ist es *in mir*, das wuchert und entartet? Fragen wir uns angesichts der Aids-Katastrophe: Was ist es *in mir*, das sterben will? Das längst schon nicht mehr immun ist gegen das Wüten von Wissenschaft und Technik? Was ist es *in mir*, das jene Dimension unserer

Existenz, die eben noch für uns alle auf die elementarste, auf die ekstatischste und wunderbarste Weise mit Leben verbunden war – nämlich die Liebe –, nun plötzlich zu einer Funktion des Todes und des Sterbens gemacht hat?

Wir haben uns umstellt mit Todesdrohungen – mit gesundheitlichen, militärischen, atomaren, ökologischen, ökonomischen; das also ist die Frage: Wollen wir sterben? Was stimmt nicht mehr mit unserem Verhältnis zum Leben? Und diese Frage impliziert sofort die andere: Was stimmt nicht mehr mit unserem Verhältnis zum Tode?

In der chassidischen Überlieferung des Ostjudentums gibt es die schöne Geschichte von jenem einfachen, armen Mann in Krakau, der Eisik hieß, ein Name, der unschwer zu erkennen ist als eine Verballhornung des schönen alten israelischen Namens Isaak. Diesem Eisik träumte eines Nachts, er solle nach Prag wandern. Dort, an der Karlsbrücke, die hinunterführt zur Goldenen Burg, solle er graben, er werde dann einen Schatz finden. Er träumte das dreimal und wanderte los – von Krakau nach Prag. Aber in Prag an der Brücke standen ganz viele Wachtposten, die den Übergang zum Schloß bewachten, und Eisik konnte es nicht wagen zu graben. Er ging jeden Tag zur Brücke, lungerte dort herum und überlegte, wo nun wohl sein Schatz liegen mochte. Dem Hauptmann der Wache fiel das auf. Schließlich fragte er Eisik: »Warum kommst du jeden Tag her und stehst hier herum?« Eisik erzählte seinen Traum. Da lachte der Hauptmann und sagte: »Wo kämen wir hin, wenn wir Träumen trauen würden? Ich zum Beispiel träume nun schon wochenlang von einem armen Juden in Krakau; unter dem Ofen in seiner Stube soll ich graben, dort würde ich einen Schatz finden.« Eisik lächelte, verneigte sich, bedankte sich höflich, wanderte zurück nach Krakau, grub unter seinem Ofen, und – da lag der Schatz.

Später, als Eisik der große und heilige Rabbi Eisik des Chassidismus, der ostjüdischen Mystik, geworden war, pflegte er, wenn er dieses Erlebnis erzählte, anzufügen: »Grab nicht woanders. Grab bei dir selbst.«

Also – wir müssen bei uns selbst anfangen. Wir wissen es nicht nur von den Weisen des Ostens – des Chassidismus, Indiens, Chinas, Japans – wir wissen es heute auch – wir haben ja gelesen – zum Beispiel von Sheldrakes Erforschung der morphogenetischen Felder, wir wissen es sogar aus der theoretischen Physik: Mein Bewußtsein verändert die Welt. Wir wissen, daß es nur enges, komplexbeladenes Ressentiment ist, das uns resignieren läßt: Ich kann ja doch nichts ändern. Wir sind eine Minderheit – gewiß. Nur wenige Millionen Menschen dieses neuen Bewußtseins. Und dennoch haben wir bereits in diesen Jahren ein gutes Stück Welt verändert. Es gibt in der Öffentlichkeit – sogar bei Politikern – ein Bewußtsein von der Verbundenheit der Menschen mit der Natur und mit allem Lebendigen, das noch vor zehn Jahren undenkbar gewesen wäre. Wir alle spüren, wie dieses Bewußtsein von der Verbundenheit aller Menschen, die auf diesem Planeten leben, der Verbundenheit der Menschen mit der Natur und mit allem Lebendigen von Jahr zu Jahr, ja von Monat zu Monat und von Woche zu Woche mächtiger und wirkungsvoller wird.

Wir haben bereits erfahren, daß es sinnvoll ist, bei uns selber anzufangen. Wir haben erfahren, daß C. G. Jung recht hatte, als er sagte: »Wenn die Ereignisse auf der Welt fehlerhaft verlaufen, dann stimmt mit mir selber etwas nicht. Wenn ich sensibel bin, so erkenne ich daher, daß ich zuerst mich selber verändern muß.« Und sensibel sind wir doch mindestens!

Der Zustand der Welt ist: wir selbst. »Wie ihr seid, so ist auch die Welt«, sagte Ramana Maharshi – und Dutzende weiser Menschen über die Jahrtausende hinweg haben es ähnlich gesagt. Dutzende von Malen haben wir in jüngster Zeit erfahren: Revolutionäre nehmen in ganz kurzer Zeit den Habitus derer an, von denen sie das Volk befreit haben. Immer wieder haben wir gesehen: Die Revolutionäre von gestern werden die Unterdrücker von morgen. Wollen wir nicht endlich daraus lernen und bei uns selbst anfangen?

Die Welt und wir sind ein System. Die Idee der Trennung zwischen der Welt und uns selbst ist der Beginn jener Polarisierung, die in der Trennung zwischen dem Feind und dem Freund endet. Eben noch ist der Feind der Freund, der liebe Nächste, der arme Heide, die große russische Seele. Aber mit einem Mal ist er der Primitive, der Russe, der Kommunist, der Kapitalist, der Sozialist, der Schwarze, der Rote, der Türke. Die Grenze liegt nirgendwo, es sei denn in unserem Herzen.

Max Picard hat ein unvergeßliches Buch über die Stille geschrieben. Ich habe es als Junge gelesen, und es ist mir mein Leben lang in Erinnerung. Ich weiß nicht, ob es seither wieder aufgelegt wurde. In diesem Buch steht der Satz: »Die entscheidenden Dinge entstehen aus dem Schweigen.« Nicht nur Mystiker, auch Denker, Wissenschaftler, Forscher, Intellektuelle können diesen Satz bestätigen. Ja, letztlich hat jeder von uns irgendwann einmal in seinem Leben seine Richtigkeit erfahren. Die entscheidenden Dinge entstehen aus dem Schweigen.

Prägnanter noch haben es die alten Römer gesagt. Sie haben es so toll formuliert, wie es im Deutschen gar nicht möglich ist: *»Omnia silendo ut audeam nosco.«* Im Deutschen braucht man nicht fünf, sondern doppelt so viele Worte: »Alles erfahre ich, indem ich schweige, auf daß ich höre.« Nur steht im Lateinischen das omnia, das »Alles«, am Anfang, und das nosco, das Wissen, am Schluß; das ganze Wissen ist eingebettet in Schweigen und Hören.

Das Schweigen, um hören zu können, nennen David Bohm und Krishnamurti *»total listening«*, totales Hören. Und der Physiker Bohm meint sogar, daß man sein eigenes, kompliziertes, mit Mathematik befrachtetes wissenschaftliches Weltbild des »*Holomovement*« – eines der am weitesten fortgeschrittenen Weltbilder der modernen theoretischen Physik – viel besser verstehen könne, wenn man es hörend begreife, und nicht im Sinne der klassischen Physik vorwiegend visuell. Nicht vorwiegend sehend, sondern schweigend, um hören zu können.

Dieses Hinhören in äußerster Bewußtheit und Aufmerksamkeit, das Er-hören der Welt, dieses totale Hinhören, das nennen wir: Meditation.

Begreife, was Zen – und überhaupt was Meditation – mit Aufmerksamkeit meint. Ein Schüler kam zum Meister Eki, einem der großen Zen-Weisen im Japan des achten Jahrhunderts. Es goß in Strömen; es war in Kyoto, der Tempelstadt Japans, in der es so oft regnet. Der Schüler hatte sieben Jahre lang meditiert, jetzt durfte er zum ersten Mal wieder zu seinem Meister. Er ging mit einem Regenschirm. Er trat ein in die kleine Klause des Meisters, begrüßte ihn, verneigte sich, und der Meister fragte: »Wo hast du deinen Regenschirm gelassen?« Der Schüler war verdattert. Er hatte sich ein tiefgehendes Gespräch über Gott und die Welt und seinen weiteren geistigen Weg versprochen. Der Meister stieß nach: »Wo liegt dein Regenschirm? Hast du ihn links oder rechts von der Tür gelassen? Zeigt er mit der Spitze nach innen, nach außen oder quer oder schräg?« Der Schüler wußte das nicht. Darauf der Meister: »Gehe hin und meditiere weitere sieben Jahre – und wenn du dann wieder zu mir kommst, wirst du es wissen.«

Alles erfahre ich, indem ich schweige, auf daß ich höre. Es ist ganz wichtig, daß wir uns des dichten Bezuges zwischen der Meditation, dem Schweigen und dem Hören, zwischen dem Ohr und unserer inneren, immanenten Spiritualität, bewußt werden. Was immer wir hören – zum Beispiel, wenn wir einen Ton hören –, dann hören wir auch Obertöne. Weil es unendlich viele Primzahlen gibt, gibt es – letztlich – auch unendlich viele Obertöne. Unbewußt leitet uns jeder Hörvorgang – sogar dann, wenn ich meinen Nachbarn in einem Gespräch, ja vielleicht sogar in einem Streit höre – die Obertonleiter empor, letztlich also in die Unendlichkeit. Das Ohr tut das auf viel direktere und unmittelbarere Weise, als das Auge es je könnte. Deshalb hat der russische Forscher Elsie von Cyon, der ein positivistischer Wissenschaftler war, gesagt: »Durch das Ohr wurde dem Menschen in seiner Evolution der Sinn für Unendlichkeit und Ewigkeit einprogrammiert.« Deshalb gibt es diesen Sinn bei allen Völkern und Rassen, in allen Kulturen und Zivilisationen. Deshalb ist der religiöse Sinn – C. G. Jung hat darauf hingewiesen – auch ein Trieb. Jung hat ihn mit dem sexuellen Trieb verglichen und gesagt, daß er ähnlich mächtig sei. Wir halten uns heute so viel darauf zugute, daß wir mit unseren Trieben bewußter umgehen, zum Beispiel mit dem Trieb, an den jeder zuerst denkt, wenn von Trieben die Rede ist – dem sexuellen, dessen Verdrängung vor noch gar nicht so langer Zeit ein wichtiges Problem war und viele seelische Erkrankungen ausgelöst hat. Was aber die rationalistische Zivilisation, in der wir leben, in Wirklichkeit getan hat, ist etwas ganz anderes. Sie hat an die Stelle der Verdrängung des einen Triebes, des sexuellen, die Verdrängung eines anderen Triebes, nämlich unseres spirituellen, gesetzt. Der degoutante, immer ein wenig süffisante Ton, mit dem heute in unseren Massenmedien – vom »Spiegel« über den »Stern« bis sonstwohin – über Spirituelles geredet wird, ist der gleiche, mit dem in der Generation unserer Großeltem über Sexuelles geredet wurde. Damals wurden Bücher, in denen etwas Sexuelles vorkam, von den Massenmedien boykottiert. Heute gibt es die gleiche Wand des Boykotts vor der spirituellen Literatur.

Von Lorenz Oken, dem bedeutenden Naturforscher des 19. Jahrhunderts, stammt das Wort: »Das Auge führt den Menschen in die Welt. Das Ohr führt die Welt in den Menschen.« Es ist wunderbar, daß das Auge uns in die Welt geführt hat. Wir haben sie dadurch lieben gelernt. Indem es uns in die Welt geführt hat, haben wir sie uns erschlossen. Indem wir sie erschlossen haben, haben wir sie erobert. Indem wir sie erobert haben, haben wir sie unterdrückt. Indem wir sie unterdrückt haben, haben wir sie ausgebeutet – bis zu dem Punkt, an dem wir wissen: So geht es nicht weiter.

Heute ist deshalb der Weg nach innen notwendiger als der Weg nach außen. Deshalb ist heute das Ohr so wichtig. Nicht nur Krishnamurti und nicht nur die Paläolinguistik erinnern uns, daß das Auge so viel mit dem Ego zu tun hat; auch für die Chinesen ist das Auge ein Yang-, das Ohr aber ein Yin-Sinn, ist das Auge männlich, aggressiv, nach außen dringend, während das Ohr als weiblich, rezeptiv, nach innen führend empfunden wird.

Wer der Mahnung der großen Weisen folgen will – hier und jetzt zu leben –, der kann das sehr viel leichter tun, indem er die Welt vorrangig durch seine Ohren wahrnimmt. Denn die Ohren führen das Wahrgenommene sehr viel stärker in uns hinein, während die Augen – so auch Lorenz Oken – den Wahrnehmenden sehr viel stärker aus sich heraus führen.

Deshalb sind so viele Meditationsaufgaben gleichzeitig Höraufgaben und Höraufforderungen.

»Hörst du das Rauschen des Flusses?« fragt ein japanischer Zen-Meister seinen Schüler. Darauf der Schüler: »Ja, Meister.«

Und der Meister: »Das ist der Weg.«

Es ist deshalb der Weg, weil der Hörende nicht woanders ist.
Er ist bei sich.
Im Hier und im Jetzt.

Deshalb schließen wir die Augen in der Meditation. Wie wir auch dazu neigen, sie in der Liebe zu schließen. Deshalb kommt das Wort »Mystik« von griechisch *myein* = die Augen schließen. Deshalb sind die Seher so vieler Kulturen blind – bei den Sufis, in der brahmanischen Überlieferung, bei Germanen und Kelten. Homer war blind. Ödipus wurde es, nachdem er wirklich verstanden hatte. Pythia, die Seherin des Orakais zu Delphi, war blind, und manche meinen auch, Kassandra in Troja sei blind gewesen.

Immer wieder, durch die Jahrtausende hindurch, klingt an: Der Seher ist deshalb Seher, weil er blind ist. Die Blindheit steigert die Seher-Gabe. Das göttliche Licht wird am ehesten dann wahrgenommen, wenn die Augen geschlossen werden. Unmöglich, sich eine entsprechende Implikation bei unseren anderen Sinnen vorzustellen – etwa: Der Schmeckende ist ohne Geschmack. Oder: Der Riechende kann nicht riechen. Aber: Die Seher sind blind.

Wir haben gesagt: Durch das Ohr wurde dem Menschen in seiner Evolution der Sinn für Unendlichkeit einprogrammiert. Deshalb stecken die großen spirituellen Bücher der Menschheit voller Höraufforderungen: der Koran, die Upanischaden, die Sutren Buddhas, das Alte und das Neue Testament, die Schriften und Aufzeichnungen von und über Schamanen und Seher. Deshalb finden wir dort so auffällig mehr Hör- als Sehanweisungen. Ja, viele spirituelle Traditionen – etwa das Judentum und der Islam – haben erkannt, wie stark unser Sehsinn uns nach außen führt, uns ablenkt; sie verbieten deshalb ausdrücklich, sich ein Bild, etwas Sichtbares von Gott zu machen, und sie betonen um so stärker: »O Gläubiger, höre!«, »O Israel, höre«, »Schema Adonai« – nun schon im dritten Jahrtausend die Kernaufforderung israelischer Gläubigkeit, wo immer Juden in der Welt betend zusammenkommen.

Man könnte ein ganzes Buch zusammenstellen mit Hör-Worten und Hör-Anweisungen aus den spirituellen Überlieferungen der Menschheit.

Bereits im Rig-Veda, dem uralten Buch indischer Weisheit, heißt es: »Atem der Götter, Lebenskeim der Welt, dessen Stimme man hört, doch dessen Gestalt niemand erblickt.« Und in den Upanischaden steht das lapidare Wort: »Das Ohr ist der Weg.«

Allein bei Moses kommt einundneunzigmal »Hören« vor. Immer wieder: »Höre, Israel!« Das erste Hör-Wort der Bibel lautet: »Sie hören die Stimme Gottes, des Herrn«, das letzte – in der Offenbarung des Johannes: »Und wer es hört, der spreche: Komm!«

In den Psalmen heißt es: »Heute, so ihr seine Stimme höret!« Dort steht auch das Verdikt: »Sie haben Ohren und hören nicht.« Und dann Jesaja: »Lasset uns hören, was zukünftig ist.« Schließlich Johannes im Neuen Testament: »Wer aus der Wahrheit ist, der höret meine Stimme.« Und Jesus: »Heute, so ihr meine Stimme höret!«

Wir leben in einer Zivilisation, die das Sehen und das Licht so überbetont, daß wir – bewußt oder unbewußt – meinen, die Seh-Worte seien in der Überzahl, aber jede Bibelkonkordanz – das unentbehrliche Nachschlagewerk der Theologen – weist aus, daß es umgekehrt ist: ein Vielfaches mehr Hör- als Sehworte! Auch in der Vorstellung der Kabbala – Heinrich Benedikt hat darauf hingewiesen – nährt sich das Ego aus Bildern. Es gibt dort das Gebet: »Herr, erlöse uns von den Bildern!« Gott ruft uns zu unserer Berufung; einen Ruf kann man nicht sehen, man muß ihn hören.

Krishnamurti hat gesagt: »Das Auge sagt Ich!« Und im Englischen klingen die beiden Worte für »Auge«, und »Ich« exakt gleich. Der Paläolinguist Richard Fester hat gezeigt, daß in vielen Sprachen überall in der Welt die Worte für »Auge« und »Ich« auf die gleiche Wurzel zurückgehen. Das also hat schon der frühe Mensch gewußt, als Sprache entstand: »Das Auge sagt Ich.«

Im Protestantismus hat Martin Luther die Hörbotschaften des Alten und Neuen Testamentes wieder aufgegriffen. In einer Predigt von 1545 sagte er: » ...ob man Sein Reich nicht sihet, wie man das weltliche sihet, so höret mans dennoch... Und ist Christi-Reich ein Hör-Reich, nicht ein Sehe-Reich. Denn die Augen leiten und führen uns nicht, sondern die Ohren müßten das tun... Das Reich Christi stehet allein im Gehöre... «

Das wichtigste Hör-Wort der Bibel steht im Buche des Propheten Jesaja: »Höre – so wird deine Seele leben!«

Eine junge Frau bei einem Seminar fragte mich einmal:

»Warum hat der Prophet Jesaja das im Futurum – in der Zukunftsform – gesagt? Warum immer die Vertröstungen auf die Zukunft? Warum nicht jetzt?« Die Frage trifft den Kern. Die eigentliche Forderung lautet: *HÖRE, SO LEBT DEINE SEELE JETZT!*

Die Übersetzung: »Höre, so wird deine Seele leben«, verdanken wir – verdankt auch die katholische Kirche – Martin Luther. In Wirklichkeit ist in dem alten Hebräisch, in dem der Prophet Jesaja gesprochen hat, die Gegenwarts- und die Zukunftsform nicht unterscheidbar. Auch für Luther also hätte das Präsens näher gelegen. Aber das Christentum mit seiner eigentümlichen Fixation auf Zukunft wählte die Form des Futurums. Wie es sie oft wählt. Der Messias wird kommen. Nun schon 2.000 Jahre lang. Deine Seele wird leben. Du wirst erlöst werden. Das Paradies wird wieder kommen – irgendwann in der Ewigkeit. Und die wird als weit in der Zukunft liegend mißverstanden.

Dabei ist Ewigkeit jetzt. Der Messias kommt – hier und jetzt – wenn du bereit bist. Das »Jetzt!« ist den Zen-Meditierenden und den Taoisten gegenwärtiger als der abendländischen Welt.

An der betreffenden Stelle im Alten Testament steht, Jesaja habe nackt gesprochen. Damit dies nicht mißverstanden werden kann, ist ausdrücklich hinzugefügt, er habe nicht einmal einen Lendenschurz getragen. So muß man sich das also vorstellen: Der nackte, bärtige, langhaarige Mann Jesaja auf einem Hügel oder Sandhaufen – wahrscheinlich in der Wüste Sinai –, umgeben von den rauhen Kriegern und Hirten seines Wüsten- und Räubervolkes, ihnen zurufend, sie ermahnend, sie beschwörend: »Höre, so lebt deine Seele!« Es bestand kein Anlaß, von der Zukunft zu reden. Die Gegenwart mußte gelebt und überlebt werden.

Auch wir sind ein Räubervolk. Auch uns muß gesagt werden: »Höre – so lebt deine Seele!«

Wo Luther »Seele« übersetzt hat, steht in dem hebräischen Satz das Wort *»Näfäsch«* – und damit stöbern wir in dem kurzen Satz gleich noch ein zweites, weitreichendes Übersetzungsmißverständnis auf. Durch die Adern der hebräischen »Näfäsch« nämlich fließt Blut, sie ist voller Lebendigkeit und Kraft, keinesfalls die abgehobene, verklärte »Seele« des christlichen Verständnisses.

Der Prophet Jesaja meinte also nicht bloß: »Höre – so lebt deine Seele!« Er meinte:

*HÖRE – SO LEBST DU. JETZT!*

# Warum haben Frauen höhere Stimmen als Männer?

Die höhere Stimme der Frau und die tiefere des Mannes bilden das Klangmuster, das jeder menschlichen Kommunikation auf diesem Planeten den Stempel aufdrückt. Man sollte annehmen, daß es viele wissenschaftliche Untersuchungen über die mit diesem Phänomen zusammenhängenden Fragen gibt. Aber es gibt fast nichts. Das abendländische Wissenschaftsdenken hat sich zwar – mit und seit Descartes – gefordert gesehen, »alles zu untersuchen, was meßbar ist«, aber »meßbar« hat es zumeist als »sichtbar« mißverstanden. Selbst die Funktionsweise unseres Ohres beginnen wir erst heute allmählich zu verstehen; wie unser Auge arbeitet, wissen wir schon seit dem Anfang des Jahrhunderts.

Versuchen wir, Folgendes nachzuvollziehen: Wir haben ein Konzert gehört, gehen nach Hause, erinnern uns an Melodien oder Themen, die uns besonders beeindruckt haben, pfeifen oder singen sie vielleicht vor uns hin und fragen uns dann, welche Instrumente es gewesen sind, die diese Melodien gespielt haben. Fast immer werden es hohe Instrumente gewesen sein: Violinen, Trompeten, Flöten... Erinnern wir – ausnahmsweise – eine Melodie, die ein tiefes Instrument gespielt hat, bemerken wir, daß an der betreffenden Stelle die hohen Instrumente geschwiegen haben, mindestens aber zurückgenommen wurden. Wenn dies nicht geschieht, können wir tiefe Instrumente als Träger einer eigenen Botschaft nicht wahrnehmen, wir hören sie lediglich, insofern sie einem Klang Fülle, Volumen, Farbe etc. geben.

Bei Richard Wagner und anderen spätromantischen Komponisten kommt es vor, daß eine einzelne Piccolo-Flöte hoch über dem Riesenorchester – 100 bis 120 Musiker – liegt. Die Piccolo-Flöte ist nur etwa 20 Zentimeter lang – das kleinste Instrument des europäischen Symphonieorchesters. Dennoch klingt ihre hohe Stimme weit hinweg über den mächtigen Klangapparat. Sobald sie einsetzt, fordert sie – und erhält sie – unverhältnismäßig stärkere Aufmerksamkeit als alle die anderen Instrumente. Wer genau hinhört, bemerkt: So laut auch die riesigen Klangmassen, die darunterliegen, schwingen und wogen, dröhnen und toben, gegen das kleine Piccolo-Ding kommen sie einfach nicht an.

Ich komme vom Jazz her. Da gibt es das beliebte Phänomen des Baß-Solos. Wenn der Bassist ein Solo spielt, dann muß er Wert darauf legen, daß die hohen Instrumente gar nicht oder nur sehr sparsam spielen. Meist wird er nur von einem Pianisten begleitet, der wenige *spacy* (von *space* = Raum) um die Improvisationen des Bassisten herumgesetzte Akkorde anschlägt. Spielt der Klavierspieler mehr, verschwindet sofort der Eindruck eines Baß-Solos; statt dessen setzt sich das Gefühl durch, man lausche einem Klaviersolo.

Spüren wir dem Wort »Bassist« nach. Man kann es nicht nur auf den Spieler eines tiefen Instruments beziehen, es kann auch einen Mann mit einer tiefen Stimme bezeichnen. Auch der muß darauf Wert legen, daß sich die anderen Stimmen zurücknehmen, wenn er mit seiner »tiefen« Botschaft gehört werden will. Für die Frauen ist das nicht wichtig, ihre Stimmen liegen ja doch »oben«. Man kann es in jedem Restaurant oder Cafe beobachten. Aus dem allgemeinen Stimmengewirr dringen in erster Linie weibliche Stimmen heraus. Sie prägen das Klangbild – nicht, weil – wie die Männer immer sagen – die Frauen lauter reden, sondern weil Schwingungen in der Frequenzhöhe weiblicher Stimmen leichter durchdringen und besser wahrgenommen werden können. Es gibt sogar ein physikalisches Gesetz, das Weber-Fechnersche, das dies in eine Formel faßt: Hohe Frequenzen werden intensiver wahrgenommen und tönen weiter als tiefe, wenn der »Energie-Input« bei beiden – hohen und tiefen – der gleiche ist.

Trägern tiefer Stimmen also muß es wichtig sein, daß hohe Stimmen schweigen – mindestens aber sich zurücknehmen –, wenn sie gehört werden wollen. Ist dies der biologisch-physikalische Grund für ein gesellschaftliches Verhalten der Männer, das man »Patriarchat« nennt? Mindestens so überzeugend wie alle die anderen?

Wir haben dreimal so viele Haarzellen in unserem Innenohr, um Schwingungen in hohen Frequenzen wahrzunehmen, als Haarzellen für tiefe Frequenzen. Warum hat die Evolution das so eingerichtet?

Fast alles, was wichtig für unser Überleben ist, schwingt in den hohen Frequenzlagen weiblicher Stimmen: Sirenen und Signale von Feuerwehr, Polizei, Krankenhausambulanzen, Alarm- und Luftschutzwarnungen... schon die Klingel unserer Schulzeit. Natürlich auch die in unseren Wohnungen. Morgens der Wecker. Kein gesellschaftliches Verhaltensmuster konnte dies ändern, obwohl doch Fernsehen und Radio, sobald alarmierende und beunruhigende Neuigkeiten verkündet werden, diese Aufgabe im allgemeinen männlichen Sprechern übertragen. Sie tun das, weil in unserer Gesellschaft Männer über mehr Autorität gebieten als Frauen; aber männliche Menschen verfügen erst seit 4000 oder 5000 Jahren über dieses Mehr an Autorität. Daß wir dennoch hohe Melodien oder hohe Signale intensiver wahrnehmen als tiefe, hat damit zu tun, daß uns die Evolution für hohe Frequenzen so viel stärker sensibilisiert hat als für tiefe, ist also ein Befund, der nicht erst gesellschaftlich seit ein paar tausend Jahren, sondern über Hunderttausende von Jahren genetisch und evolutiv konditioniert ist. Wir können nichts an ihm ändern, selbst wenn wir es wollten – und die Gesellschaft wollte es oft genug.

Noch deutlicher als durch die dreimal größere Anzahl der Zellen wird der Rang, den die Evolution den höheren Schwingungen zubilligt, durch die Lage der Zellen. Diejenigen nämlich, die hohe Schwingungen aufnehmen, sitzen gleich unten am Eingang der Cochlea. Die Zellen für tiefere Schwingungen sind weit drinnen und hoch oben an der Spitze. Jeder, der sich das im Mikroskop anschaut, kann sehen: Die Evolution hat den Platz gewählt, der noch übrigblieb. Offenbar war es ihr nicht so wichtig, diese Zellen zu bilden, sie hat das erst später im Laufe der – phylogenetischen und ontogenetischen – Entwicklung getan.

Die Cochlea wertet also (Alfred Tomatis weist darauf hin) genau umgekehrt: Die höheren Schwingungen bilden die Basis. Unsere Wahrnehmung stellt das auf den Kopf – vielleicht schon die des frühen Menschen, auf jeden Fall aber – zusätzlich noch gesellschaftlich konditioniert – die des geschichtlichen Menschen.

Männern ist der »Basis-Charakter« ihrer Stimme wichtig. Deshalb singen sie gerne in Männerchören – nicht nur allein im deutschsprachigen Raum: in Dörfern, auf dem Lande, in kleinen Gemeinden. Mächtiger noch sind die arabischen des Magrebh, virtuoser noch die japanischen. Warum lieben es Männer, zusammen zu singen? Weil sie da endlich einmal die mächtigen Brust- und Bauchtöne ihrer tiefen Stimmen herauslassen können, ohne daß höhere Stimmen darüberliegen, die vielleicht sehr viel leiser singen, aber dennoch soviel mehr Aufmerksamkeit erhalten?

Wer »Männergesangsvereine« kennt, weiß: Ihr wöchentliches Zusammenkommen ist eine Art Ritual, ein Männerbund, der irgend etwas Geheimnisvolles, kaum in Worte zu Fassendes, Mythisches zelebriert. Die Frauen, die zu Hause bleiben, spüren das; sie lächeln darüber. Viele können nicht begreifen, was da geschieht. Natürlich gibt es auch Frauenchöre – zum Beispiel die wunderbaren bulgarischen –, aber sie sind nicht sehr häufig. Für Frauen ist es kein wichtiges Anliegen, nur mit anderen Frauen zusammen zu singen. Es macht ihnen mehr Spaß, wenn auch Männer mitsingen. Ihre Stimmen liegen ja doch oben, besetzen automatisch die führenden Positionen. Wenn Beethoven in seinem Freudenchor die Männer singen läßt »O Freunde, nicht diese Töne!«, dann muß er die weiblichen Stimmen schweigen lassen. Wenn dann aber die weiblichen Stimmen wieder einsetzen, werden die männlichen nur noch als Klang- und Volumenfaktor wahrgenommen. Jeder Komponist von Chorwerken hat sich – bewußt oder unbewußt – mit diesem Problem auseinandergesetzt, von Händel bis Ligeti.

Hellere Stimmen wirken nicht nur dominanter, sondern auch differenzierter als tiefere. Ich war jahrelang Produzent von Jazzplatten. Damals habe ich mich oft darüber aufgeregt, daß die Bassisten so schlecht »stimmen«. Immer wieder mußte ich Aufnahmen abbrechen und sagen: Stimm erst noch mal nach. Heute weiß ich:

Es ist viel leichter, eine Geige als einen Baß zu stimmen. Das menschliche Ohr nimmt in den hohen Lagen etwa dreimal so viele Unterteilungen wahr wie in den tiefen.

Daß die höhere Stimme der Frau benötigt wurde, weil Frauen Kinder betreuen – etwa um spielende Kinder rufen zu können –, ist patriarchalischer Schwachsinn. Kinder entfernen sich nicht so weit von der Mutter – zumal nicht in den Horden der menschlichen Frühzeit –, daß nicht auch eine tiefe Stimme sie erreichen könnte. Im Gegenteil, gerade für die Kommunikation mit Kindern wäre ein tiefer Baß plausibler als ein hoher Sopran – wegen des Kontrastes; Kinder haben ja selbst hohe Stimmen.

Unter Berücksichtigung der Lebensbedingungen in den Urhorden der frühen Menschheit müßten es die Männer gewesen sein, die die Natur hätte höher »stimmen« müssen; sie haben die Lager und Höhlen verlassen, um den Lebensraum zu erweitern, auf die Jagd zu gehen, auf Feinde zu stoßen... Dafür sind hohe Stimmen zweckmäßiger.

Um so gewichtiger müssen die Gründe der Evolution gewesen sein, die Stimmen der Frauen dominant zu machen: weil sie eben die Frau selbst dominant machen wollte?

Wenn Männer wollen, daß ihre Stimmen weit dringen und gleichwohl in Nuancierungen differenziert bleiben, müssen sie sie trainieren, damit sie in weibliche Höhen aufsteigen können. Deshalb gibt es den Jodelklang, den man nicht nur bei den europäischen Alpenvölkern, sondern – als sogenanntes *falsetto* – auch bei vielen Bewohnern des Himalayas und der südamerikanischen Anden, auch bei bestimmten Pygmäen-Stämmen Zentralafrikas hören kann.

Noch immer ziehen Feldwebel und Unteroffiziere ihre Stimmen nach oben, wenn sie auf dem Kasernenhof herumschreien und wollen, daß ihre Kommandos befolgt werden. »Rechts – um!« Das »Um!« liegt mindestens um eine Quint, bei manchen Kommando-Schreiern um eine Oktave über der durchschnittlichen Stimmlage des betreffenden Mannes.

Im normalen »humanen Gesamtklang« aber fordern die weiblichen Stimmen Leitfunktion – und erhalten sie auch; die männlichen Stimmen »dienen«. Sie gehören in dem Sinne »unteren« Lagen an, wie man von dienenden Menschen sagt, sie stehen »unter« den Herrschenden; vielleicht nennen wir deshalb hohe Stimmen »hoch« und tiefe »tief«.

Hoch und tief: Am Anfang waren dies räumliche Bezeichnungen – vielleicht auf Berge und Täler bezogen. Aber früh schon hat sich »hoch« und »tief« natürlich auch in der Gesellschaft ausgeprägt. Der »höher« Gestellte stand – wie Moses, wie Jesus, wie Feldherren und Anführer überall in der Welt – auf einem Berg, einem

Hügel, einer Erhöhung, einem Podest und sprach zu »seinem« Volk. Auf diese Weise konnte jeder sehen, wer »oben« und wer »unten« steht.

Die Wissenschaft hat in den letzten Jahren so viel eindrucksvolles Material gefunden, daß kein ernst zu nehmender Forscher zweifelt: Es hat einmal ein »Matriarchat« gegeben – eine Herrschart der Frauen. Das »Patriarchat« – die uns heute bekannte Männerherrschaft – ist verhältnismäßig jung: 4.000 oder 5.000 Jahre alt. Hunderttausende von Jahren sind es Frauen gewesen, die »oben« standen und »von oben herab« zu ihrem Clan, ihrer Sippe, ihrem Volk gesprochen haben. Wenn ihnen die Männer antworteten, kam ihre Stimme von »unten«. So also muß die Entwicklung verlaufen sein: Erst bezog sich »hoch« und »tief« konkret auf Räumliches, dann wurde es auf Gesellschaftliches übertragen, zuletzt auf Hörbares.

Noch immer, wenn wir eine Frauenstimme als die »höhere« hören, schwingt in dem Hörvorgang die verschüttete Ahnung ihrer höheren »Stellung«. Der französische Akustiker René Chocholle hat in Tests herausgefunden: Wenn eine Schallquelle diffus ist, orten die meisten Menschen den höheren Ton instinktiv »oben«; sie deuten, wenn sie gefragt werden, woher der Ton komme, nach oben. Werden sie nach der Herkunft einer diffusen tieferen Stimme gefragt, weisen sie nach unten.

Es ist seltsam, daß das so ist. Denn Männer sind doch im allgemeinen größer als Frauen. War also dem frühen Menschen die »höhere« gesellschaftliche Stellung der Frau »wichtiger«, hat sie ihn – hat sie seine Gene – stärker beeindruckt und codiert als die größere Körperhöhe des Mannes?

Weil die höheren Stimmen der Frauen dominant sind, haben Frauen viel mehr und viel häufiger Spaß an ihren Stimmen als Männer. Sie verwenden sie freier, leichter, fröhlicher, hemmlungsloser. Zum Beispiel in der Liebe. Was sie da fühlen, setzen sie im allgemeinen viel direkter und ungehemmter in Laute um als die meisten Männer. Sie müssen das von Anfang an getan haben – womit ich meine: vom Beginn der Entwicklung zum *homo sapiens* an, vielleicht schon früher. Deshalb haben sie Sprache geschaffen. Richard Fester, der Begründer der Paläolinguistik, hat das in seinen Werken ausführlich gezeigt. Fast alle die frühen Urworte und Ursilben in den Sprachen der Menschheit sind aus weiblicher Perspektive geformt worden.

Die Ansicht der alten, patriarchalisch konditionierten Sprachforschung, Männer hätten die Sprache bei der Jagd geschaffen, ist lachhaft. Fester pflegte bei seinen Seminaren zu fragen: »Warum zur Jagd? Um das Wild zu vertreiben?«

Es gibt noch perfektere, mörderischere Jäger als den Menschen. Aber sie brauchen keine Sprache. Natürlich können Sprache und Laut bei der Jagd hilfreich sein, nur ist nicht einzusehen, daß der Impuls dazu so stark ist, daß er zur Schaffung von Sprache geführt haben könnte. Aber der Impuls zur Sprache ist elementar nötig zur Kommunikation: mit dem Baby, dem Kind, dem Geliebten. Das ist ein primär weibliches Anliegen. Männer wollen meist auf die direkteste Weise zum Ziel kommen. Frauen wollen Beziehungen differenzieren. Dafür wird Sprache gebraucht.

Ist es nicht erstaunlich, daß die männlich-dominierten abendländischen Wissenschaften so wenig über dieses Thema gearbeitet haben? Könnte es sein, daß sie davor gekniffen haben – unbewußt, aber vielleicht auch ein klein wenig bewußt?

Wissenschaftler werden von der Gesellschaft bezahlt. Je weiter die Entwicklung fortgeschritten ist, desto stärker hat die etablierte Wissenschaft dazu tendiert, die Antworten zu geben, die die Gesellschaft von ihr haben will. Heute zumal gibt es kaum noch Wissenschaftler, die nicht genau die Antworten geben, die diejenigen, die sie bezahlen, von ihnen erwarten.

Vielleicht folgte auch ich einer gesellschaftlichen Konditionierung, indem ich diesen Beitrag mit der Frage überschrieb, warum Frauen höhere Stimmen haben. Die eigentliche Frage lautet ja: Warum haben Männer tiefere Stimmen? Die Mehrzahl der Menschen – nämlich Frauen plus Kinder – haben höhere Stimmen. In der Zeit ihres Stimmbruchs lösen sich die jungen Männer aus diesem Klangbild, um eine tiefere Stimme zu bekommen.

Die Evolution wollte die Männer auch stimmlich von den Frauen unterscheiden. Sie hätte das auf die vielfältigste Weise tun können, aber sie hat sich dafür entschieden, die Stimme der Männer nach unten zu verlegen: in Frequenzbereiche, die – gemessen an der Verteilung der Haarzellen und Rezeptoren in unserem Innenohr – als »nicht so wichtig« aufgenommen werden. Wir wissen heute zu viel über die »Final-Steuerung« derartiger Entwicklungen, als daß wir uns darauf hinausreden könnten, dies sei ja alles nur Zufall. Die systemische Biologie und Evolutionsforschung spricht von »Rückkoppelungsschleifen« in der Entwicklung der Arten: Der angesteuerte Endzustand bestimmt den Weg, der beschritten wird. Darwin war entsetzt vor Augen und Blumen; er spürte, es gäbe sie nicht, wenn seine Theorie in der Ausschließlichkeit stimmte, mit der er sie proklamiert hatte. Seit es Computer gibt, haben die Wissenschaftler durchgerechnet: Das Weltall ist noch nicht alt genug – und unser Planet schon gar nicht! –, um auf dem Wege zufälliger Mutationen Blumen, Ohren, Augen und ähnlich komplizierte Gebilde bilden zu können. Der »Zufall« – alle 5 000 oder 10 000 Jahre eine erhaltenswerte Mutation – schafft das nicht in so »kurzer« Zeit.

Wahrscheinlich müssen wir noch ein paar Jahre warten, bis wir etablierte Wissenschaftler fragen können, warum Männer tiefe und Frauen höhere Stimmen haben: warum die Evolution den Frauen so offensichtlich den vorteilhafteren

Frequenzbereich eingeräumt und Männern den weniger vorteilhaften zugewiesen hat. Ist es sinnvoll zu warten? Ist es überhaupt sinnvoll, jedes oder fast jedes Problem an Wissenschaftler, Fachleute, Spezialisten zu delegieren? Werden wir nicht immer abhängiger dadurch, immer weniger frei, immer konditionierter und immer manipulierbarer?

Ist es nicht sehr viel sinnvoller, in einer Frage, von der wir spüren, daß sie das Zusammenleben von Frauen und Männern auf diesem Planeten so elementar betrifft wie die höheren weiblichen und die tieferen männlichen Stimmen, uns selbst zu befragen? Der hörende Mensch akzentuiert Fragen, der sehende Antworten. Deshalb liebe ich es, in meinen Büchern und Artikeln Fragen zu stellen.

Fragen wir also: Was bedeutet es für dich, wenn dir bewußt wird, daß du in deinem Innenohr sehr viel mehr Haarzellen besitzt, um höhere Stimmen wahrzunehmen als tiefere?

Ich kenne viele Frauen, die darauf antworten: Freude. Bestätigung. Kraft. Sicherheit. »Es macht Spaß, das zu wissen.«

In allen Musikkulturen der Menschheit zielt Freude in die Höhe. Selbst der tiefste Baß singt nach oben, wenn er Freude ausdrücken will. Auch die gesprochene Sprache tendiert in die Höhe, wenn der Sprecher freudig erregt ist. Andererseits: Trauer »zieht runter«.

Bleiben wir bei unserer Frage. Ich kenne Männer, die auf sie antworten: Na siehste, wir sind eben darauf angewiesen, die Trägerinnen der hohen Stimmen zur Ruhe zu bringen, sonst können wir – wie du ganz richtig sagst, aus biologischen und physikalischen Gründen – nicht gehört werden.

Und ich kenne ein paar Männer, die darauf antworten:

Verständnis. Liebe. Genau das, was Polyphonie – Mehrstimmigkeit – in der Musik bedeutet. Zwar liegen die hohen Stimmen meist oben, aber dennoch können sich die musikalischen Linien und Melodien *kreuzen* und miteinander *verbinden* (was übrigens Zeitworte sind, die auch gesellschaftlich und sexuell verstanden werden können). Und es sind die tiefen Stimmen, die den hohen Fülle und Kraft, Farbe und Resonanz geben.

Polyphone Musik sagt »wir«. Der das gesagt hat, Adorno, war ein Patriarch reinsten Wassers und hat viel lieber »ich« als »wir« gesagt und gefühlt – wie sich vor allem in den Auseinandersetzungen mit seinen Studenten (und Studentinnen!) in den Sechzigerjahren erwies. Sein Reden über die gesellschaftlichen Bezüge von Musik, also auch von Polyphonie, war immer nur »lipservice«, nur Worte und sonst nichts.

Seien wir also skeptisch: Als Polyphonie – die hohe Kunst mehrstimmiger Musik – in den Werken Orlandos und Palestrinas im 16. Jahrhundert ihrem ersten Höhepunkt zustrebte, strebte auch das Patriarchat seinem Höhepunkt entgegen.

Könnte es sein, daß polyphone Musik ein Trick des herrschenden Mannes gewesen ist? Sie ist die einzige Musikart, in der tiefe Stimmen – Stimmen in »männlichen« Lagen – als gleichberechtigt und selbständig wahrgenommen werden können. Sonst haben sogar Kinder mehr Chancen, gehört zu werden, als Männer.

Polyphone Musik also sagt zwar »wir!«, aber tut sie das vielleicht nur, um auf diese Weise »Herr!« sagen zu können? Es ist ja auffällig: Das »Wir!« ist das Mittel, mit dessen Hilfe sich die »unten-liegenden« – die »unter-legenen« – Stimmen Sitz und Rang er-spielen und er-singen.

Wenn der Mann will, daß seine Stimme gehört wird, muß er, da er sie beim besten Willen – und wahrhaftig, den hat er gehabt! – nicht dominant machen kann, auf »Pluralismus« dringen: auf viele verschiedene Stimmen, die sich so voneinander abheben, daß auch die tieferen gleichberechtigt wirken.

Wer nur von Musik was versteht, versteht auch von der nichts, hat Hanns Eisler gesagt. Deshalb eben das Wort »Pluralismus«. Wenn alles in der Geschichte der Musik ein Modell der Gesellschaft ist – und es gibt genug kompetente Untersuchungen, die dies belegen –, dann ist auch und gerade das, wovon ich hier rede, Modell. Was Polyphonie in der Musik ist, das ist Demokratie in der Gesellschaft: die Gleichberechtigung sämtlicher »Stimmen« – auch derjenigen, die die Natur »unten« liegen läßt.

Wir alle – Männer und Frauen, die wir in dieser Kultur leben – lieben mehrstimmige Musik. Nicht bloß bei Johann Sebastian Bach. Auch guter Rock kann polyphon sein. New-Orleans-Jazz war es. Free Jazz auch. Kinder singen gern Kanons. Was lieben wir da? Die Antwort kann nur lauten: die Gleichberechtigung der vielen verschiedenen Stimmen, die sich da äußern. Kürzer: Gleichberechtigung. Die Freude an ihr.

Lauschen wir noch ein wenig genauer hinein: Was hören wir in polyphoner Musik, die wir lieben – von Bachs »Kunst der Fuge« bis Coltranes »Ascension«? Was hören wir zuerst? Kein Zweifel: die hohen Stimmen! Wir hören zwar all die anderen auch – jede mit (fast) gleichem Rang –, aber alle Raffinesse und Satzkunst kann nichts daran ändern: Die hohen dominieren. Wir könnten die hohen schwach und die tiefen stark machen – meinetwegen gleich ein ganzes Dutzend Wagner-Tuben gegen eine einzige Piccolo-Flöte setzen. Wer dominiert? Die Flöte!

Ganz zu Ende gedacht, sagt also nicht bloß die Einstimmigkeit, die sogenannte »Monodie«, sondern auch die Polyphonie *zuerst:* »Frau!« Aber sie sagt eben auch all das andere: Sie sagt: »Herr!« und sagt: »Wir!«

# Mütter sind Sender – Babys Empfänger (Vom Hören mit vier Ohren)

Robert Johnson – ein bekannter Journalist in Frankreich, Lesern der Zeitschrift *L'Actuel* wohlbekannt – entdeckte in den mittleren Jahren seines Lebens zwei Platten: die »Kreutzer-Sonate« von Beethoven und Gustav Mahlers »Lied von der Erde«. Johnson: »Ich war verrückt nach ihnen. Manchmal hörte ich sie täglich. Ich versuchte verschiedene Interpretationen, aber es waren nur zwei, die mir Gänsehaut bereiteten: die »Kreutzer-Sonate« mit Yehudi Menuhin und »Das Lied von der Erde« mit Kathleen Ferner. Alle meine Ängste gingen weg davon, meine Depressionen, sogar meine Migräne... «

Einmal, als Johnson seinen Eltern ein schönes Geschenk machen wollte, dachte er: Ich kann ihnen nichts Besseres schenken als diese zwei Platten. Er schickte sie ihnen. Die Mutter rief sofort zurück: »Aber wir kennen sie doch in- und auswendig. Das sind die beiden ersten Platten, die wir uns gekauft hatten, als wir mit dem Schiff aus den USA angekommen waren. Ich war gerade schwanger mit dir... Jeden Nachmittag legte ich mich hin und hörte diese Musik... «

Die Mutter hatte den Sohn auf der Schiffsfahrt von den USA nach Frankreich empfangen. In den ersten Wochen der Schwangerschaft spielte sie oft diese Platten – und dann entdeckte der Sohn, 30 oder 35 Jahre später, »zufällig« die gleichen Aufnahmen, und sie werden – nur diese Interpretationen, keine anderen! – seine Lieblingsmusik – sogar seine Migräne heilen.

Der Fötus hört. Viel früher, als die Wissenschaftler eben noch geglaubt hatten. Ständig schiebt sich die Grenze weiter nach vorn. Werden wir eines Tages erkennen: Er hört von Anfang an? Viele meinen das jetzt schon.

Wir haben (im ersten Beitrag dieses Buches) gezeigt: Unser eigentliches Hörorgan – das Labyrinth mit der Cochlea – ist viereinhalb Monate nach der Empfängnis fertig ausgebildet.

Aber wir hören noch früher. Robert Johnson hörte die »Kreutzer-Sonate« und »Das Lied von der Erde« in den ersten Wochen, nachdem er empfangen worden war – und »vergaß« sie sein Leben lang nicht.

Alfred Tomatis, der große französische Hörforscher, erzählt die Geschichte der kleinen Odile, eines autistischen (= kommunikationsunfähigen, auf keine Ansprache reagierenden) Kindes. Die Eltern brachten es zu ihm in die Behandlung, aber Tomatis gelang es nicht, irgendwelche Fortschritte zu erzielen. Odile entzog sich jeder Form von Ansprechversuchen. Da, eines Tages, als sie wieder einmal ihre Behandlungsstunde absolvierte, schaute jemand zur Tür herein, der Englisch sprach. Tomatis bemerkte eine Spur der Reaktion – und er ging dieser Spur nach. Immer häufiger sprach er Englisch mit Odile, und immer häufiger beobachtete er Reaktionen. Es gelang ihm, sie zu heilen – Englisch sprechend.

Eines Tages, als der Vater in die Sprechstunde kam, fragte Tomatis ihn, ob die Eltern während der Schwangerschaft Englisch gesprochen hätten. Der Vater: »Nein, bei uns wird nur Französisch gesprochen.« Aber die Mutter konnte sich erinnern, daß sie in den allerersten Wochen ihrer Schwangerschaft in einer Import-Export-Firma gearbeitet hatte. Da sprach sie täglich Englisch. Diese allerersten Wochen waren auch die einzige Zeit, in der sich die Mutter auf Odile gefreut hatte. Da war sie glücklich, daß sie sie empfangen hatte. Später ging der Vater ins Ausland – er war Seemann –, die Mutter zweifelte, ob er je zurückkommen würde, und trug sich mit dem Gedanken an eine Abtreibung.

Hören bildet in den Monaten, in denen wir Fötus und Embryo sind, die Hauptbeschäftigung unseres Daseins. Wir können noch nicht durch andere Reize abgelenkt werden. Aber was auch immer der Embryo hört, er hört es vor dem ununterbrochenen Hintergrund des Herzschlages seiner Mutter. Der ist das Ur-Metrum – ein Wort, in dem die Wortwurzel für Meter, Maß, Maßstab, messen, *mater* (= die Mutter) verborgen ist. In diesem Rhythmus schwingt und klingt unsere Mutter für uns: das Maß unseres Lebens – neun Monate lang. Wir vergessen das nie. Alle Rhythmen, die Menschen lieben – in allen Kulturen der Menschheit –, sind auf irgendeine Weise dem Herzschlag verwandt. Je näher sie ihm kommen, als desto elementarer werden sie empfunden.

Deshalb lassen sich alle Rhythmen der Welt auf Zweier- und Dreier-Rhythmen zurückführen. Die beiden nämlich machen den Herzschlag aus: Die beiden betonten Schläge unseres Herzens »säen« den Zweier-Rhythmus; durch den danach ausgesparten, kaum hörbaren dritten Schlag entsteht der Dreier-Rhythmus. Unser Herz tut ständig beides gleichzeitig – gehen und Walzer tanzen.

Die Verhaltensforscher Doris und David Jonas haben frisch geborenen Babys, die man in einem Kreißsaal zusammenlegte, Tonbänder mit Herzgeräuschen vorgespielt. Zum Vergleich gab es in einem anderen Kreißsaal keine Herzgeräusche. Der Versuch wurde in vielen Krankenhäusern und Entbindungsstationen wiederholt. Der Befund war übereinstimmend:

»Man konnte das Ergebnis schon hören, bevor die Meßresultate vorlagen. Auf dem Flur, wo der Kreißsaal lag, in dem die Babys die Herzrhythmen hörten, war es still. In dem anderen Kreißsaal wurde so laut geschrien, wie Babys überall in der Welt schreien, wenn sie längere Zeit nicht bei der Mutter sind.«

Immer mehr Forscher sind überzeugt: Das Wichtigste, was einer schwangeren Frau gesagt werden kann, ist: »Du hörst jetzt mit vier Ohren! Nicht mehr nur mit deinen beiden eigenen, sondern auch mit den Ohren des in dir wachsenden Babys.«

Und immer deutlicher wird: Das Baby hat die besseren Ohren. Es hört aufmerksamer, wacher, lebendiger, liebevoller, beteiligter. In diese Aufmerksamkeit dringen Worte des Streites oder des Schimpfens wie (so der amerikanische Mediziner Dr. Thomas Verny) »Peitschenhiebe«.

Worte der Liebe aber nimmt der Embryo wahr wie Liebkosungen. Er nährt sich an ihnen – mehr als an irgend etwas anderem.

»Siehe, da ich die Stimme deines Grußes hörte, hüpfte vor Freuden das Kind in meinem Leibe« (Lukas I, 44), empfand Elisabeth, die Mutter von Johannes dem Täufer, als Maria, die Mutter Jesu, sie besuchte.

Früher, als die Frauen sich noch von Frauen durch die Zeit der Schwangerschaft und Geburt begleiten ließen, haben Ammen und ältere Familienmitglieder den werdenden Müttern geraten: »Sprich zu deinem Kind. Sprich täglich zu ihm. Sei sicher, es hört dich. Sprich von Anfang an zu ihm und mit ihm.«

Mütter, die das tun, machen die Erfahrung: Ihr Baby antwortet ihnen. Wenn es sich bewegen kann, reagiert es durch Bewegungen, aber schon vorher haben sensible Mütter das Gefühl: Da ist ein kleines Wesen, das mir zuhört und mir antwortet. Die Österreicherin Mirabelle Coudris hat ein Buch – »Ich kann sprechen«, einen Bestseller, in viele Sprachen übersetzt – über die Kommunikation mit dem in ihrem Leib heranwachsenden Embryo geschrieben.

Wieviele Mütter sind sich dieser Kommunikationsmöglichkeit bewußt? Die meisten ändern ihr Leben kaum, wenn sie schwanger geworden sind – oder ändern es gerade nur insoweit, wie ihr Zustand sie dazu zwingt.

Dr. Verny: »Man meint ja, es sei selbstverständlich, daß Schwangere an ihr Baby denken, aber eine Untersuchung, die vor einigen Jahren durchgeführt wurde, beweist das Gegenteil. Die Wissenschaftler wollten wissen, wie oft eine Schwangere an ihr ungeborenes Kind denkt. Sie fanden heraus, daß in den ersten sechs Monaten fast ein Drittel der befragten Frauen – insgesamt waren es 500 – an alles andere dachte als an ihr Baby. Sie beschäftigten sich mit ihrem Mann, ihrer Arbeit, ihrem Auto, ihrer Kleidung, den Einkäufen, dem Film, den sie am Wochenende sehen, so gut wie nie dachten sie an das Kind in ihrem Bauch.«

Es ist notwendig, sich vorzustellen, was dies bedeutet: Da ist ein kleines Wesen, das monatelang in einen engen, dunklen Raum hineingepfercht ist – und niemand beschäftigt sich mit ihm! Könnte es sein, daß der moderne Mensch seine Kinder schon vor der Geburt zu jener Vereinsamung, Entfremdung, Kontaktscheue zu erziehen und zu programmieren beginnt, die zu den Kennzeichen seines Lebens gehören?

Dr. Verny fand heraus, daß Kinder, die in einer solchen Haltung ausgetragen werden, von allem Anfang an ängstlich auf die Welt kommen. Wenn aber die Mutter auf Kommunikation mit ihrem ungeborenen Kind »schaltet«, »sät« sie Eigenschaften wie Optimismus, Vertrauen, Freundlichkeit, Lebenssicherheit, Liebesfähigkeit.

Mütter sind Sender. Babys Empfänger. Nicht erst nach der Geburt. Von Anfang an.

Konrad Lorenz hat herausgefunden: Küken von Singvögeln hören den Gesang ihrer Eltern bereits im Ei, bevor sie ausgeschlüpft sind. Wenn sie von einer Vogelart bebrütet werden, die selber nicht singen kann, lernen sie ihr ganzes Leben lang nicht mehr singen. Das Lernen *»in ovo«* – im Ei – ist also so wichtig, daß es, wenn es ausfällt, durch keinen späteren Lernvorgang ersetzt werden kann. Wenn dies für Vögel gilt, sollte es für Menschen dann nicht gelten? Wenn noch nicht ausgeschlüpfte Küken schon auf den Gesang ihrer Eltern hören, sollten dann noch nicht geborene menschliche Embryos nicht ebenfalls auf die Stimme ihrer Eltern hören?

Nächst Worten der Liebe können Mütter das in ihnen heranwachsende Baby nichts Besseres hören lassen als gute Musik! Wir sollten nicht denken, daß es irgendeine Musik geben kann, die zu anspruchsvoll sein könnte für das kleine Wesen. Robert Johnson hat Beethoven und Gustav Mahler gehört – so eindringlich, daß er sie sein Leben lang nicht mehr vergaß.

Boris Brott – der Dirigent des Hamilton Philharmonie Symphony Orchestra in Ontario, Kanada – bemerkte, daß er die Cello-Stimmen der Stücke, die er dirigiert, kaum lernen mußte. Er sagt: »Ich dirigierte eine Partitur zum ersten Mal, und plötzlich sprang mir die Cello-Stimmführung ins Gesicht, und ich wußte, wie das Stück weitergeht, bevor ich das Blatt umgedreht hatte.«

Boris Brotts Mutter ist Cellistin. Im Gespräch mit ihr fand er heraus, daß er sich als Dirigent nur an die Cello-Stimmen solcher Stücke erinnert, die seine Mutter gespielt hatte, als sie mit ihm schwanger ging.

Viele Mütter beobachten: Wenn der Embryo einmal angefangen hat, sich zu bewegen, bewegt er sich besonders gern, wenn er Musik hört. Dann strampeln die kleinen Füßchen freudig gegen die Bauchdecke, als wollten sie tanzen.

Könnte es sein, daß dies eine Art »Urtanz« für jeden Menschen ist? Unser allererster Tanz? Liegt nicht der Rat nahe: Laß dein Baby früh anfangen zu tanzen? Damit – vielleicht – auch sein Gang durchs Leben tänzerische Leichtigkeit gewinnt?

Natürlich fragen Mütter an dieser Stelle: »Was ist gute Musik?«

Professor Tomatis hat die besten Erfahrungen mit Mozart gemacht. Thomas

Verny schwört auf Vivaldi, die amerikanische Biologin Dorothy Retallack auf die Ragas der klassischen indischen Musik. Ich meine, es gibt in allen musikalischen Bereichen Gutes und Schlechtes, Passendes und Unpassendes. Auch das gehört zu der Kommunikation mit dem Embryo – herausfinden zu wollen: Welche Musik magst du? Es könnte ja sein, daß Bach und Mozart vielleicht für die Mutter zu kompliziert sind, aber nicht für das kleine Wesen in ihrem Bauch. Vielleicht hört die Mutter gern Rock und das Baby Vivaldi. Vielleicht ist es umgekehrt?

Immer häufiger kommen die Hinweise, daß auch Verstandesgaben angeregt werden können, wenn die Mutter den Embryo von Anfang an gute Musik mithören läßt. Die Wissenschaft weiß: Unser Sinn für Mathematik und Logik kommt aus der gleichen Quelle, aus der auch unser Sinn für Obertöne und für musikalische Zusammenhänge kommt. Nicht umsonst stammen in vielen Sprachen der Menschheit die Worte für Klang und Zahl aus der gleichen Wortwurzel. Zum Beispiel im Griechischen: *Harmonía* und *árithmos*. Auch unser deutsches Wort *Zahl* ist mit dem Wort *árithmos* verwandt.

Anthropologen sagen: Unser Ohr hat den frühen Menschen in der Evolution rechnen gelehrt. Das Hörorgan versorgt unsere Hirnrinde mit Energie. 90 % der Energie, die das Hirn braucht, wird durch Hören stimuliert. Es ist verblüffend: Die restlichen 10 % verteilen sich auf all unsere anderen Sinne und Wahrnehmungen – einschließlich des Sehens! Tomatis: »Das Hörorgan ist das Urhirn.« Dieser letztere Satz gilt auch in der Phylogenese (der Entwicklung der Arten auf unserem Planeten): Das Gehirn hat sich aus dem Hörorgan entwickelt und wird – über Millionen von Jahren hinweg – vom Ohr in seiner Evolution zu immer feinerer Ausprägung gesteuert.

Der amerikanische Biologe Lewis Thomas: »Musik ist die Anstrengung, die wir machen, um uns zu erklären, wie unser Verstand arbeitet. ... Wenn du – als ein Experiment – hören willst, wie deine beiden Hirnhemisphären arbeiten – alle zusammen –, dann lege die Matthäus-Passion auf den CD-Spieler und drehe die Lautstärke so weit, wie es dir noch angenehm ist, auf. Das ist der Sound, der Klang des zentralen Nerven-Systems menschlicher Wesen, aller zusammen!«

Bei den alljährlichen Musikwettbewerben, die die ARD und die Organisation »Jugend musiziert« ausschreiben, beobachten die Juroren alle Jahre wieder: Musikalisch Hochbegabte sind oft »Mehrfachtalente«. Resümee einer vom Bonner Wissenschaftsministerium finanzierten Studie des Paderborner Professors Hans-Günther Bastian: Musizieren – und überhaupt viel gute Musik hören – macht intelligenter. Es regt folgende Eigenschaften an: »Stetigkeit, Kontemplation und Konzentration, Gedächtnisspeicherung, Selbstmanagement und Leistungsbewußtsein.« Professor Bastian hat das an Hunderten von Fällen nachgewiesen.

An französischen Lyzeen wurde festgestellt: Kinder, die ein Hörtraining absolvierten, verbesserten schlagartig ihre Leistungen – am meisten in Mathematik und Logik.

Vor allem aber: Musik hören macht fröhlich. Es kann ja sein, daß einer Mutter Verstandesgaben bei ihrem Kind nicht so wichtig erscheinen, aber ein fröhliches Kind – das will jede Mutter!

Der Embryo lernt Freude auf zweierlei Art:

1. dadurch, daß er die Freude der Mutter miterlebt.
2. durch das Hören von Musik.

Keiner unserer Sinne, keine der menschlichen Seins- und Wahrnehmungsmöglichkeiten erfährt durch den Akt der Geburt eine so geringe Veränderung wie unser Hörsinn. Wir haben vorher gehört – und wir hören nun, nachdem wir geboren wurden, weiter. Was immer wir über das Hören des Embryos wissen, gilt deshalb für das Hören des Babys um so mehr. Aber auch umgekehrt: Was immer wir über das Hören das Kindes wissen, gilt bereits für das Hören des Embryos.

Die Beispiele über die Hörsensibilität des Embryos, die ich gegeben habe, sind Beispiele für seine Erlebnisfähigkeit. Wir sollten nicht denken, daß es sich bei diesen Beispielen um besonders extreme Fälle – gar um Ausnahmen – handelt. Seit es die therapeutische Technik des »Re-birthing« gibt – der Überventilation mit Sauerstoff, in der sich Menschen durch viele Stadien ihres Lebens »rückwärtsatmen« können –, haben Tausende ihre Geburt miterlebt – und noch frühere Stadien ihres Lebens. Tausende haben erfahren: Es wird alles gehört, alles erlebt, alles bewahrt – auch und gerade die »Peitschenhiebe«!

Stan Grof hat dies auch in der LSD-Therapie bestätigt gefunden: Das meiste, was wir aus unserem vorgeburtlichen Leben erinnern, sind Hörerfahrungen. Neun Monate lang ist es unser Hörsinn, der stärker als irgend etwas anderes unser Leben und Sein stimuliert.

Wir müssen uns deutlich machen, daß die moderne Gesellschaft dazu tendiert, ihre Babys von Anfang an auf jenen Materialismus hinzuprogrammieren, der ihr Kennzeichen ist. Am eindringlichsten tut sie das dadurch, daß sie den Müttern die Babys nach der Geburt fortnimmt und sie ihnen oft nur zur Nahrungsaufnahme zurückbringt. Das Programm, das dadurch in Gang gesetzt wird, lautet: Im Grunde ist nur die materielle Nahrung wichtig, ist also nur die Materie wichtig. In diesem Augenblick beginnt die materialistische und mechanistische Zeitbombe in uns zu ticken. Dabei sind mindestens ebenso wichtig: die ständige Gegenwart und Nähe der Mutter, ihre Liebkosungen, ihre Stimme, ihre Worte, ihr Körper, ihr Sein.

Das Bewußtsein, während der Schwangerschaft mit vier Ohren zu hören, prägt nicht nur den Embryo, es prägt auch die Mutter. Auch die Ohren des Embryos sind ja Ohren der Mutter. Sie trägt sie nicht bloß an sich, sondern in sich, tief in ihrem innersten Wesen. Wenn ich dich also ansprechen darf, werdende Mutter: Du hörst gleichermaßen für dich wie für dein Baby. Was immer du bewußt für dein Baby hörst, verändert dein eigenes Bewußtsein: macht dich liebevoller, aufmerksamer, bewußter und klarer...

Meditationslehrer aller Traditionen und Kulturen haben immer wieder darauf hingewiesen: Meditieren ist im Grunde nichts anderes als: mit äußerster Bewußtheit hören. Immer mehr werdende Mütter erfahren, daß es etwas Gemeinsames gibt zwischen dieser »Achtsamkeit« (wie Zen sagt) des Hörens in der Meditation und der Bewußtheit des Hörens mit den vier Ohren der Schwangeren. Eine Mutter: »Wenn ich meditierte, war die Verbindung mit dem Kind in meinem Bauch am stärksten.«

*Quellen: Thomas Verny: »Das Seelenleben des Ungeborenen« (Rogner & Bernhard); Mirabelle Coudris: »Ich kann sprechen« (Goldmann); Alfred Tomatis: »Der Klang des Lebens« (Rowohlt)*

# Musik, Zeit und Ewigkeit

*»Musik ist eine geheimnisvolle Mathematik,*
*die elementar am Unendlichen teilhat...*
*Es gibt nichts Musikalischeres als einen Sonnenaufgang.«*
*Claude Debussy*

»Was wir in unserer Alltagssprache Musik nennen, ist nur ein miniaturhafter Ausschnitt aus der Musik und der Harmonie des Universums, die hinter allem wirkt und die die Quelle und der Ursprung der Natur ist... In der Musik kann der, der zu hören versteht, das Bild des Universums erkennen...«

Diese Worte von Hazrat Inayat Khan sind Schlüsselworte für das Musikbewußtsein von Millionen Menschen geworden.

Malerei ist eine Kunst auf der Fläche, Skulptur und Bildhauerei eine Kunst im Raum. In diesem Sinne ist Musik die Kunst in der Zeit. Man muß aber fragen: welcher Zeit? Die Musik-Philosophie unterscheidet zwischen gelebter und gemessener Zeit. Eine Stunde kann in einer Erfahrung des Glücks und der Liebe vorüber sein, als sei es eine Minute gewesen. Und eine Minute kann sich in der Erfahrung des Schmerzes und des Leides zu einer qualvollen Stunde zu dehnen scheinen. Das ist die gelebte Zeit, die psychologische. Aber es gibt auch den ewigen Fluß der Zeit, der sich nicht darum kümmert, ob uns, den kleinen Menschen, die Minute zur Stunde oder die Stunde zur Minute werde. Das ist die gemessene, die objektive, die »ontologische« Zeit.

Musik – so lehrt die überlieferte Musik-Philosophie – spielt sich im Spannungsfeld zwischen diesen beiden Zeitebenen und Zeiterfahrungen ab. Die Wissenschaft hat viel Sorgfalt und Energie darauf verwandt, um dies bis in Einzelheiten hinein deutlich zu machen. Aber: Es war die abendländische Wissenschaft, die dies geleistet hat. Ihre Beispiele kamen fast immer aus der Geschichte der westlichen Musik.

In den letzten Jahren ist in wachsendem Maße eine Fülle von Musik in unser Bewußtsein getreten, die nicht in dieses Schema hineinpaßt: Musik, die keine Zeit zu haben scheint. Weder gemessene noch gelebte. Weder psychologische noch ontologische. Musik, die weder Anfang noch Ende hat. Wenn sie aufhört, scheint sie irgendwo anders in Ewigkeit weiterzuklingen – polar unserem abendländischen, in abgeschlossenen Formen und Strukturen empfindenden Musik- und Zeitverständnis gegenüberstehend. Vielleicht darf man sagen, es ist Musik, die in gesteigertem Maße im Sinne Hazrat Inayat Khans ein »miniaturhafter Ausschnitt aus der Musik und der Harmonie des Universums« ist. Die Musik Indiens. Der arabischen Welt. Afrikas. Aber auch in unserer westlichen Welt gibt es solche Musik – im weiten Raum zwischen der Gregorianik im 11. und 12. Jahrhundert und der John Coltranes oder Ligetis in unserem 20. Jahrhundert.

Auch die neue meditative Musik, wenn sie sich nicht damit begnügt, nur den Markt zu beliefern, gehört in diesen Zusammenhang: Michael Vetter, Christian Bollmann, David Hykes, Deuter-Chaitanya Hari und noch manche andere.

Je intensiver man diese Musik hört, desto deutlicher wird:

Das, was die abendländische Musik-Philosophie über die Musik als eine »Kunst in der Zeit« gesagt hat, war eine Antwort, die zu früh gegeben, abgehakt und dann nicht weitergedacht wurde. Wie so manches im abendländischen Wissenschaftsdenken. Wenn man Musik physikalisch darstellen will, braucht man mindestens vier Koordinaten dazu:

1. Frequenz (also Schwingung)
2. Dynamik (Lautstärke)
3. Zeit (Dauer, wozu auch Metrum und Rhythmus gehören)
4. Klangfarbe (also das Instrumentarium und den Umgang mit Obertönen).

Drei dieser vier Koordinaten stellen sich eben nicht als Zeit-, sondern als Raumkoordinaten dar – etwa in Analogie zu Länge, Breite und Höhe des uns sichtbaren Raumes. Musik kann man nur hören, wenn ihre Wellen sich ausbreiten; um sich ausbreiten zu können, bedürfen sie des Raumes, denn drei der vier Koordinaten schwingen im Raum: Frequenz, Dynamik und Klangfarbe.

Nur eine dieser vier Koordinaten ist eine Zeitkoordinate: die der Dauer. Durch sie entsteht aus dem Raum, den die anderen drei Koordinaten umreißen, ein vierdimensionales Kontinuum, das eine auffällige Ähnlichkeit besitzt zur Vierdimensionalität der Relativitätstheorie, in der sich ja ebenfalls die Zeit als eine Raumkoordinate darstellt.

Musik überschreitet Zeit, insofern sie des Raumes bedarf, um erklingen zu können. Musik überschreitet Raum, insofern wir sie als ein Geschehen in der Zeit erleben.

Überschreitungs- sind immer auch Befreiungsvorgänge. Musik füllt Zeit bis zum Bersten: Man kann diesen Satz exakt physikalisch verstehen, wenn man an die drei Raumkoordinaten denkt – Frequenz, Dynamik, Klangfarbe, die genauso zur Musik gehören wie die Zeitkoordinate Dauer.

Musik füllt Zeit bis zum Bersten: Man kann das aber auch emotional verstehen – und dann kann jeder es nachvollziehen. Eine mit Musik gefüllte Zeit kann so voll sein, daß Zeit darüber zu zerplatzen erscheint. Das ist eine Erfahrung, die wir sonst nur noch in der Liebe machen. Zeit scheint da aufzuhören.

Und zwar deshalb: Stellen dir vor, du hörst einen Ton, der, sagen wir, auf einer Klangschale oder am Klavier angeschlagen wird. Du läßt diesen Ton klingen – und hörst dann, auf einer anderen Klangschale oder Klaviertaste angeschlagen, einen zweiten Ton. Was bemerkst du? Du nimmst nicht nur die beiden Töne wahr, sondern noch etwas Drittes – und dieses Dritte nennen wir Intervall.

Es handelt sich dabei nicht um einen Erinnerungsvorgang – dergestalt, daß, wenn du die zweite Glocke hörst, du dich erinnerst, daß du eben noch eine andere Glocke gehört hast. Es so zu verstehen, ist nicht die vollständige Beschreibung dessen, was da passiert. In Wirklichkeit ist der erste Ton am Leben des zweiten beteiligt. Wie dadurch deutlich wird, daß du unbewußt – ganz egal, ob du Musiker bist oder nicht – den Abstand zwischen den Tönen eben als Intervall empfindest – als Terz oder Quinte, samt dem gefühlsmäßigen Ausdruck, der zu dem betreffenden Intervall gehört. Das heißt: Der erste Ton ist in der Vergangenheit verklungen – und dennoch wirkt er in der Gegenwart des zweiten Tones weiter.

Musik findet also nicht bloß in der Zeit statt. Sie transzendiert Zeit. Nicht nur Vergangenheit und Gegenwart verschmelzen, auch Zukunft fällt in sie hinein. Insofern als in den harmonischen Abläufen einer Musik der jetzt erklingende Ton den künftigen, in dem er sich auflösen wird, vorausnimmt.

Der künftige Ton ist gleichsam enthalten in dem jetzigen. Es ist kaum möglich, bestimmte Kadenzen vor dem Schlußton abzubrechen. Der Schlußton ist da – ob er erklingt oder nicht. Zeitlich mag er später erklingen – oder auch ganz fortgelassen werden. Aber in einem höheren Sinne ist er schon viel eher erklungen. Die Zeit vollzieht nur, was im Grunde außerhalb der Zeit notwendig wurde – und dort auch bereits geschah. Sie macht lediglich offenbar, was ohne sie verborgen bliebe.

Der Wissenschaftler Ernst Michael Kranich, der diesen Tatbeständen besonders intensiv nachgespürt hat, schreibt: »Jene höhere Realität, die der Mensch sonst nur im Schauen der geistigen Welt kennenlernt, erlebt er bereits in der Musik – und zwar schon bei den allereinfachsten musikalischen Phänomenen... Würde nicht ein vergangenes Tonerleben in das gegenwärtige hineinwirken, gäbe es nur beziehungslos nacheinander tönende Klänge... Daß wir eine Folge von Tönen als Melodie hören können, ist nur deshalb möglich, weil wir im Wahrnehmen der Töne Zeit überwinden.«

In einem Gedicht von Hermann Hesse heißt es – bezogen auf die Musik eines Flötenspielers: »Und alle Zeit ward Gegenwart.« In einem unmittelbar darauf geschriebenen Brief kommentiert Hesse: »Diese Zeile ist das ›Endergebnis‹ vieljähriger Spekulationen über das Wesen der Musik... Musik ist Gegenwart – und dabei fällt einem die Identität von Augenblick und Ewigkeit ein.«

Unser visuelles Vermögen beläßt die Gegenstände, die wir sehen, dort, wo sie sind. Es findet sich mit dem Raum ab. Es sieht nur. Unser Hörerleben aber findet sich nicht mit der Zeit ab. Es kann Vergangenes und Künftiges als Gegenwärtiges hören. Man könnte sagen, es hört nur Gegenwart. Es entspricht damit den Forderungen vieler großer spiritueller Traditionen – etwas des Zen –, jetzt zu leben, weil Vergangenheit und Zukunft Täuschungen sind – Maya. Auch der neuen theoretischen Physik erscheinen sie ja als Täuschungen. Nur ist dies für die theoretische Physik und für das rationalistische Denken eine relativ neue Erkenntnis, während Musik es von allem Anfang an gewußt und praktiziert hat.

Ein Lieblingssatz des modernen Menschen ist: Ich habe keine Zeit. Ist also die häufigste Zeitwahrnehmung des heutigen Menschen ihre Verneinung? Wenn wir Musik nur in der Zeit wahrnehmen würden, müßte die Parallele gelten: Ich habe keine Zeit = Ich habe keine Musik. Aber sie gilt nur in einem eingeschränkten Sinn.

Insofern Musik Zeit überschreitet, gilt eine ganz andere Parallele: Ich habe Musik, also habe ich Zeit – unendlich viel Zeit – in dem Sinne, daß ich frei von ihr bin.

Man kann diesen Tatbestand ironisch kommentieren: Ich habe viele Festivals und Schallplatten produziert, und dabei geschieht es häufig, daß man mit einem Musiker vereinbart: Das, was du jetzt spielst, soll etwa zehn Minuten lang sein. Dann geht der Musiker auf die Bühne, spielt eine dreiviertel Stunde lang, kommt hinterher strahlend zurück und sagt: »Gell, ich habe mich genau an die vereinbarte Zeit gehalten.«

Das in der Musikliteratur bekannteste Zitat hierzu stammt von Mozart. In einem seiner Briefe, die man ja nicht oft genug lesen kann – in Worte verwandelte Mozart-Musik! –, schreibt er dem streng-stolzen Vater nach Salzburg: » ...wenn es auch lang ist, so daß ich's hernach mit einem Blick, gleichsam wie ein schönes Bild oder einen hübschen Menschen, im Geist wiedersehe, und es auch gar nicht nacheinander, wie es hernach kommen muß, in der Einbildung höre, sondern wie gleich alles zusammen. Das ist ein Schmaus!« Und dann gebraucht Mozart die Ausdrücke: »Das Ganze mit einem Blick übersehen« und: »Das Ganze überhören, so alles zusammen.« Zum Beispiel die ganze dreistündige Zauberflöte »mit einem Blick so alles zusammen« – in einem Moment! Das ist der »Schmaus«!

Natürlich sind wir alle keine Mozarts. Aber hat nicht jeder von uns eine Ahnung dieser Erfahrung gemacht? Wie doch deutlich wurde, als ich eben die »Zauberflöte« erwähnte. Man sagt das Wort – nur dieses eine Wort – und sofort ist »alles zusammen« da: Tamino und Pamina, Papageno und Papagena, die Königin der Nacht und Zarastro und der ganze mit Musik und mit Mozart und mit Liebe zum Bersten gefüllte Zauberwald.

Eine Zen-Geschichte aus Japan: Ein Mönch und sein Meister stehen im Klosterhof. Am Horizont ein Schwarm Vögel. Der Mönch: »Die Vögel kommen zurück. Es wird Frühling werden.« Darauf der Meister: »Sie sind von allem Anfang an dagewesen.«

Genau dies gilt von der Musik. Sie zieht vorbei wie die Jahreszeiten, und sie kommt wieder wie die Vögel im Frühling und verschwindet wie die Vögel im Herbst – und dennoch: Sie ist von allem Anfang an da. Was wir hören, ist nur der Ausschnitt. Jenseits davon klingt Musik weiter. Von Ewigkeit zu Ewigkeit.

Deshalb: Musik befreit uns von Zeit. Wie außer ihr nur noch die Liebe.

Hier ist das ganze Gedicht von Hermann Hesse, das ich erwähnt habe. Es mag dem einen oder anderen – wie inzwischen so manches bei Hesse – altbacken-schwäbisch, nach lutherischem Pfarrhaus schmecken, dennoch steuert es auf eine letzte Zeile zu, die in der Tat das Entscheidende über das Verhältnis der Musik zur Zeit aussagt:

**Flötenspiel**

Ein Haus bei Nacht durch Strauch und Baum
Ein Fenster leise schimmern ließ,
Und dort im unsichtbaren Raum
Ein Flötenspieler stand und blies.

Es war ein Lied so altbekannt,
Es floß so gütig in die Nacht,
Als wäre Heimat jedes Land,
Als wäre jeder Weg vollbracht.

Es war der Welt geheimer Sinn
In seinem Atem offenbart,
Und willig gab das Herz sich hin,
Und alle Zeit war Gegenwart.

# DANK

Ich danke allen, bei denen ich lernen durfte: Graf Dürckheim, Maria Hippius und ihren Mitarbeitern in Rütte im Hochschwarzwald, Pater Enomiya-Lassalle, Philip Kapleau, Roshi Kosho Uchiyama, Francois A. Viallet, Osho Shree Rajneesh und seinen Helfern und Therapeuten – vor allem Teertha Paul Lowe –, Pir Villayat Khan und seinen Sufi-Lehrern in Meditation, Tanz und Musik, Barbara Gluck in New Mexico – Jahre des Lernens in den USA, Japan, Indien, auf Bali – fast zwanzig Jahre, in denen ich den Jazz, dem ich mit meinen Büchern, Sendungen, Schallplatten, Konzerten und Festivals so sehr verschrieben war, immer mehr aus meinem Leben »aus-« und statt dessen Neues »einklammerte«, ohne je daran zu denken, daß ich dies alles einmal für andere verwenden würde; ich habe es für mich selbst getan und jahrelang gezögert, es weiterzugeben.

Ich danke allen, mit denen ich gemeinsam Gruppen und Workshops leiten durfte und – vor allem der Heilpraktikerin und Therapeutin Shanti Luy, dem Obertonsänger und Instrumentenbauer Hans-Peter Klein und der Sufi-Tänzerin Rahima. Ich danke Jadranka Marijan für Hilfe und Inspiration.

Der Beitrag über die höheren Stimmen der Frauen ist eine Weiterentwicklung eines Kapitels, das in meinem Buch »Das Dritte Ohr« (auch bei Traumzeit erschienen) enthalten ist, das aber inzwischen so umgedacht und präzisiert wurde, daß ich meinte, auf eine Neufassung nicht verzichten zu dürfen.

Der Beitrag »Musik, Zeit und Ewigkeit« war ursprünglich ein Vortrag, der auf den Internationalen Lautentagen 1990 in Saarbrücken gehalten wurde. Ich danke Lutz Kirchhoff, dem Leiter dieses Festes, für Anstoß und Auftrag.

Vor allem aber danke ich den vielen Freunden, Helfern, Lesern, die das, was ich bereits veröffentlicht habe, weitergedacht haben. Hören – jenes Hören, von dem in diesem Buch die Rede ist – heißt: Auf dem Weg sein. Und auf dem Weg sein heißt: nicht stehenbleiben. Ich weiß nicht, wohin der Weg meiner Hörarbeit noch führen wird, aber daß er weiterführt – mich und die Hörarbeit – hoffe ich sehr.

Ich danke allen, die mit mir weitergedacht und weitergehört haben und weitergegangen sind.

*Juni 1991*

*Joachim-Ernst Berendt*
*Varnhalt bei Baden-Baden*

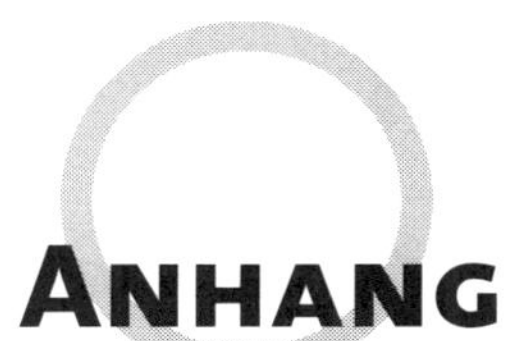

# ANHANG

## Download

Zu den Übungen auf Seite 103 (Hörwanderung) und 183 (Mantrische Dyade):

- Gehen Sie bitte auf die Internetseite *www.traumzeit-verlag.de*

- Dort auf die Schaltfläche *Infopool*

- Und hier wiederum auf *Downloads, Ergänzungen und Korrekturen*

- Schließlich auf *Berendt: Ich höre, also bin ich*

Dort finden Sie die Downloads zu den Übungen

## Dunkel- oder Hörbrillen

Für viele Hörübungen empfiehlt es sich, die Augen mit einem Tuch oder ähnlichem zu verdunkeln.

Viel effektiver finde ich die von mir so benannten Dunkelbrillen. Sie erlauben es, das man die Augen offen lässt und sich dennoch in völliger Dunkelheit bewegen kann, da für die Augenhöhlen Aussparungen in den Brillen angebracht sind.

Über die Seite des Verlages finden Sie auch dieses Angebot:

*www.traumzeit-verlag.de*

- dort unter *Instrumente* schauen